영어로 자동 변환!

미국영어 표현사전

written by
HOSANG LEE

영어로 자동 변환!
미국영어 표현사전

지은이 이호상
펴낸이 정규도
펴낸곳 (주)다락원

초판 1쇄 발행 2020년 9월 25일
초판 3쇄 발행 2022년 10월 7일

편집총괄 장의연
책임편집 허윤영
표지 디자인 하태호
본문 디자인 하다 장선숙
전산편집 하다 장선숙

다락원 경기도 파주시 문발로 211
내용문의: (02)736-2031 내선 524
구입문의: (02)736-2031 내선 250~252
Fax: (02)732-2037
출판등록 1977년 9월 16일 제406-2008-000007호

값 15,500원

ISBN 978-89-277-0131-6 13740

http://www.darakwon.co.kr
다락원 홈페이지를 방문하시면 상세한 출판 정보와 함께 여러 도서의 동영상 강좌, MP3자료 등 다양한 어학 정보를 얻으실 수 있습니다.

영어로 자동 변환!

미국영어 표현사전

written by
HOSANG LEE

★

"이런 말 영어로 어떻게 하지?"의 모든 것을 해결한다

DARAKWON

〈영어로 자동 변환! 미국영어 표현사전〉은 엄밀히 말해서 사전이지만 그 속에는 구어 표현이 가득해서 회화책처럼 읽을 수 있습니다. 이 책의 한국어 표제어는 한국인이라면 자연스럽게 쓰는 표현과 개념, 단어로 구성되어 있습니다.

따라서 이 책에 실린 표제어가 어렵다고 생각하는 한국인은 없을 것입니다. 그리고 그 개념을 이해 못하는 영어 원어민도 없을 것입니다. 그러나 모두가 알고 쓰는 단어와 표현인데 영어로 어떻게 표현해야 할지 막막합니다. 어떤 표제어는 간단히 바꿀 수 있는 것도 있고, 세세히 옮기면 지루해지는 것도 있습니다. 이 책에는 가장 적절한 영어 표현을 찾아, 그것을 독자가 읽고 공부하고 외우고 응용하는 데에 도움이 되는 내용을 준비했습니다.

세상에는 이미 수많은 영어 교재가 나와 있습니다. 저는 수천수만 권의 영어책 목록에 또 하나의 영어책을 추가해야 하는 타당한 이유가 있는지를 두고 고민했고, 이 책은 세상에 내놓을 가치가 있다고 결론 냈습니다. 회화책은 보통 특별한 상황이나 주제를 바탕으로 구성이 짜여 있어서, 그 주제와 관련하여 말할 거라 예상되는 대표적인 상황에 관한 표현 위주로 배웁니다. 하지만 식당에서 주문하거나 지인과 여행 얘기를 하고 있지 않은 '여타' 상황에서는 무슨 말을 할 수 있을까요? 기존 회화책이 메우지 못한 이러한 공백을 〈영어로 자동 변환! 미국영어 표현사전〉이 채웁니다.

이 책을 집필한 또 하나의 이유는 한영사전이 갖는 한계를 극복하기 위해서입니다. 내용을 다 담기에는 사전의 공간이 부족하고 설명해야 할 범위가 너무 넓어서 상세한 설명과 예문을 주는 것이 불가능합니다. 그 결과, 한영사전들은 단어 속에 함축된 의미를 무시하는 경우가 드물지 않았습니다. 그리고 일반적으로 사전에서는 일상적인 대화에서 쓰는 표현인지를 구별하지 않습니다. 그러나 〈영어로 자동 변환! 미국영어 표현사전〉은 그 부분을 긁어 주기 때문에, 독자는 이 책이 영어로 자신을 가장 자연스럽게 표현할 수 있게 돕는 유용한 파트너라는 것을 알게 될 것입니다.

제가 선별한 표제어는 어느 하나도 일상 회화에 쓰이지 않는 것이 없습니다. 하지만 그만큼 영어로 자연스럽게 옮기는 게 쉽지 않고, 어떤 것은 불가능한 게 아닌가 싶기도 합니다. 이는 한국어 표현은 한국인의 보편적인 사고를 반영하는데, 이러한 한국인의 사고는 영어권 사람의 사고와 다르기 때문입니다. 한국인과 영어 원어민 사이의 사고의 간극을 메우는 것이 〈영어로 자동 변환! 미국영어 표현사전〉이 추구하는 또 하나의 목표입니다.

2020년 9월
이호상

The Dictionary of Everyday Expressions, in the strictest sense, is a dictionary. But it also reads like a conversation book due to its colloquial content. The entries consist of expressions, concepts, and terms that Koreans use in their native tongue without any thought of its translational difficulties.

No Korean would say that these entries are difficult. Nor would any English speaker find the English equivalent difficult to grasp. They are words and expressions that everybody knows but doesn't know how to translate. Some translations are simple; many are frustrating and tedious to express in English. But they are here ready to be read, studied, memorized, and spoken.

As difficult as it was to justify another conversation book among the thousands that have already been published, I believe there is a place for it. Conversation books are usually organized into specific settings or topics. But what about the times in our everyday lives when we are not ordering at a restaurant? Or when we are not talking about traveling with an acquaintance? The vast gaps left in other books are filled here.

The inherent shortcomings of dictionaries are another reason for this book. The lack of space and the extensive reach of their content make detailed explanations and examples impossible. In my experience some Korean-English dictionaries disregard connotations of the English translation. Nor do they differentiate whether or not they are used in casual conversation. The reader will find *The Dictionary of Everyday Expressions* a handy companion for all students of English wishing to express themselves most naturally with native speakers.

None of the entries would feel out of place in everyday conversation. Yet to translate them into English feels unnatural and, at times, impossible. Impossible because the Korean mind, represented by the Korean language, works differently from the minds of English speakers. It is the goal of *The Dictionary of Everyday Expressions* to bridge the difference between the Korean mind and the English speaker's tongue.

Hosang Lee

● 한국어로 찾는 진짜 미국영어회화 표현사전이다!

이 책을 한마디로 정의하면, **한국어로 찾아보는 미국영어회화 표현사전**이다. 영어로 꼭 하고 싶은 한국어 표현을 표제어로 정리하고, 딱 맞는 영어 표현을 알려 준다.

이 책은 약 760여 개의 핵심 표제어 하에 이를 가장 자연스럽게 옮긴 영어 표현, 그리고 표제어와 관련한 참고 표현 등을 가득 담고 있으며, 표제어는 주제별로 묶었다. 한 주제 안에서는 가나다순으로 표제어를 제시하여 원하는 표제어를 쉽게 찾을 수 있다. 그리고 한국어 표제어 밑에 이에 대응하는 영어 표현이 간단한 설명과 함께 나오는데, 쓸데없이 어려운 설명은 최대한 배제하여 영어 표현에 집중할 수 있게 했다.

이 책에는 다른 교재에서는 찾기 힘든 흥미로운 표현을 제공한다. 일례로, 뉴스나 범죄 미드, 영화, 소설 등에 자주 등장하지만, 한국의 영어 교육 콘텐츠에서는 거의 다루어지지 않았던 '죽음'에 관한 내용도 하나의 주제로 잡고 중요 표현을 제시한다.

이 책은 한국어도 이해하는 미국 원어민이 영어 표현과 예문을 썼기에 한국어 뉘앙스를 잘 전달하는 안성맞춤 영어 표현이 가득하다. 각종 관용 표현뿐 아니라 속어를 포함하여 '지금' 일상생활 속에서 실제로 많이 쓰는 구어체 표현을 습득할 수 있는 것이다. 즉, 이 책을 통해 미국인이 쓰는 진짜 미국영어 표현을 배울 수 있을 뿐만 아니라, 그들의 문화와 영어식 사고까지 흡수할 수 있다.

● 방대한 목차에서 말하고 싶은 표현을 찾아라!

사전의 용도는 궁금한 말을 찾아보는 것으로, 사전을 사서 처음부터 끝까지 다 읽는 사람은 별로 없을 것이다. 이 책도 사전이므로 **내가 말하고 싶은 표현 위주로 찾아보는 것**을 추천한다.

1 먼저 주제별로 분류된 목차 페이지를 연다. 방대한 분량에 너무 당황하지 말고 궁금한 표제어를 찾아 해당 페이지로 가서 내용을 눈으로 한 번 읽도록 하자. 저자가 내 대화 내용을 참고했나 싶을 정도로 생생한 생활 밀착형 표현이 가득한 것을 확인할 수 있을 것이다.

2 표제어에 해당하는 영어 표현이 활용된 예문을 MP3로 듣고 따라 읽어 보자. 마치 미드를 섀도잉하는 기분으로 원어민의 억양과 어조를 모방하여 따라 말하는 연습을 하자. (※예문이 없는 표제어는 녹음 자료가 없다.)

3 표제어에서 확장된 참고 내용을 무시하면 아깝다. 저자는 이 책의 모든 표현을 세심하게 골라 썼다. 꼼꼼하게 읽으면서 영어 표현력을 키우자.

이제 책장을 넘겨서
영어로 어떻게 말하는지 궁금했던
한국어 표현이 있는지
확인해 보자!

17

PART 1

일상 표현

CHAPTER 1

습관적 표현

~같은 소리 하고 있네

이 표현은 영어로 정확히 번역하는 것이 불가능하다. 감정을 살리면서 Are you crazy? 또는 Don't be ridiculous.라고 말하면 충분하다.

A: Let's go traveling tomorrow.

B: **Don't be ridiculous**. We both have work tomorrow.

A: 내일 여행 가자.

B: 여행 같은 소리 하고 있네. 우리 둘 다 내일 출근해야지.

A: I want to be a model.

B: **Are you crazy**?

A: 나 모델 되고 싶어.

B: 모델 같은 소리 하고 있네. (제정신이야?)

~하기 어렵습니다(~하기 힘들 것 같네요)

이 표현을 영어로 바꿀 때 be difficult(어렵다)를 써서는 안 된다. 이 표현은 '~하는 것은 불가능하다'라고 완곡하게 돌려 말하면서 거절할 때 쓰는 표현인데, difficult but not impossible(어렵지만 불가능하진 않다)이라는 표현에서도 알 수 있듯이 be difficult는 '불가능하다'라는 뜻이 아니다. 가장 알맞은 방법은 직접적으로 표현하는 것이다.

I'm sorry, but that's going to be **impossible**.

죄송하지만 그것은 불가능합니다.

하지만 필요할 때는 미국 사람들도 돌려 말한다.

I'm sorry, but I **don't think** that's going to be **possible**.

죄송하지만 그것이 가능할 거라 생각되지 않습니다.

I **don't think** I can see you tonight.

우리 오늘 밤에 만나기 힘들 거 같아.

~하기만 해봐/~안 하기만 해봐

〈~하기만 해봐〉는 You'd better not...을, 〈~안 하기만 해봐〉는 You'd better...를 쓰면
된다.

You'd better pay before you leave! 너 가기 전에 돈 안 내기만 해 봐!

You'd better not say anything to him! 너 걔한테 한 마디라도 말하기만 해봐!

~할 때가 되다(~할 시간이다)

누가 무엇을 할지를 분명히 나타내려면 'It's time+주어+동사 과거형'으로 쓴다. 그러나
누가 할지 굳이 나타낼 필요가 없으면 'It's time to+동사'로만 써도 된다.

It's time you started looking for a job. 너 취직할 때가 됐어.

It's time I got married. 나 결혼할 때가 됐어.

It's time to go! 갈 시간이야!

맥락상 누가 무엇을 할지 명백히 알 수 있다면 It's time.만으로도 충분하다.

A: I'm ready. A: 나 준비됐어.

B: Good, **it's time** (to make your
presentation). B: 응, (프레젠테이션을) 할 시간이야.

~해서 죽겠다

한국 사람들은 버릇처럼 이 말을 자주 한다. 심각한 일이 아닐 때는 아래처럼 말하자.

Oh my God, I'm so hungry! 배고파 죽겠어!

I'm so bored I want to **kill myself**. 지루해 죽겠다.

I'm on a diet, and it's **killing me**. 다이어트하는 중인데 힘들어 죽겠다.

심각한 상황을 강조하는 〈~해서 죽겠다〉라면 어조로 의미를 전달하자.

It hurt *so much* when my brother died. 남동생이 죽었을 때 마음이 너무 아파서
죽을 뻔했어.

It's been *hard* not having any money. 돈이 없어서 힘들어 죽겠어.

~해주시면 감사하겠습니다

공손히 요청할 때는 I would appreciate it if...를 쓰자.

I would appreciate it if you could finish this by tomorrow.

이 일을 내일까지 끝내 주시면 감사하겠습니다.

잔뜩 짜증 난 상태에서 말투를 부드럽게 할 때도 이 표현을 쓰면 좋다.

Next time **I would appreciate it if** you let me know beforehand that you are going to be late.

다음에 늦게 되면 미리 알려 주시면 감사하겠습니다.

간이 크다

'겁이 없는', '두려움이 없는'이라는 뜻의 관용어 〈간이 크다〉는 fearless로 표현하자.

He's **fearless**.

쟤는 간이 커. (겁이 없어.)

공부를 잘하다

미국 사람들은 〈공부를 잘하다〉를 be good at studying이라고 하지 않는다. 공부를 하는 목적이 공부의 기술을 늘리는 것이 아니기 때문이다. 따라서 공부를 잘한다고 할 때 보통 아래 예문처럼 표현한다.

My son **does well in school**.

우리 아들은 공부를 잘해. (학교에서 잘한다.)

My daughter **gets good grades**.

우리 딸은 공부를 잘해. (성적을 잘 받는다.)

Joe **is a good student**.

조는 공부를 잘해. (좋은 학생이다.)

괜히

〈괜히〉는 '이유 없이'를 뜻하므로 for no reason이라는 표현을 쓰면 된다.

A: Thanks for coming, but we already fixed it.

A: 와줘서 고마운데, 우리가 벌써 고쳤어.

B: Then I came all the way here **for no reason**?

B: 그러면 여기까지 괜히 온 거네?

Don't get angry **for no reason**.

괜히 화내지 마.

그거 어디서 났어?

Where did you get that?으로 묻는다. 이때는 buy보다 get을 쓰는 것이 더 자연스럽고, 사용 빈도도 높다.

Where did you **get** that?

그거 어디서 났어?

Where did you **buy** that?

그거 어디서 샀어?

Where did you **find** that?

그거 어디서 찾았어?

그건 당연한 거지

That's a matter of course.라고 한다.

That's a matter of course.

그건 당연한 거지.

참고로, 문장의 주어가 '사람'이고 '그가 무엇을 하는 게 당연하다'라고 말하고 싶을 때는 as a matter of course(당연히)를 쓴다. 문장의 주어 자리에 '~하는 것'이라는 의미의 동명사가 오면 as만 뺀다.

You should work hard **as a matter of course.**

당연히 일을 열심히 해야지.

Working hard is **a matter of course.**

일을 열심히 하는 것은 당연하지.

▌ 그것 봐. 내가 뭐랬어!

See? What did I tell you?가 의미와 화자의 감정을 정확하게 전달하는 표현이다. I told you so.도 같은 의미로, 이것은 Told ya.로 줄여 쓸 수 있다.

A: You were right. I left my phone at the cafe.

B: **See? What did I tell you?** / **I told you so.** / **Told ya.**

A: 네 말이 맞았어. 내가 전화기를 카페에 두고 왔더라고.

B: 거 봐! 내가 뭐랬어!

▌ 그게 다야?

That's it?으로 말하면 된다.

A: How much was the flight to Paris?

B: It wasn't even four hundred thousand won.

A: **That's it?**

A: 파리행 비행기표 얼마였어?

B: 40만 원도 안 들었어.

A: 그게 다야?

▌ 그때 가서 (생각해) 보자

We'll see. 한국어와 마찬가지로 이 영어 표현에는 부정의 의미가 함축되어 있다.

A: How about visiting me in Siberia this Christmas?

B: Uh... **We'll see.**

A: 이번 크리스마스 때 나 보러 시베리아에 오는 거 어때?

B: 음, 그때 가서 (생각해) 보자.

▌ 그래서? ― 그렇다고.

이 표현에 해당하는 영어 표현은 아래 예문을 통해 익히자.

A: Your family's rich.

B: **So?**

A: **I'm just saying.**

A: 너희 집은 돈이 많잖아.

B: 그래서?

A: 그렇다고.

▌ 그러게 말이야!

I know.와 Seriously. 중에 하나를 선택해서 쓰자.

A: Why is she in such a bad mood today?

B: **I know! / Seriously!**

A: 쟤 오늘 왜 저렇게 다운돼 있어?

B: 그러게 말이야!

▌ 그런 사람이야

A is like that.이라고 말한다.

We were supposed to meet at 6:00, and he called me at 5:59 to see where I was. He's **like that**.

6시에 만나기로 했는데, 5시 59분에 어디냐고 나에게 전화해서 묻더라. 걔 그런 사람이야.

▌ 그럴 수도 있겠다/그럴 수도 있지/그럴 때도 있지

〈그럴 수도 있겠다〉는 상대방의 의견에 동의할 때 쓰는 말이다. I bet you're right.이라고 하면 된다.

A: I have a feeling your roommate stole the money on the table.

B: **I bet you're right**.

A: 네 룸메이트가 탁자 위에 있던 돈을 훔친 거 같아.

B: 그럴 수도 있겠다.

〈그럴 수도 있지〉는 상대방에게 공감할 때 쓰는 표현이다. It happens.를 쓰자.

A: I'm sorry I got annoyed at you.

B: It's okay. **It happens**.

A: 너한테 짜증 내서 미안해.

B: 아니야, 그럴 수도 있지.

〈그럴 때도 있지〉는 That happens.를 쓴다. 바로 위에 나온 It happens.와의 차이를 설명하자면, That happens.는 안 좋은 상황에 부닥친 상대방에게 안타까움을 표시할 때 사용하고, It happens.는 특별히 좋지도 나쁘지도 않은 상황에서 상대방의 의견에 공감을 나타낼 때 쓴다.

A: You're unusually quiet today. What's going on?

A: 너 오늘따라 왜 그렇게 말이 없어? 무슨 일 있어?

B: Oh, I just have a lot on my mind.

B: 어, 생각이 많아.

A: **That happens.**

A: 그럴 때도 있지.

▎그렇게

〈그렇게〉가 '그러한 방식 또는 모양'을 의미하는 경우에는 like that을 쓴다.

Why are you acting **like that**?

너 왜 그렇게(그런 식으로) 행동하는 거야?

If you act **like that**, no one's going to like you.

너 그렇게(그런 식으로) 행동하면 아무도 너를 안 좋아할 거야.

Why do you have to say it **like that**?

너 왜 그렇게(그런 식으로) 말을 해?

〈그렇게〉가 '그러한 정도로'나 '앞에서 말한 내용을 받아 그것을 가리킬 때 쓰는 말'을 뜻하는 경우 like that 대신 that을 쓴다.

A: How much do I need to take for the trip? About a million won?

A: 여행 가는 데에 얼마나 필요할까? 한 100만 원?

B: You don't need **that** much money for the trip.

B: 여행 가는 데에 돈은 그렇게 많이는 필요 없어.

A: Do all our coworkers think it's my fault?

A: 우리 동료들이 그게 다 내 잘못이라고 생각해?

B: Yeah, everybody thinks **that**.

B: 응, 다 그렇게 생각해.

위의 예문을 보면, that은 앞에서 이미 언급된 '정도'나 '돈의 양'을 가리킬 때 사용한다는 것을 알 수 있다. 앞에서 이미 언급된 정도를 가리킬 때는 that, 앞서 언급된 것이 없다면 so를 쓰자.

Why are you **so** angry?

너 왜 그렇게(그 정도로) 화가 났어?

A: He was **so** angry that he punched his friend.

A: 쟤는 너무 화가 나서 친구를 주먹으로 때렸어.

B: He was **that** angry?

B: 쟤가 그렇게 화가 났었어?

아래 예문을 보며 뉘앙스의 차이를 더 깊게 느껴보자.

You can't do **that**.	그렇게 하면 안 돼.
You can't do it **like** that.	그렇게(그런 방식으로) 하면 안 돼.
Don't say **that**.	그런 말 하지 마.
Don't say it **like** that.	그렇게(그런 식으로) 말하지 마.
Don't stare at him.	쟤 쳐다보지 마.
Don't look at him **like** that.	쟤를 그렇게 쳐다보지 마. (쟤를 그런 식으로 쳐다보지 마.)

▌ 그렇게 말하면

put it that way를 쓴다.

If you **put it that way**, I have to do it!	네가 그렇게 말하면, 해야지!

그러나 부정적인 의미이면 아래 예문처럼 말할 수 있다.

Why do you have to **put it that way**?	너 왜 그렇게(기분 나쁘게) 말하는 거야?
Why does he always have to **put it that way**?	쟤는 왜 항상 저렇게(기분 나쁘게) 말을 해?

▌ 그렇군

I see. 대화 중에 딱히 더 할 말이 없을 때 사용한다.

A: What have you been up to?	A: 너 요새 뭐 하고 지내?
B: Nothing.	B: 아무것도 안 해.
A: **I see**.	A: 그렇군.

글로벌/한국 전통의

한국에서는 "글로벌(global)"이라는 말을 입버릇처럼 쓰는데 영어에는 다른 적합한 단어가
이미 존재할 때가 많다.

global company
→ **multi-national** corporation 　　　　　　　다국적 기업

global city
→ **cosmopolitan** city 　　　　　　　　　　국제도시

특히, 나라와 관련된 내용일 때는 global 대신 international을 쓰는 것이 낫다.

global trade
→ **international** trade 　　　　　　　　　국제 무역

global bestseller
→ **international** bestseller 　　　　　　　국제적인 베스트셀러

global food
→ **international** food 　　　　　　　　　　국제적인 음식

그렇다면 global은 정확히 어떨 때 쓸까? '세계적인', '전 세계와 관련되어 있는'이라는 뜻
의 단어이므로 실제로 그런 경우를 표현할 때만 쓰는 것이 좋다.

Global warming is a **global** issue. 　　　지구 온난화는 전 세계적인 이슈다.

The financial crisis of 2008 affected 　　　2008년 금융 위기는 세계 경제에 영향을
the **global** economy. 　　　　　　　　　미쳤다.

Globalization started over 400 years ago. 　세계화는 400여 년 전에 시작되었다.

이와는 달리, 〈한국 전통의〉를 말하고 싶으면 Korean traditional이 아니라 traditional
Korean이라고 하자. 형용사를 두 개 이상 나열하여 쓸 때의 규칙은, 일반적인 의미의 단
어를 앞에 두고, 더 구체적인 의미의 단어를 뒤에 붙이는 것이다.

A: I'm wearing hanbok for Seollal. 　　　　A: 난 설날 때 한복 입을 거야.

B: I know Seollal is the lunar New Year, 　　B: 설날이 음력으로 새해인 건 알지만,
but what's hanbok? 　　　　　　　　　　　한복은 뭐야?

A: It's **traditional Korean** clothes. 　　　　A: 한국의 전통 옷이야.

나만 그런가?

'Is it just me or+상황?'으로 표현한다.

A: **Is it just me or** is it hot in here?

B: No, it's definitely hot in here. /
It's just you. We're all cold.

A: **Is it just me or** do you feel like drinking?

B: **It's just you**. I'm still hungover.

A: 이 안이 나만 더워?

B: 아니, 여기 진짜 더워. /
너만 그래. 우린 다 추워.

A: 나만 술이 당기나?

B: 너만 그런 거야. 난 아직도 숙취가
있어.

내 말이!

상대방의 의견에 강하게 동의할 때 쓰는 〈내 말이!〉는 영어로 That's what I'm saying!이
라고 한다.

A: My son's grades at school are driving me
crazy.

B: Just send him to America. Wait, but what
if he doesn't study in the States, either?

A: **That's what I'm saying**!

A: 우리 아들의 학교 성적 때문에 나
미치겠어.

B: 그냥 미국에 보내. 근데 잠깐, 미국에
서도 공부를 안 하면 어떡하지?

A: 내 말이!

내가 기억하기로는/내가 알기로는/내가 보기에는(내가 이해하기로는)

아래 표의 표현을 문장의 앞 또는 뒤에 넣는다.

내가 기억하기로는	내가 알기로는	내가 보기에는(이해하기로는)
as far as I can remember	as far as I know	the way I understand it

Only ten people were at the company dinner
as far as I can remember.*

As far as I know, no one enjoys our
company dinners.

The way I understand it is that people
would rather be alone than go to company
dinners.

내가 기억하기로는 회사 회식 때 자리에
는 10명 밖에 없었어.

내가 알기로는 우리 회사에서 회식하는
거 좋아하는 사람은 아무도 없어.

내가 보기에는 사람들이 회사 회식에
가기보다는 차라리 혼자 있고 싶어해.

* 노력이 필요하다는 점에서 remember는 일종의 능력으로 볼 수 있다. 따라서 조동사 can을 쓸 수 있다.

▌내가 틀린 말 했어?(내 말이 틀려?)

간단히 Am I wrong?이라고 하면 된다.

Hey, you're married, you're 45, you have a child. You're middle-aged. **Am I wrong**?	야, 넌 결혼도 했고, 45살에, 애도 있어. 넌 중년이라고. 내가 틀린 말 했어?

▌내용이 뭐야?

'내용'을 어떻게 영어로 나타낼지가 핵심이다. '무엇에 관해'로 바꿔 말해도 된다면 전치사 about을 쓴다.

A: What's that book **about**?	A: 그 책 내용이 뭐야? (뭐에 관한 책이야?)
B: It's **about** a guy escaping from prison.	B: 한 남자가 감옥을 탈출하는 내용이야.

그 외의 경우에는 situation, story, problem으로 나타내는 것이 적절하다.

I liked the director of this movie but not the **story**.	이 영화의 감독은 마음에 들었는데, 내용은 마음에 안 들었어.
What exactly was the **problem** in this incident?	정확히 이 사건의 내용(문제)이 뭐야?

사전에는 '내용'이 content라고 나오지만, 이 단어로 표현할 수 있는 것은 제한적이다.

● 그릇이나 포장 따위의 안에 든 것

Please remove the **contents** of your bag.	가방 안에 있는 내용물을 다 꺼내세요.

● 말, 글, 그림, 연출 등 모든 표현 매체 속에 들어 있는 것. 또는 그런 것들로 전하려는 바

I was more shocked by his tone than the **content** of his speech.	나는 그 사람 연설의 내용보다 말투가 더 충격적이었어.

▍너나 잘해/네가 알 바 아냐

⟨너나 잘해⟩는 Mind your own business.라고 하자.

A: You shouldn't raise your kid like that.

B: Mind your own business.

A: 애를 그렇게 키우면 안 돼.

B: 너나 잘해.

⟨너나 잘해⟩와 의미가 비슷하게 들리지만, Mind your own business.에는 '남의 일에 참견하지(상관하지) 마', 즉 ⟨네가 알 바 아냐⟩라는 뜻도 있다. That's none of your business.를 대신 쓸 수 있다.

A: How much do you make?

**B: Mind your own business. /
That's none of your business.**

A: 얼마 버세요?

B: 당신이 알 바 아니에요. (당신이 상관할 일이 아니에요.)

▍너도 똑같아

'상태'를 나타낼 때는 be동사, '행동'을 나타낼 때는 동작동사를 쓴다.

A: He's always in a bad mood.

B: You're the same way.

A: 쟤는 항상 기분이 안 좋아.

B: 너도 똑같아.

A: He complains about everything.

B: You do the same thing.

A: 쟤는 매사 불평이 많아.

B: 너도 똑같아.

▌ 네 덕분에/너 때문에

because of you 또는 thanks to you. 하지만 긍정 의미인지 부정 의미인지는 맥락에 따라 달라진다. 최대한 의도를 분명하게 하기 위해 thanks to you를 〈네 덕분에〉의 의미로 쓸 때가 많지만, 이것도 상황에 따라 비꼬는 말이 되기도 한다.

Because of you.	너 때문이야. / 네 덕분이야.
I got promoted **because of** you. / I got promoted **thanks to** you.	네 덕분에 승진했어.
Now we're lost **thanks to you**!	너 때문에 길을 잃었잖아!

no thanks to you라는 표현도 있다. 〈너 때문에〉라는 의미로, 문장 끝에 온다.

We found our way, **no thanks to you**.	너 때문에 길을 잃었지만, 우린 다시 길을 찾았어.

▌ 네가 뭔데?(네가 뭐가 잘나서?)

Who do you think you are?라고 말한다.

A: I only date rich men.	A: 난 돈 많은 남자하고만 사귀어.
B: **Who do you think you are** (only dating rich men)?	B: 네가 뭔데 (돈 많은 남자랑만 만나)?

▌ 누가 알아?(아무도 몰라)

You never know.라고 말하자.

A: I wrote a book, but I don't think it'll sell.	A: 책을 썼는데, 잘 팔릴 것 같지 않아.
B: **You never know**! It could be a big hit.	B: 누가 알아? 대박날 수도 있지.

다 아는 사실이야

Everybody knows that.이라고 한다.

Why are you telling me this? **Everybody knows that**. | 지금 나한테 이 얘기를 왜 하는 거야? 다 아는 사실이야.

다행이다

〈다행이다〉를 나타내는 영어 표현을 가장 많이 쓰는 순서대로 정리하면 다음과 같다.

Thank God! I found my wallet! / **Phew**! I found my wallet! / **What a relief**! I found my wallet! | 다행이다! 지갑을 찾았어!

〈다행이다〉가 감탄사가 아닐 경우, 혜택을 받은 사람더러 lucky라고 말하면 된다.

You're **lucky** you didn't die in the car accident. | 네가 그 교통사고로 안 죽은 게 다행이다.

대박이다

'멋지다', '굉장하다'라는 뜻의 비속어로, 영어로는 상황에 따라 다양하게 표현한다. 아래 예문은 현재 미국에서 가장 자주 쓰는 '대박'과 관련된 표현들이다. 예문에 쓰인 형용사들의 원래 뜻은 다르지만, 지금은 이렇게 남용되고 있다.

This drink's **great**! | 이 술 대박이야!
You're **awesome**, man. | 너 대박이다.
The party last night was **epic**! | 어젯밤 파티는 대박이었어!

될 수 있으면

문장을 if possible로 시작하거나 마무리하면 된다.

If possible let's meet an hour earlier.

될 수 있으면 한 시간 일찍 만나자.

The earlier the better **if possible**.

될 수 있으면 이를수록 좋아.

마인드 컨트롤

한국에서는 '자기 마음을 통제하는 것'을 "마인드 컨트롤"이라고 하는데, 이것은 콩글리시다. 〈마인드 컨트롤〉의 올바른 영어 표현은 self-control이다.

Especially when you're angry is when you need **self-control** the most.

화가 난 상태가 특히 마인드 컨트롤이 제일 필요할 때이다.

영어로 mind control은 '타인의 생각과 마음을 조종하는 것', 즉 '세뇌(brainwashing)'라는 뜻이다. 참고로, '세뇌하다'라는 뜻의 brainwash의 쓰임을 예문을 통해 알아보자.

Dissidents are taken to concentration camps to **be brainwashed**.

반체제 인사는 강제 수용소로 끌려가서 세뇌된다.

Have you ever wondered if our patriotism is the result of our **being brainwashed**?

우리의 애국심이 세뇌된 결과인 건 아닌지 생각해 본 적 있어?

말이 되네/말이 안 돼

〈말이 되네〉는 It/That makes sense.로, 말의 앞뒤가 맞지 않아 〈말이 안 돼〉는 That doesn't make sense.로 쓰면 된다.

It **makes sense**. I agree.

말 된다. 나도 동의해.

What are you talking about? **That doesn't make sense**.

너 무슨 말을 하는 거야? 말이 안 돼.

말하기 곤란한데

실제로 말하기 곤란해서일 수도 있고, 말하지 않겠다는 의지를 완곡하게 표현하는 것일 수도 있다. 두 상황에 같은 표현을 쓴다.

- A: What's the best solution to this problem?
- B: **It's difficult to say**.

  A: 이 문제의 가장 좋은 해법이 뭡니까?
  B: 말하기 곤란하네요.

- A: Who's better looking? Me or him?
- B: **That's difficult to say**. You guys are both good looking.

  A: 누가 더 잘 생겼어? 나야, 얘야?
  B: 그건 말하기 곤란한데? 너희 둘 다 잘생겼어.

모르는 게 약이다

Ignorance is bliss(모르는 게 행복이다).라는 표현을 외워 두자.

A: Don't you want to know if your husband is having an affair?

A: 남편이 바람피우는지 아닌지 알고 싶지 않아?

B: No.

B: 아니.

A: Why not?

A: 왜?

B: **Ignorance is bliss**.

B: 모르는 게 약이야.

무슨 말인지 알아/무슨 말인지 모르겠어

〈무슨 말인지 알아〉라고 상대방에게 리액션을 할 때 아래 예문처럼 말하면 된다.

I know what you mean.   무슨 말인지 알아.
I think I know what you mean.   무슨 말인지 알 거 같아.

〈무슨 말인지 모르겠어〉는 아래 예문처럼 말하자.

I don't know what he means by that.   쟤가 무슨 말을 하는 건지 모르겠어.

▌무슨 상관이야?

Who cares?는 '그거 신경 쓰는 사람은 없다'라는 의미이고, Why does that matter?는 '그게 뭐가 중요해?'라는 뜻이다.

A: I don't want to leave the house without make up on.

B: **Who cares?**

A: 난 화장 안 한 상태로 밖에 나가기 싫어.

B: 무슨 상관이야? (그거 신경 쓰는 사람 없어.)

A: I like her, but she's not Korean.

B: **Why does that matter?**

A: 나 그 여자가 좋은데, 한국인이 아니야.

B: 그게 무슨 상관이야? (그게 뭐가 중요해?)

공격적인 어투로 "그게 너하고 무슨 상관이야?"라고 할 때는 What's it to you?라고 하면 된다. 또 다른 표현으로는 What does that have to do with you?가 있는데, 공격적인 표현은 아니지만 말투를 주의하지 않으면 공격적으로 들릴 수도 있다.

A: I don't like that my friend is dating an older guy.

B: **What's it to you?**

A: 내 친구가 나이 좀 있는 남자랑 사귀는 게 마음에 안 들어.

B: 그게 너하고 무슨 상관이야?

A: Oh, no! My favorite actor came out of the closet.*

B: **What does that have to do with you?**

A: I'll never be able to be his girlfriend!

A: 안 돼! 내가 제일 좋아하는 배우가 커밍아웃했어.

B: 그게 너랑 무슨 상관이야?

A: 내가 절대로 그 사람의 여자 친구가 될 수 없다는 말이잖아!

* come out of the closet은 감추고 있던 일을 밝히거나 인정할 때 쓰는 표현으로, 예문에서는 맥락상 남자배우가 커밍아웃한 것을 뜻한다.

▌무조건

일상적으로 쓰는 표현은 no matter what이다. 더 격식을 갖춰서 표현하고 싶을 때는 unconditionally를 쓴다.

A: I don't know what to do.

B: Whatever you decide, I'll support you **no matter what**.

A: 뭘 해야 할지 모르겠어.

B: 네가 어떤 결정을 내리든 난 너를 무조건 지지할 거야.

Parents love their children **unconditionally**.

부모는 자기 자식을 무조건 사랑한다.

▌뭘 보고 그러는 거야?

상대방 의견의 근거를 묻는 표현이다. 동사 see를 쓰고 싶겠지만, 영어로는 '생각하다'라는 뜻의 동사 think를 써서 What makes you think that?이라고 한다. 이 표현은 한국어와는 달리 공격적인 의미가 전혀 없다.

[At a newly opened restaurant]	[새로 개점한 식당에서]
A: I think this place is going to be good!	A: 여기 맛있을 거 같아!
B: **What makes you think that**?	B: 뭘 보고 그러는 거야?
A: No one's talking. They're all focused on the food.	A: 아무도 말을 안 하고 있잖아. 모두 음식에 집중하고 있어.

What makes you think that?을 직역하면 '무엇이 네가 그렇게 생각하게끔 만들어?'이다. 이 문장의 구조를 유지하면서 동사만 바꾸면 다양하게 응용할 수 있다.

What makes you **say** that?	뭘 보고 그렇게 말하는데?
What made you **react** like that?	뭐 때문에 그런 반응을 했어?
What makes you **support** him?	뭘 보고 그 사람을 지지해?
What makes you **believe** him?	뭘 보고 그 사람을 믿는 거야?
What makes you so **sure**?	뭘 보고 그렇게 확신해?
What makes you **dislike** him?	뭐 때문에 그 사람을 싫어해?

▌보면 알아

I know it when I see it. 미국 대법원의 판사인 포터 스튜어트Potter Stewart가 자코벨리스대 오하이오Jacobellis v. Ohio(1964년) 사건을 다루면서 '야동'을 정의할 때 한 말로, 그때부터 유명해졌다.

A: How do you define hard-core pornography?	A: 노골적인 포르노를 어떻게 정의해?
B: I can't, but **I know it when I see it**.	B: 잘 모르겠지만, 그냥 보면 알아.
It's hard to explain, but **you'll know it when you see it**.	설명하기는 어려운데, 보면 알 거야.

▎ 사는 게 힘들어

Life is hard.라고 말한다.

Life is hard.	사는 게 힘들다.
Why does **life** have to **be** so **hard**?	사는 게 왜 이리 힘드니?

'~(하기가) 힘들다'를 표현할 때 주어가 무형이면 hard 또는 difficult를 쓴다.

Learning a new language is **difficult/hard**.	외국어 배우는 건 힘들어.

참고로, "나 힘들어"를 I am difficult.라고 하면 안 된다. 사람 주어를 difficult와 함께 쓰면 '그 사람은 까다롭거나 다루기 힘들어서 피곤한 사람이다'라는 뜻이 되기 때문이다. I'm tired. 또는 I'm stressed out.이라고 말해야 한다.

I'm tired.	나 힘들어. (피곤해.)
I'm stressed out.	나 힘들어. (스트레스가 많이 쌓였어.)

▎ 수고했어

윗사람이 아랫사람한테 격려하는 상황이라면 Good job.을 쓰자.

You obviously worked hard on your presentation. **Good job**.	확실히 넌 발표 준비를 많이 했구나. 수고했어.

말하는 사람과 듣는 사람이 대등한 관계면 Thank you.로 충분하다.

Thank you.	수고했어요.

▌신경 쓰지 마

이때 쓸 동사는 care가 아니라 worry다.

Don't worry about it.　　　　　　　　　　　신경 쓰지 마.

왜 care를 쓰지 않고 worry를 썼을까? Don't worry about it.의 it을 '문제(problem)'라고 가정하자. 회사에 문제가 있지만, 상사가 "신경 쓰지 마"라고 하면 그는 무엇을 원하는 것일까? 문제에 관해서 관심을 갖지 말라는 것일까 아니면 문제 때문에 스트레스를 받지 말라는 것일까? 한국어와는 달리 영어에서는 차이가 명백하다. 이 상황에서 Don't worry about it.은 '문제 때문에 스트레스를 받지 마라'라는 뜻이다.

I **don't worry about** money.　　　　　　나는 돈 때문에 스트레스를 받지 않아.
I **don't care about** money.　　　　　　　나는 돈에 관심이 없어.

▌안 ~하는 건 아니야

not을 두 번 반복하여 이중 부정의 의미를 나타낸다. not을 두 번 연속 발음할 때 두 번째 not이 안 들릴 수도 있다. 그래서 미국 사람들은 첫 번째 not 후에 잠깐 멈추고 두 번째 not을 강조해서 말한다. 또 다른 표현 방식은, not 뒤에 반대의 뜻을 지니는 접두사 dis-나 un-을 동사나 보어에 붙여서 쓰는 것이다.

I do not **not like** him.　　　　　　　　　내가 걔를 안 좋아하는 건 아니야.
→ I **don't dislike** him.

It's not **not important**.　　　　　　　　그게 안 중요한 건 아니야.
→ It's **not unimportant**.

그러나 위와 같이 고칠 수 없을 때가 많다. 그럴 때는 not을 두 번 써서 말한다.

I can**'t not** go.　　　　　　　　　　　　안 갈 수가 없어.
I don**'t** want to **not** believe him.　　　그를 믿고 싶지 않은 게 아니야.

안 그래도

I was actually going to로 문장을 시작하자.

[Answers the phone]   [전화를 받으면서]

Hey! **I was actually going to** call you later today.

여보세요? 안 그래도 이따가 너한테 전화하려고 했는데.

안 죽어(엄살 부리지 마)

Stop being such a baby.또는 You'll live.라고 말한다.

A: I got a paper cut on my finger. I think I'm going to die!

A: 종이에 손가락을 베었어. (아파서) 죽을 거 같아!

B: **Stop being such a baby. / You'll live.**

B: 안 죽어. (엄살 부리지 마.)

He can **be such a baby** sometimes.

걔는 때때로 엄살을 부려.

조금 더 과장된 표현으로 You're not going to die.가 있다.

You're not going to die. Stop overreacting.

안 죽어! 오버하지 마.

알아서 하다

보통은 긍정적인 의미로 하는 말이지만, 마지막 예문처럼 답답함을 표현할 때도 쓴다.

He'll do what he needs to do.

자기가 할 일은 자기가 알아서 할 거야.

I took care of it.

내가 알아서 했어. (내가 처리했어.)

Do what you want to do.

네가 알아서 해. (네가 하고 싶은 대로 해.)

양심상

in good conscience라고 표현한다.

Can you say **in good conscience** that you were right?

너 양심상 네가 옳았다고 말할 수 있어?

I could not tell her a lie **in good conscience**.

나는 양심상 도저히 그녀에게 거짓말을 할 수 없었다.

어이가 없네

영화 《베테랑》에서 재벌 3세 역할을 한 배우 유아인이 감정을 잔뜩 실어 "어이가 없네"라고 맛깔스럽게 대사를 치면서 유명해진 표현이다. 이 표현은 의미보다 감정을 전달하는 것이 더 중요하다. 어조, 표정에 신경 써서 의도하는 바를 제대로 전달하자.

You're **unbelievable**.

너 어이없다. (네 행동이 안 믿긴다.)

A: He's late every day for work, he screws up everything, but he still asked for a raise. **Can you believe that**?

A: 쟤는 매일 출근 시간에 늦고, 일도 엉망으로 하는데, 월급은 올려 달래. 진짜 어이가 없어. (그게 믿겨?)

B: No, I can't.

B: 와, 진짜 어이없다. (믿을 수가 없군.)

어쨌든/어차피

〈어쨌든〉은 either way, 〈어차피〉는 anyway. 문장의 앞과 뒤 어디에나 넣을 수 있다.

Either way, we still have to do it.

어쨌든 우린 그걸 해야 되잖아.

We still have to do it **anyway**.

어차피 우린 그걸 해야 하잖아.

▌여긴 웬일이야?

예상치 못한 곳에서 아는 사람을 만났을 때 What brings you here?라고 묻자.

What brings you here?   여긴 웬일이야?

그런데 What brings you here?나 'What brings you to+장소?'는 그 장소에 '왜' 왔는지 이유를 묻는 의미도 있다.

A: **What brings you to** Korea?   A: 한국에 무슨 일로 오셨어요?

B: I came to see my friend.   B: 친구 만나러 왔어요.

▌왜 그런 것 같아?

대화 주제에 따라 조금씩 표현이 다르다.

● 주제가 '상황'일 때

Why do you think that's the case?   그거 왜 그런 것 같아?

● 주제가 '다른 사람의 행동'일 때

Why do you think he did that?   걔가 왜 그런 것 같아?

● 주제가 '다른 사람의 상태'일 때

Why do you think he's like that?   걔가 왜 그런 것 같아?

▌ 요새 뭐 하고 지내?

What have you been up to these days?로, 이 표현은 친구 사이에만 쓴다.

A: **What have you been up to these days**?

B: You know, same old, same old.

A: 요새 뭐 하고 지내?

B: 알다시피, 뭐, 늘 똑같지.

참고로, "지금 뭐하고 있어?"는 What are you up to?라고 물으면 된다.

A: **What are you up to**?

B: Nothing, I'm bored.

A: 지금 뭐 해?

B: 아무것도 안 해. 심심해.

▌ 의외네

'기대하지 않았음'을 의미하므로, unexpected로 표현하면 된다.

[Talking with a foreigner]

A: Do you like hongeo?

B: Yeah, I love it.

A: Oh, that was **unexpected**.

[외국인과 대화 중]

A: 너 홍어 좋아해?

B: 응, 완전 좋아해.

A: 어, 그거 의외네.

▌ 좋겠다!

부러움을 드러내는 말이다. 어떤 표현을 쓰는지 예문을 살펴보자.

- A: My husband cleans and cooks every day.

  B: **Lucky you**!

- A: I just got back from Brazil a few days ago, and I'm going to Portugal next month.

  B: **It must be nice** to travel so much.

A: 우리 집은 남편이 매일 밥하고 청소해.

B: 좋겠다!

A: 나 며칠 전에 브라질에 다녀왔고, 다음달에는 포르투갈을 가.

B: 여행을 자주 다녀서 좋겠다.

찍혔어

A be onto *B*(A가 B의 잘못에 관해 알다)를 써서 'B가 A한테 찍히다'라는 의미를 표현한다. 이 표현은 항상 부정적인 의미로 쓰인다.

I'm onto you.	너 나한테 찍혔어.
My teacher**'s onto** me.	나 선생님한테 찍혔어.

초면에 이런 말하기 좀 그렇지만….

영어로는 '초면'이라는 사실보다 '말할 내용'에 관해 유감이고 죄송하다는 의미를 표현하는 것이 중요하다. 굳이 초면이라는 것을 언급할 필요가 없다. 그냥 I'm sorry to say…로 말하자.

I'm sorry to say that your idea is not compatible with the direction our company wants to go in.	(초면에) 이런 말하기 좀 그렇지만, 귀하의 아이디어는 우리 회사가 추구하는 방향과 다릅니다.

콜!

격식을 갖추지 않고 초청이나 도발에 응할 때 I'm game. 또는 I'm down.이라고 말한다.

A: Do you want to go out for a drink?	A: 술 한잔하러 갈래?
B: **I'm game**. / **I'm down**.	B: 콜.

큰일 날뻔했다/큰일 났다

〈큰일 날뻔했다〉는 That could've been bad.라고 말한다.

A: I thought I'd left the tickets at home.	A: 표를 집에다 두고 온 줄 알았어.
B: **That could've been bad!**[*]	B: 큰일 날뻔했다!

[*] 여기서 bad의 뜻은 '심하다, 심각하다'이다.

낮고 불길한 목소리로 oh no. 또는 uh oh.라고 하면 〈큰일 났다〉의 의미를 매우 효과적으로 전달할 수 있다.

A: **Uh oh**. I forgot to bring our tickets.

B: What are we going to do now?

A: 큰일 났다. 내가 표를 안 가지고 왔어.

B: 그럼 어떡해?

하필(이면)

이 뉘앙스를 전달하려면 'Why+did/does+주어+have to+동사+of all?'이라는 의문문 형태로 쓰는 것이 가장 확실하다.

Why did it have to be today **of all** days?

Why did I have to get a mosquito bite on the middle of my forehead **of all** places?

Why did it have to be me **of all** people?

하필이면 왜 오늘이야?

하필이면 왜 이마 한가운데를 모기에 물린 거야?

(그 많은 사람 중에) 왜 하필 나야?

of all은 필수는 아니지만 강조하기 위해서라면 쓰는 것이 좋다. 그러나 어떤 상황에서는 of all을 안 쓰는 것이 더 자연스럽다. 아래 예문을 살펴보자.

Why did it have to be the escalator going up that's broken?

Why does he have to come now?

왜 하필 올라가는 에스컬레이터가 고장이 났지?

왜 하필 걔가 지금 와야 돼?

할 말 없지?

한국어로는 특별히 대답을 기대하지 않지만, 영어로 물었을 때는 대답이 필요하다.

A: **What do you have to say for yourself**?

B: Nothing.

A: 할 말 없지?

B: 할 말 없어.

▌해볼 만하다

〈해볼 만하다〉는 It's worth trying.이라고 말하면 된다. 맥락상 서로 무슨 이야기를 하는 지 알 때 한국어에서는 굳이 주어를 밝히지 않는데, 영어에서도 그런 상황일 때는 주어가 항상 it이다.

A: Have you ever been skydiving?

B: No.

A: You really should. **It's worth trying**.

A: 스카이다이빙 해본 적 있어?

B: 아니.

A: 한번 해봐. 해볼 만해.

화제에 따라 try 대신 다른 동사를 쓸 수도 있다.

A: Have you ever read *Common Mistakes*?

B: No, why?

A: You should. **It's worth reading**.

A: 너 〈Common Mistakes〉라는 책 읽어 본 적 있어?

B: 아니, 왜?

A: 한번 읽어 봐. 읽어 볼 만해.

〈해볼 만하다〉의 영어 표현을 It's worth a shot.이라고 제시하는 책도 있다. 그러나 이 표 현이 이 의미로 쓰이는 것은 I have nothing to lose(해서 손해 볼 건 없지)로 바꿔서 쓸 수 있 을 때 뿐이다.

A: I just got a new phone, but the screen isn't working.

B: You should ask for a refund.

A: **It's worth a shot**. / **I have nothing to lose**.

A: 나 핸드폰을 새로 샀는데 화면이 고장 났어.

B: 환불해 달라고 해.

A: 해볼 만하지. / 해서 손해 볼 건 없지.

▌해서 나쁠 것 없지(해서 손해 볼 것 없지)

〈해서 나쁠 것 없지(해서 손해 볼 것 없지)〉는 It couldn't/doesn't hurt. 또는 It couldn't hurt to...로 표현한다.

A: How about if we try it like this?

B: **It couldn't hurt**. Let's try it. / **It couldn't hurt to** try.

A: 이렇게 해보는 건 어때?

B: 해서 나쁠 것 없지. 그렇게 해보자. / 시도해서 나쁠(손해 볼) 건 없지.

It doesn't hurt to double check everything before you make your presentation.

발표하기 전에 다시 한번 확인해서 나쁠 건 없지.

It couldn't hurt to ask for a job.

일자리를 부탁해서 손해 볼 건 없지.

"해서 네가 손해 볼 것은 없잖아?"는 What have you got to lose?라고 묻고, 손해 볼 것이 없으면 I have nothing to lose.라고 대답하면 된다.

A: **What have you got to lose?**

B: You're right. **I have nothing to lose.**

A: 해서 네가 손해 볼 건 없잖아?

B: 네 말이 맞아. 해서 손해 볼 건 없지.

▎헐

놀라거나 당황했을 때 내는 감탄사로, 영어로는 Are you serious? 또는 Seriously?라고 표현하는 것이 가장 적절하다.

A: I had to work 20 hours straight yesterday.

B: **Are you serious? / Seriously?**

A: 나 어제 20시간 내내 일해야 했어.

B: 헐!

▎혈액형이 뭐예요?

한국에서는 처음 만나서 이야기 나눌 때 혈액형을 대화 소재로 삼는 경우가 많다. 하지만 미국에선 blood type(혈액형)에 대해 관심이 없기 때문에 자기 혈액형이 뭔지 아는 사람도 거의 없다. 병원에서 특정 혈액형의 피가 필요할 때나 이 말을 쓰지, 한국처럼 혈액형을 성격과 연결시키면서 이야기꽃을 피우지 않는다.

A: What's your **blood type?**˙

B: My **blood type** is A, but I don't act like someone whose **blood type** is A.˙

A: 너 혈액형이 뭐야?

B: A형 같지 않은 A형이야.

˙ 미국 사람들은 혈액형에 관심이 없기 때문에 이것은 한국 사람끼리 영어로 말할 때 일어나는 대화라고 보면 된다.

참고로, 한국 사람들은 A형인 사람이 '소심하면서도 유난히 꼼꼼하다'고 여긴다. 영어로는 그런 사람을 가리켜 anal하다고 한다.

When you go to his house, be careful not to make a mess. He's **anal** about cleanliness.

개 집에 가면 아무것도 어지럽히지 않도록 조심해. 갠 지나치게 꼼꼼히 청결을 따져.

혹시/혹시라도

한국 사람들은 말할 때 〈혹시〉를 정말 자주 쓴다. 질문할 때의 〈혹시〉는 by any chance이다. 질문이 아닐 때는 if를 쓴다.

Are you free tonight **by any chance**?	혹시 오늘 밤에 시간 있어요?
Don't worry **if** I'm not home.	혹시 내가 집에 없어도 걱정하지 마.

〈혹시라도〉는 항상 just in case로 표현한다.

Write it down **just in case** you forget.	혹시라도 까먹을 수도 있으니까 적어 놔.
I always carry around eye drops **just in case** I need it.	혹시라도 필요할까 봐 난 안약을 항상 가지고 다녀.

CHAPTER 2

상황

▌ ~에 빠지다

게임, 아이돌 등 〈~에 빠지다〉를 나타내는 표현은 be obsessed with 또는 be into이다. be into가 be obsessed with보다 정도가 약간 덜하다.

I'm really **into** Mozart.	나 모차르트에게 완전히 빠졌어.
I'm obsessed with Mozart.	나 모차르트에 빠졌어. (나 모차르트에 사로잡혔어.)

▌ ~을 잘하다/~을 못하다

〈~을 잘하다〉에는 두 가지 의미가 있다. 하나는 '실력이 좋다'이다. 어떤 행위를 잘하는 것이면 'be good at+동사-ing'로, 주제가 명사면 'be good with+명사'로 표현한다.

He's good at writing.	걔는 글을 잘 써.
She's good with English.	걔는 영어를 잘해.

〈~을 잘하다〉의 또 다른 뜻은 '~을 많이/자주 하다'이다. 이때는 정도 또는 빈도를 나타내는 표현과 함께 아래 예문처럼 표현하면 된다.

He **eats a lot**.	걔는 잘 먹어. (걔는 많이 먹어.)

〈~을 못하다〉는 'be bad at+동사-ing' 또는 'be bad with+명사'로 표현한다. 이 표현을 통해 소위 말하는 '~알못'이라는 뜻을 나타낼 수도 있다.

He's **bad at cooking**.	걔는 요리를 못해.
She's **bad with computers**.	걔는 컴퓨터를 잘 못 다뤄. (걔는 컴알못이야.)

사적인 자리에서 친구나 편한 사람과 얘기할 때 누가 무엇을 잘 못하거나 소질이 없다는 것을 강조해서 말하고 싶다면 동사 suck을 써서 'suck at+동사-ing/명사'로 표현할 수도 있다.

He **sucks at math**. Honestly, he can't even do simple arithmetic in his head.	걔 수학 진짜 못해. 솔직히 말해서, 걔는 간단한 암산도 못해.

~하는 게 참 예쁘다

한국에서는 사람의 어떤 행동이나 태도를 칭찬할 때 〈~하는 게 참 예쁘다〉와 같은 말을 쓴다. 영어에는 이에 딱 맞는 표현이 없으므로 '예쁘다'보다 더 구체적인 단어로 표현해야 한다.

It's **admirable** that he takes such good care of his parents.

재는 자기 부모를 잘 챙겨서 너무 예뻐 (훌륭해).

I'm **happy** that my son is studying hard these days.

아들이 요새 공부를 열심히 해서 진짜 예뻐(행복해).

It's **so nice** that your dad does a lot of housework.

네 아빠가 집안일을 많이 해줘서 예뻐 (좋아).

He holds his cup **like a princess**.

그 사람은 잔을 참 예쁘게 들어(공주같이 잔을 들어).

갈 길이 멀다

한국어 그대로 영어로 옮기면 된다. You have a long way to go.

A: I want to grow a garden in my yard.

A: 우리 집 마당에 정원을 만들고 싶어.

B: But you don't get any sunlight in your yard.

B: 근데 너의 집 마당엔 햇빛이 안 들어오 잖아.

A: So?

A: 그래서?

B: Plants need sunlight to grow...

B: 식물은 햇빛이 있어야 자라지….

A: Oh, I didn't know that.

A: 어, 몰랐어.

B: Wow, **you have a long way to go**.

B: 와, 너 갈 길이 멀다.

감당할 수 없다

'다루다'라는 뜻의 동사 handle을 이용해서 can't handle/not be able to handle로 표현 한다.

A: Why don't you want kids?

A: 넌 왜 아이를 갖기 싫어?

B: I **don't** think I **can handle** it.*

B: 내가 감당할 수 없을 것 같아.

* 이 문장에서 it은 '아이'가 아니라 '아이 갖는 것'을 뜻한다.

걸리다

잘못한 게 〈걸리다〉는 get caught이다.

He **got caught** cheating on his girlfriend.*

그는 바람을 피우다가 여자친구한테 걸렸다.

I **got caught** sleeping at my desk by my boss.

난 내 자리(책상)에서 자다가 상사한테 걸렸어.

* 참고로, '그녀는 남자친구가 바람피우는 것을 잡았다'라고 말하고 싶으면 She caught her boyfriend cheating on her.이라고 한다.

결과가 나오다

'좋거나 중립적인 결과'는 result, '안 좋은 결과'에 관해 말할 때는 consequence를 쓴다.

The **results** are out.

결과가 나왔어.

Every time I work with you, I get good **results**.

너랑 일할 때마다 결과가 좋아.

Take responsibility for the **consequences**.

(안 좋은) 결과에 대해 책임져.

참고로, '원인과 결과'는 cause and effect이다. 이때 '결과'를 뜻하는 단어로 result가 아니라 effect를 쓴다는 것을 기억하자.

What are the **causes and effects** of obesity?

비만의 원인과 결과가 뭐야?

고민하다

가장 일반적인 표현은 concern과 worry다. concern과 worry의 차이는 '목적어'에 있다. concern의 목적어는 항상 '사람'이지만 worry는 그렇지 않다.

Don't **concern yourself** with that now. / Don't **worry** about that now.

그건 지금 고민하지 마.

Let's **worry** about that later.

그건 나중에 고민하자.

상황이 concerning/worrisome(걱정스러운)하면 사람은 concerned/worried(걱정하는)하게 된다.

- I'm **concerned/worried** about his health. / 그 사람의 건강 때문에 고민이야.

- The results of her medical examination are **concerning/worrisome**. / 그 사람의 건강 검진 결과 때문에 고민스러워(걱정스러워).

- A: My husband and I fight every night. / A: 나는 밤마다 남편하고 싸워.
  B: That's **concerning/worrisome**. / B: 그거 고민되겠다.

'결정하기 힘들어서' 고민할 때, 중요하고 심각한 일에는 think hard about, 별로 심각하지 않으면 have a hard time deciding을 쓰자.

I need to **think hard about** what to do after college. / 난 대학 졸업 후 뭘 해야 할지 (깊게) 고민해야 돼.

I **had a hard time deciding** which one to get. / 난 어느 것을 살지 (좀) 고민했어.

고백하다

죄나 큰 잘못을 인정하고 이를 〈고백하다〉는 confess다. (→ p.126 '인정하다' 참고)

The murderer made a full confession. He **confessed** to the kidnapping and the murder. / 그 살인자는 모든 것을 자백했다. 그는 납치와 살인을 고백했다.

다만, confess *one's* love(사랑을 고백하다)는 예외다. 표현 자체에는 문제가 없지만, 그다지 쓰지 않는다. '사랑을 고백하다'는 아래 예문처럼 말하는 것이 더 자연스럽다.

I need to **tell** her **how I feel about her**. If not I'm going to go crazy. / 나 그녀한테 사랑을 고백할래. 안 그러면 미칠 것 같아.

▌고생하다

보통은 '몸이 아플 때' 고생하고 '일이 힘들 때' 고생한다. 이 두 상황에서 어떻게 고생했는지 자세히 설명하자.

He hurt his arm, so he's in a lot of pain.	걔는 팔을 다쳐서 고생하고 있어(아파하고 있어).
I worked really hard for five years, and I saved up a lot of money.	5년 동안 정말 고생해서(일을 열심히 해서) 돈을 많이 모았어.

구체적으로 어떤 고생인지 언급하지 않고 그냥 '고생'이라고만 표현하고 싶을 때는 hardship을 쓴다. 하지만 미국 사람들은 대화할 때 have a hard time이라는 표현을 선호한다.

We experienced a lot of **hardships**.	우린 고생이 많았어.
My family **had a hard time** for a few years.	몇 년 동안 우리 가족은 고생했어.

감사의 뜻을 나타낼 때 "고생하셨습니다"처럼 말하기도 하는데, 이때는 그냥 Thank you. 라고 하면 된다. 감사 표현이 부족하다고 생각되면 상대방이 무엇 때문에 고생했는지 말해 주자.

[At a relative's house for dinner]	[친척 집에서의 저녁 식사 시간]
A: **Thank you** so much for dinner. It must've taken forever to prepare such a big dinner.	A: 저녁 준비하시느라 고생 많으셨어요(저녁을 대접해 주셔서 정말 감사합니다). 이렇게 많이 준비하시는 데에 시간이 오래 걸렸겠어요.
B: Oh, you're welcome. It was nothing.	B: 고생은, 뭐. 별로 차린 것도 없어.

▌귀가 간지럽다

Someone's ears are burning(귀가 탄다).이라고 말한다.

Your **ears** must **have been burning** tonight. I was bragging about you to my mom.	오늘 밤에 네 귀가 간지럽지 않았니? 엄마한테 너에 관해 자랑했어.

▎눈 깜짝할 사이에

in the blink of an eye. 이 표현은 문장의 맨 앞이나 뒤에 다 쓸 수 있다.

He was gone **in the blink of an eye**. /
In the blink of an eye, he was gone.

그는 눈 깜짝할 사이에 사라졌다.

▎눈부시다

〈눈부시다〉는 여러 방식으로 표현할 수 있다. 예를 들어, '날씨' 이야기를 할 때 좋은 의미를 전달하고 싶으면 beautiful day, 부정적인 의미를 전하고 싶으면 too bright 혹은 hurt *one's* eyes라고 말하면 된다.

Wow! **It's such a beautiful day**!

와! 날이 화창해서 눈부시다!

Close the curtains. **It's too bright** in here. /
It's hurting my eyes.

커튼 좀 쳐 줘. 눈이 부셔(너무 밝다).

'사물'에 관해 말할 때는 brilliant, dazzling, shiny를 쓸 수 있다. 그중 shiny가 제일 자주 쓰인다.

A: I just got my car washed and waxed.

A: 나 방금 세차하고 차에 왁스를 발랐어.

B: I can tell! It's so **shiny**!

B: 그러게! 아주 눈부시다!

▎눈에 불을 켜다

어떤 일에 굉장히 집중할 때 〈눈에 불을 켜다〉라고 말한다. 영어로는 'focus/become focused on+명사'로 쓰면 된다.

She **becomes** intensely **focused** when working **on** something she enjoys.

쟤는 자기가 좋아하는 일을 할 때 눈에 불이 켜져.

눈치 보다

영어에는 '눈치'라는 단어가 없다. worry about을 쓰는 것이 제일 적절하다.

Don't **worry about** others and do what you want.

다른 사람 눈치 보지 말고 네가 하고 싶은 대로 해.

He **worries about** what people might think of him.

걔는 남들이 자기에 관해 어떻게 생각하는지 눈치를 많이 봐. (걔는 다른 사람들이 자기에 관해 어떻게 생각하는지 걱정해.)

눈치 보이다/눈치 주다

〈눈치 보이다〉는 get signals(신호를 받다), 〈눈치 주다〉는 send signals(신호를 보내다)이다.

I've been **getting signals** that I've overstayed my welcome.

내가 너무 오래 머물러서 눈치 보여.

He's been **sending** me **signals** that I've overstayed my welcome.

내가 너무 오래 머물러서 쟤가 눈치를 주고 있어.

눈치가 있다/눈치가 없다

take a hint를 써서 눈치가 있는지 없는지를 표현할 수 있다.

I've told him that I'm busy three times, but he keeps asking me out. He really can't **take a hint**.

세 번이나 바쁘다고 말했는데도 걔는 계속 데이트를 신청해. 진짜 눈치 없어.

He can **take a hint**. He knows that "I'll think about it" means no.

걔가 눈치는 있어. "생각해 볼게"라고 하면 안 된다는 의미라는 걸 알아.

그러나 take a hint는 위와 같은 상황에만 쓸 수 있는 표현이다. 보통은 누가 '눈치가 없다' 고 말하려면 그 사람이 어떤 면에서 눈치가 없는지 구체적으로 설명하는 것이 좋다.

He's **unaware of what people think about him**.

걔는 눈치가 없어. (걔는 다른 사람들이 자기를 어떻게 생각하는지 몰라.)

눈치채다

실제로 말할 때는 항상 get a signal을 과거형인 got a signal that...으로 쓴다.

He **got the signal that** he should quit his job.

그는 직장을 그만두라는 신호를 눈치챘어.

다시 ~하다

〈다시 ~하다〉에는 두 가지 뜻이 있다. '방법이나 방향을 고쳐서 새로 하다'의 do over와 '처음부터 다시 하다'라는 뜻의 start over다.

Let's **do** it **over**.

우리 처음부터 다시 하자.

Let's **start over** (from the beginning).

(처음부터) 다시 시작하자.

참고로, do/start over와 do/start again을 헷갈릴 수 있으므로 둘의 차이를 살펴보자. over에는 '처음부터'라는 뜻이 담겨 있다. 그러므로 from the beginning이라는 말을 함께 쓰는 것이 더 자연스럽다. 반면 again은 어디서부터 다시 시작해야 할지 명확하지 않다. 처음부터일 수도 있고 지난번에 중단한 곳에서부터일 수도 있다.

A: How's your book going?

B: I just **started** writing **again** after a long break.

A: Why did you stop?

B: Because I didn't like the direction it was going in. But it's okay now.

A: It's a good thing you didn't have to **start over from the beginning**.

A: 책 잘 쓰고 있어?

B: 한참 쉬었다가 최근에 다시 쓰기 시작했어.

A: 왜 쓰는 걸 멈췄어?

B: 원고의 방향이 마음에 안 들었거든. 그런데 지금은 괜찮아.

A: 처음부터 다시 시작하지 않아도 된다니 다행이다.

〈다시 ~하다〉의 또 다른 뜻은 '하다가 그친 것을 계속하다'라는 continue(멈췄다가 계속하다), restart(재개하다)이다.

Let's **continue** working after a break.

잠깐 쉬고 다시 일하자.

Let's **restart** work after a break.

잠깐 쉬었다가 일을 다시 시작하자.

▌ 다시는 ～하지 않다

〈다시는 ～하지 않다〉는 don't ... ever again이나 never ... again으로 표현한다.

Don't you **ever** do that **again**.　　　　너 다시는 그런 짓 하지 마.

I **never** want to do that **again**.　　　　나 다시는 그런 짓 하고 싶지 않아.

▌ 대리 만족

명사와 동사로 표현할 수 있다. 명사로 표현할 때는 vicarious pleasure를 쓰고, 동사로 표현할 때는 '주어＋동사＋vicariously through＋목적어' 형태로 쓴다.

People watch cooking shows for **vicarious pleasure**.　　　　사람들은 대리 만족을 위해 요리 프로를 본다.

People eat **vicariously through** cooking shows.　　　　사람들은 요리 방송을 보면서 대리 만족을 한다(간접적으로 먹는다).

명사와 동사 중 어느 쪽을 쓰는 것이 나은지는 상황에 따라 다르다.

A: Why are you watching this cooking show?　　　　A: 이 요리 프로는 왜 보는 거야?

B: For **vicarious pleasure**.*　　　　B: (내가 요리를 하는 양) 대리 만족을 하려고.

I live **vicariously through** my successful friend.**　　　　나는 성공한 친구를 통해 대리 만족해(간접적으로 살아).

* I cook vicariously through cooking shows(나는 요리 프로를 통해서 대신 요리해).라고 하면 너무 번거롭다.

** 굳이 My friend's success is a vicarious pleasure for me(내 친구의 성공은 나에게 대리 만족이 돼).라고 복잡하게 말할 필요가 없다.

▌도전하다

대개는 동사 challenge를 쓰면 된다. challenge에는 두 가지 뜻이 있다. 하나는 '정면으로 맞서 싸움을 걸다'라는 뜻이다.

His rival **challenged** the champion to a fight.

라이벌은 챔피언에게 도전했다(싸움을 걸었다).

두 번째는 '(비유적으로) 어려운 일을 하거나 기록 경신을 시도하다'인데, 이것을 나타내는 방법은 두 가지다. 첫 번째는 try를 현재진행형으로 쓰는 것이고, 두 번째는 challenge를 쓰고 목적어로 주어의 재귀대명사를 쓰는 것이다(예: He challenged himself.).

He **is trying to write** a movie script.

그는 영화 대본을 쓰는 일에 도전 중이다.

He **challenged himself** to write a movie script.

그는 영화 대본을 쓰는 것에 도전했다.

---

challenge는 명사로 '도전'이다.

Reunification with North Korea will be a huge **challenge** for South Korea.

북한과의 통일은 한국에게 큰 도전일 것이다.

The champion accepted the **challenge** from his rival.

챔피언은 라이벌의 도전을 받아들였다.

'도전적인'을 나타낼 만한 영어 단어는 따로 없다. 게다가 그 표현의 긍정적인 의미와 부정적인 의미를 구분해야 한다. 긍정적인 의미일 때 제일 뜻이 비슷한 영어 단어는 daring(대담한, 용감한)이다.

It's very **daring** of you to start your own company.

네 회사를 차리다니 넌 참 도전적이다(대담하다).

부정적인 의미라면 defiant(반항적인)와 aggressive(공격적인) 중에서 골라 쓴다.

Her **defiant** attitude angered her parents.

그녀의 도전적인(반항적인) 태도가 부모님을 화나게 했다.

People avoid talking to you because you get **aggressive** when you talk.

사람들이 너하고 말하는 걸 피하는 이유는 네가 말할 때 너무 도전적이라서(공격적이라서) 그래.

defiant나 aggressive를 쓰고 싶지 않으면 그냥 상황이나 상태를 표현하자.

He always seems angry when he talks.

걔는 말할 때 항상 화가 나 있는 거 같아.

▌돈값 하다

get *one's* money's worth. 문장의 주어는 항상 '사람'이다.

Did you **get** your **money's worth**?	돈값 했어?
I'm satisfied with the quality. I **got** my **money's worth**.	난 품질에 만족했어. 돈값 했어.

▌따지지 말고 넘어가다

《겨울왕국》에서 엘사가 불러서 세계적으로 히트한 노래 〈Let it go〉에 나오는 let it go 를 쓰면 된다. Don't let it bother you(신경 쓰지 마)도 흔히 쓰는 표현이다.

A: Why do people on the subway not apologize when they bump into you?	A: 사람들이 지하철에서 부딪히고선 왜 사과를 안 해?
B: That's just the way they are. Just **let it go**.	B: 여기 사람들은 원래 그래. 그냥 넘어가.
I agree that the boss is wrong, but **don't let it bother** you.	상사가 틀렸다는 것에는 동의하지만, 따지지 말고 넘어가(신경 쓰지 마).

▌딱 좋다

just right를 쓰자.

A: How do you like this place?	A: 여기 어때?
B: Everything is **just right**.	B: 모든 게 딱 좋아.
The dress fits **just right**.	원피스가 딱 맞아.

▌딴생각하다

My mind was somewhere else(내 정신이 다른 곳에 있었다)라고 표현한다. (→ p.117 '멍하니 있다(멍 때리다)' 참고)

A: Are you listening to me?	A: 내 말 듣고 있는 거야?
B: Sorry, **my mind was somewhere else**.	B: 미안, 딴생각하고 있었어.

▌딴짓하다

〈딴짓하다〉는 기간에 따라 두 가지로 표현할 수 있다.

● 오랜 기간

가장 비슷한 표현은 slack off이다. '전만큼 열심히 일하지 않고 게을러지다'라는 뜻으로, 오랜 기간에 걸친 행동을 나타낸다.

He worked hard during his probation period, but he started **slacking off** after he signed the contract.	그는 수습 기간에는 열심히 일했는데 계약서에 사인한 후부터는 태만해지기 시작했다.

● 잠깐/짧은 순간

잠깐 집중력이 흐트러진 상태가 되면 lose *one's* concentration하게 된다.

A: Hey! What are you doing?	A: 야! 너 지금 뭐 하는 거야?
B: Sorry, I **lost** my **concentration**.	B: 미안, 잠깐 딴짓하고 있었어.
A: This is important. You need to focus!	A: 이거 중요해. 집중하라고!

lose *one's* concentration은 자기도 모르게 딴짓한 것이지만, 만약 의도적으로 딴짓을 한 경우에는 do something else라고 말한다.

[Text message]	[문자]
A: So we're meeting up this Saturday, right?	A: 그럼 우리 이번 주 토요일에 보는 거지?
…	
A: Hello? Are you there? Why did you stop responding?	A: 여보세요? 야! 왜 대답이 없어?
B: Sorry! I **was doing something else**. Yeah, Saturday's fine. See you then.	B: 미안! 딴짓 좀 하느라. ㅇㅇ, 토요일 괜찮아. 그때 보자.

▌ 만만하다/만만치 않다

자기가 상대방보다 위에 있어서 상대를 두려워하거나 잘 보일 필요가 없다고 생각할 때 상대방을 〈만만하다〉고 느낀다. 이러한 의미로 보면 영어에서는 not take seriously가 제일 비슷한 표현이다.

I **don't take** my boss **seriously**.	우리 상사는 만만해.

기분이 나빠서 상대방에게 "너 내가 만만하냐?"라고 질타할 때는 아래 예문처럼 말하자.

Who do you think you are talking to me like that?	나한테 그렇게 말하다니, 내가 만만하냐? (나한테 그렇게 말하다니 너는 네가 누구라고 생각하는 거야? 네가 대단해?)
Who are you to tell me what to do? I'm not doing it.	내가 만만해서 나한테 이래라저래라 하는 거야? 나 안 해. (네가 뭔데 나에게 이래라저래라 하는 거야? 나 안 해.)

반대말인 〈만만치 않다〉는 그 상황을 구체적으로 말하자.

The new guy is tough.	그 신입 사원 만만찮아. (신입 사원이 드세다.)
This test is not easy.	이 시험 만만치 않네. (시험이 쉽지 않다.)
There's a lot of material to read.	읽을 자료량이 만만치 않네. (읽을 자료가 많다.)

▌ 말이 많다

〈말이 많다〉에는 두 가지 의미가 있다. 하나는 '말수가 많다', 다른 하나는 '안팎으로 이슈(화제)가 되고 있다'라는 것이다.

My neighbor **talks a lot**.	우리 옆집 사람은 말이 많아.
It**'s becoming an issue** because of that actor.	요새 저 배우 때문에 말이 많아.

▌ 말조심하다

일반적으로 be careful with *one's* words라고 말한다.

Politicians **are careful with** their **words**.	정치인들은 말을 조심한다.

참고로, 다른 사람에게 말조심하라고 명령할 때는 아래처럼 말한다.

Watch your mouth!	너 말조심해!

▌ 맛이 가다

사람이 정신이 나가고 있는 상황, 즉 '맛이 가는' 중이면 *A is going crazy*, 이미 '맛이 갔으면' *A is crazy*.라고 말하자.

A: I think we need to watch out for him. I think he**'s going** a little **crazy**.	A: 쟤를 좀 지켜봐야 될 거 같아. 약간 맛이 가고 있는 듯해.
B: I think he**'s** already **crazy**. Look! He's talking to a tree!	B: 이미 맛이 간 거 같은데. 저거 봐! 나무에 말을 걸고 있어!

'사람이 아닌 것'이 맛이 가면 There is something wrong with...라고 한다.

There's something wrong with this computer. We really should get a new one.	이 컴퓨터는 맛이 갔어. 우리 진짜 새 컴퓨터를 사야 될 것 같아.

먹히다

'어떤 말이나 행위가 상대방에게 잘 받아들여지다'라는 뜻의 〈먹히다〉는 영어에서도 먹는 개념으로 표현한다. (→ p.92 '통하다' 참고)

A: Trump is so obviously lying.

B: Yeah, but his supporters **eat** it **up**.

A: 트럼프는 거짓말하는 게 너무 뻔해.

B: 응, 그런데 지지자들한테는 먹혀.

모기에 물리다

get a mosquito bite. 물린 신체 부위를 함께 언급하고 싶다면 뒤에 'on+부위'를 붙이자. 모기에 물리면 피부 '위'에 표시가 난다. 이것을 알면 전치사 on을 쓰는 이유를 이해하기 쉬울 것이다.

I got a mosquito bite on the bottom of my foot!

I got a mosquito bite on my forehead.

난 발바닥에 모기 물렸어!

나 이마에 모기 물렸어.

무리하다

어떠한 이유로 무리하는 것인지 구체적으로 말하자.

A: I'm working overtime every day this week.

B: You shouldn't **work so hard**.

Don't carry too many boxes at once.

A: 나 이번 주에 매일 야근하고 있어.

B: 너무 무리해서 일하지 마.

무리해서(한꺼번에) 너무 많은 상자를 들지 마.

몇몇 동사 앞에는 접두사 over-를 넣어서 '무리하게 ~하다'라는 뜻을 나타낼 수 있다.

Don't **overwork** yourself.

The secret to not gaining weight is to not **overeat**.

너무 무리해서 일하지 마.

살이 안 찌는 비결은 과식을 안 하는 거야.

▎ 무모하다

딱 떨어지는 영어 표현이 없다. 무모한 행동의 주체가 되는 사람이 자기 행동이 어떤 결과를 낳을지에 관해 아무 생각이 없다는 식으로 풀어서 설명하자.

Don't just do whatever comes up.
Make a plan.

무모하게 하지 말고 계획을 짜. (닥치는 대로 하지 말고 계획을 짜.)

▎ 묻다

'옷에 커피가 묻다'는 get coffee on *one's* clothes이다. 〈묻다〉를 표현할 때 동사 get을 쓰고, '표면 위'에 묻으므로 전치사 on과 함께 써야 한다. 참고로, 아래 예문을 비교해 보면 주어에 따라 말하는 사람이 자신의 책임임을 인정하는지 아닌지를 알 수 있다. 첫 번째 예문에서는 책임을 인정하고 두 번째 예문에서는 인정하지 않는다.

I **got** dog poo **on** my hand as I was picking it up.

개똥을 줍다가 손에 묻었어.

Dog poo **got on** my hands.

손에 개똥이 묻었네.

묻은 것은 '결과'이고 그 원인은 많다. 흘리거나 쏟아서일 수도 있고(spill) 떨어뜨려서일 수도 있다(drop). 아니면 액체가 튀어서일 수도 있다(splatter). 그 원인이 되는 동사를 써서 결과적으로 '묻은' 상황을 나타낼 수 있다.

I **spilled** coffee **on** my skirt.

나 치마에 커피를 쏟았어.

I **dropped** the soup **on** the floor.

나 바닥에 국을 떨어뜨렸어.

The paint **splattered on** the door.

페인트가 문에 튀었어.

▎ 물이 좋다

'클럽 같은 유흥장소에 외모가 출중한 사람이 많아 분위기가 좋다'라는 뜻의 이 표현을 쓰려면 구체적으로 '물'이 어떻게 좋은지 설명하자.

A lot of hot people go to that club.˙

그 클럽은 물이 좋아. (그 클럽엔 잘생긴/예쁜 사람들이 많이 가.)

˙hot은 '섹시한', '성적 매력이 있는'이라는 뜻으로, 이 단어를 쓰면 상대방에게 이성적 호감이 있음이 드러난다. 상대방에 대해 이성으로서 느끼는 감정 없이 객관적으로 외모를 칭찬하는 것처럼 들리게 하고 싶을 때는 handsome이나 pretty를 쓰면 된다.

▌미지근하다

lukewarm을 쓰자.

I like my coffee either hot or cold, not **lukewarm**.

커피는 뜨겁거나 차가운 게 좋아. 미지근한 거 말고.

▌배고프다/배부르다

〈배고프다〉는 hungry, 〈배부르다〉는 full이다.

He's always really **hungry** or really **full**. There's no in-between.

쟤는 항상 배가 엄청 고프든가 배가 엄청 부른 상태야. 중간이 없어.

▌뻔하다

'명백한'이라는 뜻의 obvious를 쓰면 된다.

It's **obvious** you're lying. / You're **obviously** lying.

너 지금 거짓말하는 게 뻔해.

▌삐지다(삐치다)

sulk 또는 pout을 쓴다. sulk는 '뾰로통하다'이고, pout은 '(짜증이 나서) 입을 삐죽거리다'라는 뜻이다.

You can't **sulk** every time you can't get your way.

네가 하고 싶은 대로 안 될 때마다 삐지면 어떡해?

Stop **pouting**.

그만 삐져.

▎상황에 따라 다르다

It depends on the situation.이라고 말한다.

A: In general, are you usually early or late?

B: **It depends on the situation**.

A: How so?

B: When I have a meeting, I'm early. When I see my friends, I'm late.

A: 일반적으로 넌 (약속 시각에) 일찍 오는 편이야 아니면 늦는 편이야?

B: 상황마다 달라.

A: 어떻게 달라?

B: 회의(모임)가 있을 땐 일찍 오고, 친구 만날 땐 늦고.

대화할 때는 간단히 That depends.라고도 한다. 맥락을 통해 듣는 사람이 이해할 수 있다고 여기는 경우에 쓰는데, 이때 무엇에 따라 다르다는 건지 모르겠다면 설명을 요청하자.

A: Do you want to have dinner together tonight?

B: **That depends**.

A: Depends on what?

B: Depends on who's paying.

A: 오늘 같이 저녁 먹을래?

B: 상황 봐서.

A: 무슨 상황?

B: 누가 돈을 내는지에 달렸어.

▌ 새옹지마

'삶에는 좋을 때도 있고 나쁠 때도 있다'라는 뜻의 사자성어다. 이를 ebb(썰물) and flow(밀물)라고 한다.

A: My life sucks right now.*

B: **Ebb and flow**, right?

A: 요즘 사는 게 너무 힘들어.

B: 사는 건 새옹지마지.

* suck(형편없다, 엉망이다)은 속어이므로 친한 사이에서만 쓰는 게 좋다.

ebb and flow에는 '안 좋은 일이 있다가도 좋은 일이 일어날 수 있다'라는 의미 외에도 '많다가 적어지다'라는 뜻이 있다.

A: I was so busy last month, but this month I have no work.

B: **Ebb and flow**. Enjoy it while you can.

A: 지난달에는 엄청 바빴는데 이번 달에는 할 일이 없어.

B: 바쁠 때도 있고 한가할 때도 있지. 즐길 수 있을 때 즐겨.

▌ 속다

fall for it이라고 말한다. it은 대부분 '농담', '속임수' 또는 '거짓말'을 가리킨다.

I totally **fell for it**.

나 완전히 속았어.

▌ 손 닿는 데에 두다

'이용하기 편한 가까운 곳에 두다'라는 뜻의 관용어인 〈손 닿는 데에 두다〉를 영어로는 간단히 handy로 표현한다.

I always have my smartphone **handy**.

나는 항상 스마트폰을 손 닿는 데에 둔다.

참고로, handy에는 '유용한', '도움이 되는'이라는 뜻도 있다.

Smartphones are **handy**.

My dad is **handy** in the kitchen.

스마트폰은 유용하다.

우리 아빠는 주방에서 도움이 많이 되셔.

▌손이 많이 가다

'할 일'이 많으면 take a lot of work, '과정이 복잡하고 길다'라는 의미를 전달하고 싶으면 be/have many steps로 말한다.

Making kimchi **takes a lot of work**.	김치 담그는 데에 손이 많이 가(할 게 많아).
There **are many steps** to making kimchi.	김치 담그는 건 손이 많이 가(여러 과정이 있어).

▌손해 보다

영어로 〈손해 보다〉는 매우 다양하게 표현할 수 있다. 무엇을 손해 보는 것인지 구체적으로 말하는 것이 좋다.

I lost a lot of money from my failed business.	사업이 망해서 손해를 많이 봤어. (사업이 망해서 돈을 많이 잃었어.)
There's no reason to make it difficult for yourself just to help a coworker.	동료를 도와주느라 네가 손해 볼 필요는 없잖아. (동료를 돕기 위해 네가 힘들어질 필요는 없잖아.)

▌스킵하다(패스하다)

Never mind. 또는 Forget it.으로 말하자.

A: What does this mean?	A: 이게 무슨 뜻이야?
B: **Forget it**. It's not important.	B: 스킵해. 중요하지 않아.
A: Wait, I don't understand.	A: 잠깐, 나 이해가 안 돼.
B: **Never mind**. It's too complicated to explain.	B: 패스해. 설명하기 너무 복잡해.

시간이 걸리다

주어를 it으로 잡고 동사는 take를 쓴다.

A: How long does **it take** to go to Busan?

B: **It takes** about two and a half hours on KTX.

A: 부산까지 가는 데에 얼마나 걸려?

B: KTX로 두 시간 반 정도 걸려.

질문에 you를 추가해 'How long does it take you to+동사?'로 물을 수도 있다. you가 있고 없고의 차이는 단순하다. you가 없으면 특정 주어가 없기 때문에 '누구나 걸리는 시간이 비슷한' 것이고, you가 있으면 걸리는 시간이 '사람에 따라 다른' 것이다. 예를 들면, KTX를 타고 서울에서 부산까지 가는 데에 걸리는 시간은 누구나 같지만, 아침에 출근하는 데에 걸리는 시간은 사람마다 다르다.

A: **How long does it take you to get ready** in the morning?

B: **It takes me** an hour **to get ready** in the morning.

A: 넌 아침에 나갈 준비를 하는 데에 시간이 얼마나 걸려?

B: 아침에 준비하는 데에 한 시간은 걸려.

심하다

대개는 bad라고 하면 의미가 전달된다.

A: Why are you so late?

B: Sorry, traffic was really **bad**.

A: 왜 이렇게 늦었어?

B: 미안, 차가 심하게 막혔어.

어떤 행동이 '지나치다'라는 의미일 때는 too much 또는 over the line으로 쓴다.

A: I poisoned my neighbor's dog for barking all night.

B: That's **too much**. / That's **over the line**.

A: 우리 이웃집 개가 밤새 짖어서 독을 먹였어.

B: 그건 너무 심하잖아. (도를 넘은 짓이야.)

▌썰렁하다

'날씨'가 썰렁할 때는 chilly를 쓴다.

It's a bit **chilly** tonight.　　　　　　　　　오늘 밤은 날씨가 좀 썰렁하다.

상대방의 농담이 안 웃길 때는 That was lame.이라는 표현을 쓴다. lame에는 '다리를 저는', '절뚝거리는'이라는 의미 외에도, '궁색한', '구린', '시대에 뒤떨어진'이라는 뜻도 있다. 그러므로 농담이 lame하면 '썰렁하다'는 뜻이다.

That was really **lame**. Stop talking.　　　너무 썰렁하다. 얘기 그만해.

'썰렁한 분위기'를 말할 때는 아래 예문을 참고하여 상황에 맞게 말하자.

It was **awkward** being the only customer at the restaurant.

식당에 다른 손님이 없어서 분위기가 썰렁했어.

The first day of class is always **awkward**.

새 학기 첫날은 항상 분위기가 썰렁해.

The house **feels empty** without our dog.

우리 강아지가 없으니까 집안 분위기가 썰렁해.

▌안 봐도 뻔하다

뉘앙스가 제일 비슷한 영어 표현은 I'm not surprised(놀랍지 않다).이다.

A: That crazy bastard went crazy at work again.

A: 그 미친놈이 회사에서 또 난리 쳤어.

B: **I'm not surprised**. He does that a lot.

B: 안 봐도 뻔해. 걔 자주 그러잖아.

I'm not surprised.는 긍정적인 의미로도 쓸 수 있다.

Brother: Mom was so happy when I threw her a surprise birthday party.

오빠: 엄마를 위해 깜짝 생신 파티를 열었는데 엄마가 정말 좋아하셨어.

Sister: **I'm not surprised**. She loves surprise parties!

여동생: 안 봐도 뻔해. 엄마는 깜짝 파티를 좋아하시잖아!

안 하는 것보다 낫다

It's better than nothing.으로 말한다.

A: How often do you exercise?

B: Every other day for thirty minutes. Is that too little?[*]

A: It's not a lot, but **it's better than nothing**.

A: 너 얼마나 자주 운동해?

B: 이틀에 한 번, 30분 동안 해. 너무 적나?

A: 많지는 않지만, 안 하는 것보다야 낫지.

• 참고로, '이틀에 한 번'은 every two days로도 쓸 수 있다.

야하다

sexual을 쓸 수 있지만, sexual에는 '성적인'이라는 뜻도 있기 때문에 〈야하다〉를 말할 때 무턱대고 sexual이라고 하면 안 된다. 예를 들어, sexual movie는 '야한 영화'가 아니라 '성적인 영화'이다. 가장 쉬운 방법은 구체적으로 묘사하는 것이다.

Her skirt is too short.

The movie has a lot of sex scenes.

그녀의 치마는 야하다. (치마가 너무 짧다.)

그 영화는 야하다. (영화에 베드신이 많다.)

〈야하다〉 대신 쓸 수 있는 단어는 아래를 참고하자. 이런 단어들이 무엇을 꾸미는지 주의할 필요가 있다. 예를 들어, 치마는 revealing(노출이 심한)할 수는 있지만 치마 자체가 sexual(성적인)할 수는 없다.

Her dress is too **revealing**.

The lyrics are very **sexual**.

A lot of comedy movies are **erotic**.

Porn is illegal in Korea.[*]

쟤 드레스는 너무 야해(노출이 심해).

가사가 아주 야하다.

코미디 영화 중에서 야한 게 많아.

한국에서 야동(야한 동영상)은 불법이야.

• '야한 동영상'은 sexual film이 아니라 porn이라고 한다. porn은 pornography의 줄임말이다.

참고로, '성범죄'를 sexual crime이라고 하면 안 된다. 그렇게 말하면 '야한 범죄', 즉 범죄의 방식이 섹시하다는 뜻이 된다. 올바른 표현은 sex crime이다. 하지만 '성희롱'이나 '성폭행' 등 성범죄를 구체적으로 언급할 때는 sexual을 쓴다.

He was convicted of a **sex crime**.

He was convicted of **sexual harassment/ assault**.

그는 성범죄로 유죄판결을 받았다.

그는 성희롱/성폭행으로 유죄판결을 받았다.

▎ 어쩔 수 없다(할 수 없다)

What can you do?로 말할 수 있다. 직역하면 "네가 어떻게 할 수 있겠어?"니까 〈어쩔 수 없다〉라는 뜻이 전달된다.

A: I got fired today.

B: Oh well, **what can you do**?

A: 나 오늘 잘렸어.

B: 아, 그래? 어쩔 수 없지.

What else can you do?는 여러 가지 방법을 시도했지만 다 실패했고 '더 할 수 있는 것이 없다'라는 뜻이다.

What else can you do? You did everything possible.

뭘 더 할 수 있겠어. 넌 할 수 있는 건 다 했잖아.

▎ 억지로 ∼하게 하다

동사 force 또는 make를 사용한다.

I **forced** my son to eat. / I **made** my son eat.

난 아들에게 (억지로) 밥을 먹게 했다.

상황에 따라 force와 make에는 의미 차이가 생긴다. 예문을 살펴보자.

He **forced** me to laugh.

그는 나를 억지로 웃게 했다.

He **made** me laugh.

그는 나를 웃게 했다.

If you **force** him to do it, he won't do a good job, so you have to **make** him want to do it.

걔는 억지로 시키면 잘 못하니까, 스스로 그걸 하고 싶게끔 해야 돼.

위의 예문을 보면 make는 자발적인 뉘앙스, force는 강제성이 느껴진다. 그러나 누가 시킨 것은 아니지만 '어쩔 수 없이 자기가 억지로 무엇을 하는' 상황이면 둘 중 어느 것을 써도 된다.

I hated the movie so much that I wanted to leave, but my boyfriend was enjoying it. So I **forced** myself to stay. / So I **made** myself stay.

영화가 너무 마음에 안 들어서 나가고 싶었는데, 남자친구가 잘 보고 있어서 억지로 있었어.

여유 부리다

사전을 찾으면 relax로 나온다. relax는 긍정적인 의미를 전달하는 경우가 대부분이지만, 가끔은 부정적인 상황에서도 쓴다.

I know you're busy, but you have to **relax**.	네가 바쁜 건 알겠는데, 좀 여유를 가져.
This is no time to **relax**!	지금 여유 부릴 때가 아니야!

부정적인 의미를 나타내려면 상황을 구체적으로 표현하자.

You **have to work faster** than that.	여유 부려서는 안 돼. (더 빨리 일해야 해.)
Please, **hurry up**.	여유 부려서는 안 됩니다. (서두르세요.)

take *one's* time도 비슷하게 '여유를 갖다'의 의미를 전달하는 표현이다.

Take your **time**. I'm in no rush.	여유를 갖고 하세요(천천히 하세요). 안 급해요.
Your letter was beautiful. I can see that you really **took** your **time** with it.	네 편지는 정말 멋졌어. 여유를 갖고(시간을 들여) 정성스럽게 쓴 게 눈에 보여.
They **took** their **time** making the presentation.	그들은 여유를 갖고(시간을 들여) 발표했다.

그렇지만 take *one's* time의 의미 또한 맥락이나 어조에 따라 바뀔 수 있다. 필요한 경우, 상대방에게 자세한 설명을 요청하자.

Wow, he's really **taking** his **time**.	와, 쟤 너무 여유 부린다.
A: My teacher **takes** his **time** explaining something.	A: 우리 선생님은 뭘 설명하실 때 참 여유로우셔서.
B: In a good way or a bad way?	B: 좋은 의미야, 나쁜 의미야?
A: In a good way. He's meticulous. / In a bad way. He talks too slowly.	A: 좋은 의미야. 매우 꼼꼼하셔서. / 나쁜 의미야. 말이 너무 느리셔.

▌여유 있다/여유가 없다

영어에는 딱 떨어지는 말이 없다. 여유의 있고 없음은 '돈, 시간, 공간, 정신 상태'로 나눠서 생각해 볼 수 있다.

● 돈: afford

A: Let's do a Europe trip this winter.

B: Sure, now that I got promoted, I can **afford** it. /
Sorry, I **can't afford** it.

A: 우리 올겨울에는 유럽 여행을 하자.

B: 좋아! 회사에서 승진해서 경제적으로 여유가 있어. /
미안, 그럴 경제적 여유가 없어.

● 시간: have time

A: Let's do a Europe trip in December.

B: I **don't have the time**. I'm starting a new project at the end of the year.

I'm quitting my job in November so I'll **have plenty of time** in the winter.

A: 우리 12월에 유럽 여행 가자.

B: 그럴 시간적 여유가 없어. 연말에 새로운 프로젝트를 시작해.

나 11월에 일 그만둘 거라서 이번 겨울엔 시간 여유가 많을 거야.

● 공간: There is enough space.

A: I'll take the next elevator.

B: No, I think **there's enough space** for another person. /
That's a good idea. **There's not enough space** for another person.

A: 전 다음 엘리베이터 탈게요.

B: 아니에요. 한 사람 더 탈 여유(자리)가 있을 거 같아요. /
좋은 생각이에요. 한 사람 더 탈 여유(자리)는 없네요.

● 정신 상태: relax

How is he so **relaxed**? I would be freaking out right now if I were him.

쟤는 어떻게 저렇게 여유가 있지? 나였으면 당장 기겁할 텐데.

▌오래가다

last를 쓰면 된다. 한국 사람들은 흔히 last를 명사, 형용사, 부사로 알지만, last는 '오래가다', '지속되다'라는 뜻을 가진 동사이기도 하다.

A: How long does the battery **last**?
B: About four hours.

A: 건전지가 얼마나 오래가?
B: 한 4시간 정도.

She gets angry easily, but it never **lasts**.

그녀는 화를 잘 내긴 하는데, 화가 오래가진 않아.

▌오른쪽 상단/왼쪽 상단/~번째 (것)

평면에서 위치를 나타낼 때는 top과 bottom, left와 right을 조합해서 말하면 된다.

top left 왼쪽 상단	top right 오른쪽 상단
bottom left 왼쪽 하단	bottom right 오른쪽 하단

A: Where's the sugar?
B: **Top right**.

A: 설탕은 어디에 있어?
B: 오른쪽 위에.

아래 표의 one은 '것'을 의미한다. 지칭하는 것을 구체적으로 말하고 싶으면 drawers(서랍), rows(열, 줄), shelf(선반, 책꽂이) 등을 쓰면 된다. 위치를 더 자세히 설명하고 싶으면 옆 페이지 표의 내용을 참고하자.

first one 첫 번째 것

second one down 위에서 두 번째 것

middle one 가운데 것

second to last one 아래에서 두 번째 것

last one 맨 아래 것

The book you're looking for is in the **second to last** shelf.

네가 찾고 있는 책이 책꽂이 아래에서 두 번째 칸에 있어.

[Looking at a hotel from the outside]
A: Which one is your room?
B: **Far right, second one down**.

[밖에서 호텔을 보는 중]
A: 네 방은 어디야?
B: 맨 오른쪽, 위에서 두 번째 방.

top left 맨 왼쪽 맨 위	second column* from the left, first row 왼쪽에서 두 번째 줄, 맨 위	middle column, first row 가운데 줄, 맨 위	second column from the right, first row 오른쪽에서 두 번째 줄, 맨 위	top right 맨 오른쪽 맨 위
far left, second one down from the top 맨 왼쪽, 위에서 두 번째 것	second column from the left, second one down from the top 왼쪽에서 두 번째 줄, 위에서 두 번째 것	middle column, second one down from the top 가운데 줄, 위에서 두 번째 것	second column from the right, second one down from the top 오른쪽에서 두 번째 줄, 위에서 두 번째 것	far right, second one down from the top 맨 오른쪽, 위에서 두 번째 것
far left, second to last row 맨 왼쪽, 아래에서 두 번째	second column from the left, second to last row 왼쪽에서 두 번째 줄, 아래에서 두 번째	middle column, second to last row 가운데 줄, 아래에서 두 번째	second column from the right, second to last row 오른쪽에서 두 번째 줄, 아래에서 두 번째	far right, second to last row 맨 오른쪽, 아래에서 두 번째
bottom left 맨 왼쪽 맨 아래	second column from the left, last row 왼쪽에서 두 번째 줄, 맨 아래	middle column, last row 가운데 줄, 맨 아래	second column from the right, last row 오른쪽에서 두 번째 줄, 맨 아래	bottom right 맨 오른쪽 맨 아래

* column에는 '세로줄(열)', '세로행(렬)'이라는 뜻이 있다.

왕따당하다/왕따시키다

〈왕따당하다〉는 be ostracized, 〈왕따시키다〉는 ostracize이다.

The new student **was ostracized**.

신입생이 왕따당했다.

All the popular kids **ostracized** the new student.

인기 많은 학생들이 모두 그 신입생을 왕따시켰다.

be/feel left out은 be ostracized의 구어체 표현이다.

I **feel left out** when I'm the only one who is not invited.

나만 초대받지 않을 때 왕따당하는 느낌을 받아.

일등/이등/삼등/꼴찌 하다

〈일등/이등/삼등 하다〉는 be in first/second/third place로 표현한다. 〈꼴찌 하다〉는 be in last place 또는 finish last이다.

- It doesn't matter if you**'re in first place** or **in last place**. They give out trophies to all the kids.

  네가 일등이든 꼴찌든 상관없어. 주최 측에서 참가한 애들 모두에게 상을 줘.

- A: Did Korea win the relay?
  B: No, we **finished last**.

  A: 한국이 계주 이겼어?
  B: 아니, 우리 꼴등 했어.

임팩트가 있다

한국어의 '임팩트'와 영어 impact는 뜻이 같지만 용법에서 차이가 있다. 한국어에서는 거의 모든 상황에 〈임팩트가 있다〉라는 표현을 쓴다. 하지만 영어에서 impact는 '중요한 변화나 영향'을 나타낼 때 쓰는 단어다. 따라서 일상적으로는 '임팩트가 있다'라는 표현 자체를 잘 쓰지 않고, 써도 impact of X on Y(X가 Y에 미치는 영향) 형태로 쓴다.

[Watching a sequel]

[영화의 속편을 보는 중]

This movie isn't **as exciting as** the first one.

이 영화는 시리즈의 첫 번째 것보다 임팩트가 없어(흥미진진하지 않아).

The **impact of** chaebols **on** South Korea's economy cannot be underestimated.

한국 재벌기업들이 대한민국 경제에 미치는 영향을 과소평가할 수는 없다.

▌ 입소문 나다

〈입소문 나다〉는 by word of mouth라는 표현을 이용해서 말한다. 이 표현과 함께 쓰는 동사는 정해져 있지 않기 때문에 맥락에 따라 동사를 바꿔서 말한다.

The restaurant became popular **by word of mouth**. / The restaurant's popularity spread **by word of mouth**.	그 식당은 입소문이 났어.

참고로, rumor는 '안 좋은 소문'을 뜻한다. 좋은 의미로 소문이 났을 때는 famous를 쓴다.

This restaurant is **famous** for their side dishes.	이 식당은 반찬이 맛있다고 소문났어.
He spread a **rumor** that she got an abortion on Christmas Eve.	그는 크리스마스 이브에 그녀가 낙태 수술을 받았다는 소문을 퍼뜨렸다.

▌ 입이 간질간질하다

뭔가를 말하고 싶어 죽겠을 때 비유적으로 〈입이 간질간질하다〉라고 한다. 이 경우 itch를 쓰면 된다.

A: Don't mention to my girlfriend that we had a fight.	A: 우리가 싸웠다는 거 내 여자친구한테 얘기하지 마.
B: That's the only thing I want to talk about.	B: 내가 하고 싶은 얘기는 그것뿐인데.
A: I know you're **itching** to bring that up but don't.	A: 그 말 꺼내고 싶어 입이 근질근질한 건 알겠는데, 하지 마.

입장을 바꿔서 생각하다

내 입장에 관해 상대방의 이해를 구하고 싶을 때 흔히 "입장을 바꿔서 생각해 봐"라고 말한다. 이 표현을 영어로는 아래 예문처럼 표현한다.

Put yourself in my place. /
Look at it from my perspective.

입장을 바꿔서 생각해 봐. (내 입장이 돼 봐.)

참고로, '입장이 뒤바뀌다'라는 뜻의 표현은 the shoe is on the other foot이다.

When **the shoe is on the other foot**,
you're going to regret what you did.

입장이 뒤바뀌면 네가 한 짓을 후회하게
될 거야.

자리를 차지하다

take up space라고 말한다.

How does such a small dog **take up**
so much **space** on the bed?

어떻게 이 작은 개가 침대에서 자리는
그렇게 많이 차지할까?

The person who **takes up** the least
amount of **space** should sit
in the middle.

자리를 제일 적게 차지하는 사람이
가운데에 앉아.

자취하다

live alone이라고 말하면 된다.

I live alone.

나 자취해.

잘 ~하다

한국 사람들은 〈잘 ~하다〉를 '고맙다'의 의미로 대신 쓰는 경우가 많다. 하지만 영어로 말할 때는 무엇 때문에 고마운지 구체적으로 말하자.

I've received your email. **Thank you.**	이메일 잘 받았습니다. 감사합니다.
Thanks for dinner. It was good.	밥 사줘서 고마워. 잘 먹었어.
Thanks for the movie tickets. I enjoyed it.	영화표 사 줘서 고마워. 영화 잘 봤어.

잘못 ~하다

일반적으로, 동사나 명사 앞에 접두사 mis-를 붙여 표현할 수 있다. mis-와 결합하여 쓰는 단어 중 제일 흔한 것을 알아보자.

동사

mishear 잘못 듣다

I'm sorry, I think I **misheard** you.	실례합니다. 제가 잘못 들은 것 같아요.

misinterpret 잘못 해석하다, 잘못 이해하다

I **misinterpreted** his joke as an insult.	난 그 사람의 농담을 모욕으로 잘못 이해했어.
The pastor **misinterpreted** the passage.	목사가 그 구절을 잘못 해석했다.
I think he **misinterpreted** it when I invited him to dinner. I wanted to talk about work, but he thinks that I'm interested in him.	내가 그 남자를 저녁 먹자고 초대했을 때 그는 뭔가 오해한 거 같아. 나는 일 얘기를 하고 싶었는데, 그 사람은 내가 자기한테 관심이 있다고 생각해.

mislead 호도하다

He **misled** me on purpose.	저 사람 일부러 나를 호도했어.

misread 잘못 읽다, 잘못 해석하다

He **misread** my text. I specifically said 4 o'clock.	쟤가 내 문자를 잘못 읽었어. 난 분명히 4시라고 했는데.
Sometimes when you're with foreigners, you **misread** the situation.	외국인들하고 같이 있으면 가끔 상황을 잘못 해석하게 되는 때가 있어.

misspeak 잘못 말하다

I **misspoke** out of impatience.　　　마음이 급해서 말이 잘못 나왔어.

misspell 철자를 잘못 쓰다

You **misspelled** my name.　　　너 내 이름 철자를 잘못 썼어.

mistake 착각하다, 오인하다

Excuse me, I **mistook** you for my friend.　　　실례했습니다. 제 친구로 착각했어요.

misunderstand 잘못 이해하다, 오해하다

I **misunderstood** your point.　　　내가 너의 요점을 잘못 이해했어.

When you said 7 o'clock, I **misunderstood**. I thought you meant you were leaving at 7:00, not arriving at 7:00.　　　네가 7시라고 말한 걸 내가 잘못 이해했어. 난 네가 7시에 출발한다는 줄 알았어, 도착을 7시에 하는 게 아니라.

명사

miscommunication 잘못된 의사소통

I think there was some **miscommunication**.　　　의사소통에 문제가 있었던 것 같아요.

mistake 잘못, 실수

I made a **mistake**.　　　내가 실수했어.

misfortune 불행

I take pleasure in other people's **misfortune**.　　　나는 남의 불행에 즐거움을 느껴.

misinterpretation 오해, 오역

A **misinterpretation** of the agreement led to a lawsuit.　　　협정서의 오역이 소송으로 이어졌다.

mistrust 불신

There was a deep level of **mistrust** between them.　　　그들 사이에는 불신이 컸다.

I think there's a **misunderstanding** of the contract.

내가 보기에는 계약서에 착오가 있는 것 같아요.

---

mis-를 넣어도 되는지 확신이 없으면 접두사를 뺀 동사와 함께 부사 wrong을 쓰자.

I **misunderstood** your point.
= I **understood** your point **wrong**.

내가 너의 요점을 잘못 이해했어.

He **misread** my text.
= He **read** my text **wrong**.

쟤가 내 문자를 잘못 읽었어.

하지만 어떤 상황에서는 wrong을 쓰면 엉뚱한 말이 된다. 예를 들어, mistake A for B(A를 B로 잘못 알아보다)는 take A wrong이라고 할 수 없다. 이런 상황에서는 아예 다르게 표현해야 한다.

Excuse me, I **mistook** you for my friend.
= Excuse me, I **thought** you **were someone else**.

실례합니다. 제 친구(다른 사람)인 줄 알았어요.

There was a deep level of **mistrust** between them.
= They **did not trust** each other at all.

그들은 서로를 전혀 신뢰하지 않았다.

언제 동사나 명사에 접두사 mis-를 붙이는 게 적절하고, 언제 wrong을 쓰는 게 좋은지에 대해서는 정해진 규칙이 없다. 그러므로 미국 영화나 미드를 보면서 미국 사람들이 어떻게 말하는지 잘 듣고 외우자.

▌ 장난 아니다

(It's) no joke. 정말 '심각하고 진지한 상황'에 쓴다.

The situation at work **is no joke**. We might get laid off.

회사 상황이 장난 아니야. 우리 해고될 수도 있어.

This guy **is no joke**! He really knows his stuff.

이 사람 장난 아니네! 정말 유능해.

또는 상황이 어떻게 장난이 아닌지를 구체적으로 말하자.

[Watching the weather forecast on the news]
Wow, it's going to be really cold this week.

[뉴스 일기예보를 보면서]
와, 이번 주는 진짜 춥겠다.
(이번 주 날씨 장난 아니다.)

▌정신 차리다

〈정신 차리다〉라는 말을 쓰는 세 가지 상황이 있다.

● 의식을 잃은 후 회복하다

He **regained consciousness** after he was taken to the hospital.

병원에 옮겨진 후 그는 정신을 차렸다.

He's fainted! **Wake up**!

얘 기절했어! 정신 차려!

● 잘못을 깨우치다

He **came to** his **senses** and **admitted that** he **was wrong**.

그 사람은 정신을 차리고 자기가 잘못했다고 인정했어.

He **realized** he'd **made a mistake**.

그는 자기가 잘못(실수)했다는 걸 깨달았어.

● 좋지 않은 상황을 제대로 인식하다

A: I think we need to close our business.

A: 우리 사업을 접어야 될 것 같아.

B: Why? There's nothing wrong with our business.

B: 왜? 다 잘 되고 있는데.

A: **Wake up and smell the coffee**! We haven't turned a profit in six months!*

A: 정신 차려! 이익을 못 낸 지 6개월이나 됐어!

* turn a profit 이익을 내다

▌정신없다

hectic, chaotic, busy. 일반적으로 hectic과 chaotic은 주어가 '상황'일 때 쓰고, busy는 주어가 '사람'일 때 쓴다.

My schedule is **hectic** right now.

지금 내 스케줄이 정신없어.

My first day at work was **chaotic**.

내 첫 출근일은 정신없었어.

I'm so **busy** these days, I think I'm going to go crazy.

나 요즘 너무 정신없이 바빠서 미칠 것 같아.

사람이 바쁘지 않아도 정신없을 수 있다. 그럴 때는 '정신 없는 상황'을 설명하자.

Were we seeing each other today? Sorry, I **keep forgetting things these days**.

우리 오늘 만나는 거였니? 미안, 요새 정신이 없네(계속 뭘 까먹어).

The TV was so loud, I **got distracted**.

TV 소리가 너무 커서 정신없었어.

지역감정이 심하다

'지역주의'를 뜻하는 regionalism을 써서 Regionalism is strong (between 지역 A and 지역 B).으로 말하면 된다. 그러나 보통 regionalism이라는 단어는 신문이나 뉴스 같은 공신력 있는 매체에서나 쓴다.

Regionalism is strong between Jeolla-do and Gyeongsang-do.

전라도와 경상도 사이에는 지역감정이 심하다.

일상에서 사람들끼리 말할 때는 '지역감정'이라는 표현 자체를 쓰기보다는 '누가 어느 지역 출신이다'라고 밝히면서 편견과 불편함을 드러내곤 한다. 그걸 통해 말한 사람이 특정 지역에 좋지 않은 감정이 있다는 사실을 알 수 있다.

Father: Don't marry that girl.

아버지: 너 저 여자하고 결혼하지 마.

Son: Why?

아들: 왜요?

Father: Because she's from Gyeongsang-do.

아버지: 경상도 사람이잖아.

참고로, 미국은 남동부와 북동부 사이, 또 서부/북동부와 중부 지역 사이에 지역감정이 있다. 남동부와 북동부 사이에는 아직도 남북 전쟁의 영향이 남아 있다. 미국에서 제일 경제 수준이 낮고 개발이 덜 되었으며 교육 수준이 낮은 곳이 남동부다. 반면, 큰 도시는 대부분 북동부에 있으며 교육 수준도 이 지역이 미국 안에서는 제일 높다. 이들 지역은 정치 성향도 크게 다르다. 북동부와 서부의 주가 진보적인데, 그 지역 주민은 대부분 민주당 대선후보에 투표한다. 중부 지역은 보수적이며, 그들은 공화당 대선후보에 투표한다. 이 차이를 뚜렷하게 나타내는 표현이 red and blue states(빨간 주와 파란 주)이다. 빨간색은 '공화당', 파란색은 '민주당'을 나타낸다.

▌ 질리다

어떤 일이나 음식 따위에 싫증이 났을 때의 〈질리다〉는 be/get tired of로 말한다.

A: How about sushi for dinner tonight?

B: We already had sushi three times this week! I'm tired of sushi. No more.

A: 오늘 저녁에 초밥 먹는 거 어때?

B: 우리 이번 주에 벌써 세 번이나 먹었어! 초밥은 질렸어. 더는 안 먹어.

질렸다는 것을 강조하려면 be sick and tired of를 쓰자.

I'm sick and tired of cleaning up after you! I'm not cleaning anymore.

네가 어지럽힌 거 치우는 거에 질렸어! 난 이제 청소 안 해.

▌ 참다

〈참다〉라는 뜻의 영어 단어가 너무 많아서 어떤 상황에 어느 동사를 써야 할지 잘 모르는 사람이 많다. 그러나 너무 고민하지 말자. 가장 좋은 방법은 참아야 하는 상황을 구체적으로 설명하는 것이다.

I was so frustrated that I wanted to scream, but I didn't.

너무 짜증 나서 소리 지르고 싶었지만 참았어(소리를 안 질렀어).

Getting my wisdom teeth pulled out hurt a lot, but I didn't show it.

사랑니 뽑는 게 많이 아팠지만 아픈 걸 참았어(티를 안 냈어).

I know he did you wrong, but don't say anything.

걔가 너한테 잘못한 거 아는데, 네가 참아(아무 말도 하지 마).

맥락상 '이해하다'가 '참다'를 대신할 수 있는 경우에는 understand를 쓰자.

He's so young. Try to understand.

걔가 많이 어리잖아. 네가 참아. (네가 이해해.)

'화장실 가는 것을 참을' 때는 hold it이라고 한다.

A: I really need to use the restroom.

B: **Hold it** for a little longer. We're almost there.

A: 나 화장실이 너무 급해.

B: 조금만 더 참아. 거의 다 왔어.

취직하다/해고되다

〈취직하다〉는 get a job, 〈해고되다〉는 get fired이다.

I **got a job** at a publishing house.

나 출판사에 취직했어.

He **got fired** just for being 20 minutes late.

걔 20분 늦었다고 해고됐어.

이 외에도, 일자리를 잃는 여러 상황에 관한 표현을 살펴보자.

We **got laid off** because there was not enough work.

회사에 일이 없어서 우린 (일시적으로) 해고됐어.

He **quit** after a week **on the job**.

쟤 일주일 일하다가 그만뒀어.

The CEO **resigned** for personal reasons.

CEO는 일신상의 이유로 사직했다.

The CEO **handed in** his **letter of resignation**.

CEO는 사직서를 제출했다.

콧방귀 뀌다

흔히 snort 뒤에 'at+대상'을 쓴다.

Did you just **snort at** me?

너 지금 나한테 콧방귀 뀌었나?

통하다

처음 만난 사람과 말과 마음이 〈통하다〉라고 말할 때 의미 전달을 완벽히 하기 위해서는 어떻게 통하는지 자세히 설명하는 게 좋다.

A: How was your blind date?

B: Amazing. I felt so comfortable with her. And **our conversation flowed so naturally**.

A: 너 소개팅 어땠어?

B: 대박이었어. 그 여자랑 같이 있는 게 진짜 편했고, 우린 말도 잘 통했어.

A: Why did you guys break up?

B: We **had problems communicating**. To be honest, I don't think we really listened to each other or even wanted to understand what the other person was saying.

A: 너희 둘 왜 헤어졌어?

B: 서로 말이 안 통했어. 사실은, 서로의 이야기를 진지하게 듣지 않았어. 그리고 상대방이 하는 말을 이해하려는 마음도 없었던 것 같아.

I understand you. You understand me. I like that.

우린 서로 잘 통해서 좋아. (너는 나를 이해하고 나는 너를 이해하지. 나는 그 점이 좋아.)

We rarely fight because we understand each other.

우리는 마음이 통하니까 거의 안 싸워. (우리는 서로를 이해하니까 거의 안 싸워.)

정확히 마음이 어떻게 통하는지 구체적으로 설명하지 않으면서 '동감이다'라는 의미만 전달하려면 아래 예문처럼 쓰면 된다.

A: I want to go home and watch a movie.

B: **We're of the same mind.** / **Me, too.**

A: 나 집에 가서 영화 보고 싶어.

B: 마음이 통하네(동감이야). / 나도.

어떤 행동이나 작전이 '누구에게 통하다'라고 말하고 싶을 때는 동사 work 뒤에 'on+사람'을 쓰면 된다. (→ p.68 '먹히다' 참고)

Acting cute **doesn't work on** him.

Flattery **works on** him.

재한테는 애교가 안 통해.

재한테 아부하면 통해.

편들다

take sides라고 말하자.

Parents should not **take sides** when their children are fighting.

Why do you always **take** mom's **side**?

부모는 아이들이 싸울 때 편을 들면 안 된다.

너는 왜 항상 엄마 편만 들어?

▎ 피해를 보다

〈피해〉는 '사람 외의 것'이 피해를 본 것과 '사람'이 피해를 본 것으로 구분할 수 있다.

● 사람 외의 것

damage(피해를 주다) 또는 be damaged(피해를 보다)로 표현하는데, 대부분의 상황에서 피해의 원인보다는 피해의 '대상'이 더 중요하기 때문에 흔히 수동태로 쓴다.

The earthquake **damaged** the building.	지진이 빌딩에 손해를 끼쳤다.
The building **was damaged** in the earthquake.	빌딩이 지진 때문에 피해를 보았다.

● 사람

사람이 피해를 볼 때는 그 피해가 큰지 작은지부터 구별해야 한다.

피해가 클 때 hurt / be hurt (보통은 수동태로 씀)

What he said **hurt** me.	쟤가 말한 게 나한테 상처를 줬어.
I **was hurt** by what he said.	난 쟤의 말에 상처받았어.
The Asian financial crisis **hurt** me financially.*	IMF 경제 위기가 나에게 경제적으로 피해를 줬다.
I **was hurt** financially in the Asian financial crisis.	IMF 경제 위기 때 나는 큰 경제적 피해를 보았다.
Korea **was hurt** economically during the Asian financial crisis.	한국은 IMF 때 경제적 피해를 보았다.

* 한국이 겪은 'IMF 경제 위기'를 외국에서는 Asian financial crisis(1997년에 발생한 '아시아 금융 위기')라고 부른다. 이 상황에서는 me를 '나라'로 바꿀 수 있다. 이 문장에서는 나라와 사람을 동일시할 수 있기 때문이다.

피해가 작을 때 inconvenience / be inconvenienced

I can do whatever I want to do as long as I don't **inconvenience** anyone.	하고 싶은 거 하면서 남한테 피해만 안 주면 되지.
Every pedestrian **was inconvenienced** because one thoughtless driver stopped his car in the middle of the crosswalk.	한 개념 없는 운전자가 차를 횡단보도 한가운데에 세워서 모든 보행자에게 불편을 끼쳤다.

핑계를 대다

'핑계'는 excuse, 〈핑계를 대다〉는 make excuses이다.

Stop **making excuses**!	핑계 대지 마!
He's full of **excuses**.	쟤는 핑계가 많아.
He's always late, and it's always the same **excuse** — traffic.	쟤는 항상 늦고 늘 똑같은 핑계야. 차가 막혔대.

사실이 아닌 핑계를 댈 때는 make up excuses라고 말하자.

A: I really don't want to go to this wedding. What should I tell him?

A: 나 이 결혼식에 가기 너무 싫은데, 걔한테 뭐라고 말하지?

B: Just **make up an excuse**. Like, your grandma passed away or something.

B: 그냥 핑계를 대. 가령, 할머니께서 돌아가셨다든가.

한숨 쉬다

한숨을 쉬는 상황은 크게 두 가지다. 안도해서, 혹은 실망하거나 화가 나거나 짜증이 나서 sigh한다. '사람'을 향해 한숨을 쉴 때는 sigh 뒤에 'at+대상'을 붙인다.

Sometimes all you can do is **sigh**.	어떨 때는 한숨밖에 안 나온다. (한숨을 쉬는 것밖에는 할 수 있는 일이 없다.)
Don't you dare **sigh at** your mother!	엄마한테 한숨 쉬기만 해봐!

〈한숨 쉬다〉가 '잠깐 휴식을 취하다'라는 '한숨 돌리다'와 같은 의미일 때는 take a (short) break라고 말한다.

I'm a little bit tired. Let's **take a short break**.	나 좀 피곤해. 한숨 쉬자.

화해하다

make up은 reconcile보다 격식 없는 표현이다.

A: Are you guys okay now?

B: Yeah, we **made up**. /
Yeah, we've **reconciled**.*

A: 너희 둘 이제 괜찮아?

B: 응, 우리 화해했어.

* we made up과 we've(we have) reconciled의 시제를 다르게 나타내는 것은 의미와는 상관없이 단순한 습관이다.

kiss and make up이라는 표현도 대화할 때 자주 쓴다.

A: Are you guys still on bad terms?

B: No, we **kissed and made up**.

A: 너희 둘 아직도 사이가 안 좋아?

B: 아니, 우리 화해했어.

CHAPTER 3

감정·기분

▌ ~해서 반갑다

영어로는 '~해서 행복하다'라는 의미의 I'm happy to... 또는 It was (very) nice to...를 써서 말한다.

I'm so **happy to** see you! — 또 만나니 진짜 반갑다!

It was very **nice to** meet you. — (처음) 만나서 정말 반가웠어요.

▌ 귀찮다

한국어 뉘앙스와 완전히 똑같지는 않지만, It's (such) a hassle.로 표현할 수 있다.

A: Why don't you want to take a shower tonight? — A: 너 오늘 밤에 왜 샤워를 안 하려고 그러는 거야?

B: Because **it's** such **a hassle**. — B: 너무 귀찮아서.

Just because **it's a hassle** doesn't mean you can't not do it.* — 귀찮다고 해서 안 할 수는 없잖아.

* can't not은 이중 부정으로, '부정을 강조하는' 역할을 한다. (→ p.43 '안 ~하는 건 아니야' 참고)

참고로, '누군가에게 귀찮게 굴다'라고 말하려면 동사 bother 또는 annoy를 쓴다.

If your dog **is bothering** you, use your laser pointer. He'll go chasing after it. — 강아지가 귀찮게 굴면 레이저 포인터를 써. 그러면 그걸 쫓아갈 거야.

기가 막히다

서양에는 '기(氣)'의 개념이 없다. 그래서 이 표현을 아주 정확하게 번역하기는 어렵다. 전달하려는 의미에 따라 여러 방식으로 표현할 수 있다. 아래 예문은 〈기가 막히다〉를 나타내는 가장 흔한 표현이다.

● 긍정적인 의미

I saw something **amazing** on the subway.

지하철에서 기가 막히게 멋진 걸 봤어.

● 부정적인 의미

A: There were two guys fighting on the subway platform. One guy pushed the other guy in front of an oncoming train.

B: That's **shocking**!

A: 지하철 승강장에서 두 남자가 싸우고 있었는데, 한 남자가 상대방을 열차가 들어오는데 그 앞으로 밀어버렸어.

B: 하, 기가 막혀!

His behavior is **crazy**.

쟤 행동이 기가 막혀.

● 중립적인 의미

A: I saw something **crazy** on the subway.

B: Good crazy or bad crazy?

A: 지하철에서 기가 막힌 걸 봤어.

B: 좋은 쪽이야, 안 좋은 쪽이야?

'기가 막히게 (~하다)'를 나타내려면 형용사 대신 부사를 쓴다.

He's **amazingly** good at playing the piano.

쟤는 피아노를 기가 막히게 잘 쳐.

기분 나쁘다

아래 예문처럼 다양하게 말할 수 있다.

What he said **rubbed me the wrong way**.*

그 사람이 한 말 때문에 기분 나빴어(불쾌했어).

Her tone of voice was **annoying**.

그녀의 말투 때문에 기분 나빴어(짜증 났어).

The waiter's rudeness **angered** me.

웨이터가 무례해서 기분 나빴어(화나게 했어).

* rub *someone* the wrong way는 '(누구를) 불쾌하게 하다/짜증 나게 하다'라는 뜻의 표현이다.

▌기죽다

영어에서는 기가 죽은 원인에 따라 〈기죽다〉를 다양하게 표현한다. discouraged(실망한), intimidated(무서워 떠는), feel small(부끄럽게 느끼다), depressed(낙담한), worthless(쓸모없는), humiliated(창피한, 굴욕적인) 등 부정적인 의미가 있는 단어를 쓴다.

Don't be too **discouraged**. Just because you didn't pass the test this time doesn't mean you won't next time.	너무 기죽지 마. 이번에 시험을 통과 못했다고 다음에도 못할 건 아니니까.
A: How was your interview? This was your third round of interviews, right? B: I was so **intimidated**. It was a group interview, and everyone except me spoke English so well that I couldn't even answer my questions properly.	A: 면접 어땠어? 이번이 3차였지? B: 너무 기가 죽었어. 단체 면접이었는데, 다른 사람들은 다 영어를 너무 잘하는 거야. 그래서 난 내 질문에 답도 제대로 못했어.
Money isn't everything. Don't **feel small** because you don't have any right now.	돈이 다가 아니잖아. 지금 돈이 없다고 너무 기죽지 마.
I went to five interviews this month and no one wants to hire me. It's making me **feel depressed** and **worthless**.	이번 달에 면접을 다섯 번이나 봤는데 아무도 나를 고용하지 않아서, 완전히 기죽었어(우울하고 내가 쓸모없는 인간이라는 느낌이 들어).
I **felt humiliated** when my boss fired me in front of my coworkers.	동료들 앞에서 상사가 나를 해고했을 때 완전히 기가 죽었어(굴욕적이었어).

▌놀라다/당황하다/황당하다

〈놀라다〉는 be surprised이다.

I **was surprised** because he remembered me. We had met so long ago.	그 사람이 날 기억해서 놀랐어. 꽤 옛날에 만났는데.

〈당황하다〉는 be flustered 또는 be taken aback이다.

A: I **was flustered** by his sex joke during the meeting. B: I think he **was taken aback** himself that he said it.	A: 그 사람이 미팅 중에 야한 농담을 해서 난 당황했어. B: 그 사람도 자기가 그 말을 했다는 게 당황스러웠던 것 같아.

〈황당하다〉라는 뜻의 단어는 여럿 있지만, 대부분의 상황에 맞는 적절한 단어는 ridiculous와 crazy다. '사람'에 대해서만 황당한 것이 아니라 '행동이나 상황, 말' 등이 황당한 것이 다 포함된다.

A: My son failed all his finals but still wanted money to go Caribbean Bay.

A: 우리 아들은 기말고사에서 전 과목을 F 받고도 캐리비안 베이에 간다고 돈을 달라더군.

B: Wow, he's **ridiculous/crazy**.

B: 와, 걔 진짜 황당하다.

▌마음이 무겁다

'무거운 마음'은 heavy heart인데, 보통 〈마음이 무겁다〉고 할 때는 with a heavy heart라는 표현을 쓴다. 이 표현이 어렵다면 worry a lot을 쓰자. 충분히 의미가 전달된다.

I left home **with a heavy heart**.

집을 떠나는 마음이 무거웠다.

I **worried a lot** when I left home.

집을 떠날 때 마음이 무거웠다(걱정이 많았다).

▌망신스럽다

'당사자'는 humiliated(망신스러운)된 것이고, '상황(it)'이 어떤 사람에게 humiliating(망신을 주는)한 것이라는 점에 주의하자.

I was **humiliated** to be the only one who didn't know the answer. /
It was **humiliating** to be the only one who didn't know the answer.

나 혼자 답을 몰라서 망신스러웠어.

▌보람되다

work(일) 또는 job(직장)이 rewarding하다고 표현한다.

Hard work is always **rewarding**.

일을 열심히 하면 항상 보람돼.

I'm an instructor because the job is **rewarding**.

나는 강사란 직업이 보람 있어서 하는 거야.

▎ 불쌍하다/안됐다

어떤 대상을 보고 〈불쌍하다〉라고 할 때 보통 pitiful 또는 pathetic이라는 단어를 쓴다. 그런데 한 가지 알아둘 점이 있다. 누구를 보고 pitiful 또는 pathetic이라고 할 때 진짜로 불쌍하다고 생각하는 감정은 없다. 오히려 경멸의 감정이 깔려 있다.

The homeless are **pitiful/pathetic**.　　　　노숙자들은 불쌍하다(한심하다).

경멸이 아니라 순수하게 연민을 표현하고 싶다면 feel sorry for라고 하자.

I **feel sorry for** children born into poverty.　　빈곤 속에 태어나 시달리는 아이들이
　　　　　　　　　　　　　　　　　　　　　　불쌍해.

그다지 심각하지 않은 상황에 관해 말할 때 쓰는 〈안됐다〉는 sad로 표현하는 것이 제일 적절하다.

※ It's kind of **sad** that he can't come on　　개는 일 때문에 우리랑 같이 여행을
the trip with us because of work.　　　　못 가서 좀 안됐어.

※ A: He got dumped by his girlfriend.　　　　A: 쟤 여자 친구한테 차였어.
B: That's so **sad**!　　　　　　　　　　　　B: 저런, 안됐다!

* 말할 때는 kind of를 kinda로 발음한다.

▎ 섭섭하다

sad를 쓰는 것이 일반적이다. 하지만 상황상 〈섭섭하다〉뿐 아니라 '상처받다' 또는 '마음이 아프다'의 의미까지 한꺼번에 표현하고 싶다면 hurt를 쓰자.

I'm **sad** you have to leave so early.　　　　네가 그리 일찍 가야 돼서 섭섭하네.
I'm **hurt** that you're not even trying to　　네가 나를 이해하려고 노력조차 하지
be understanding.　　　　　　　　　　　　않아서 섭섭해.

▎ 속상하다

상황이 painful 또는 difficult하다고 말한다.

A: Long time no see! Where's your dog?　　A: 오랜만이에요! 강아지는 어디에 있나요?
B: It died.　　　　　　　　　　　　　　　B: 죽었어요.
A: Oh no! That must have been **painful/**　　A: 저런! 속상하셨겠어요.
　 difficult.

시원하다

'마음이 가뿐하고 후련해지다'라는 뜻의 〈시원하다〉를 표현하는 데에는 feel good이면 충분하다. 이 말을 할 때는 표현 자체보다 어조, 표정, 손동작이 더 중요하다. 듣는 사람의 이해를 돕기 위해 무엇이 왜 시원한지를 구체적으로 설명하는 것이 좋다.

- [A couple talking after an argument]   [커플이 말싸움 후 대화 중]

  A: I'm glad we got that resolved.   A: 다툼을 잘 해결해서 좋다.

  B: It **feels good** to talk about what we didn't like about each other.   B: 서로 싫어하는 점을 말하니까 속이 다 시원하네.

- It **feels good** to get that off my chest.   다 털어놓으니까 속이 시원하다.

- A cold beer on a hot day **feels** so **good**.   더운 날씨에 차가운 맥주를 한잔하니까 진짜 시원하다.

실감이 나다/실감이 안 나다

〈실감이 나다〉는 It just hit me.이고, 〈실감이 안 나다〉는 It hasn't hit me yet.이다. 항상 주어는 it, 동사는 hit를 쓴다.

- **Has it hit you yet?**   실감이 나?

- **It just hit me.** I'm going to be a mom!   내가 엄마가 될 거라는 게 갑자기 실감이 났어!

- A: You must be excited about traveling abroad for the first time!   A: 처음으로 해외여행 가서 신나겠다!

  B: Actually, **it hasn't hit me yet.***   B: 사실, 아직 실감이 안 나.

* 주어를 it 대신 구체적으로 Going abroad로 쓰면 문법적으로는 맞지만 자연스럽지가 않다. 대화할 때는 피차 주어가 무엇인지 아니까 항상 주어는 it으로 쓰자.

아깝다/아깝지 않다

영어로는 〈아깝다〉를 한 단어로 표현할 수 없다. 아래 예문처럼 다양한 방식으로 풀어서 말해 보자.

It's **such a waste** to just stay in the hotel and not go sightseeing!	호텔에만 있고 관광을 안 하는 건 너무 아까워(안 하면 너무 낭비야)!
This is **too good** to throw away.	이거 버리기 너무 아까워. (이게 너무 좋아서 버릴 수가 없어.)
He spent a lot of time playing video games.	그는 비디오 게임을 하는 시간이 아깝지 않았다. (그는 비디오 게임을 하는 데 많은 시간을 보냈다.)
I hate **wasting time** waiting for you.	너를 기다리는 게 시간 아까워. (너를 기다린다고 시간 낭비하는 게 너무 싫어.)
We were **so close** to winning!	아깝게 졌어! (우리가 거의 이길 뻔했는데!)

〈아깝지 않다〉는 It was worth it. 정도로 표현하면 된다.

I spent two hours looking for this, but **it was worth it**.	이거 찾느라 두 시간 걸렸는데, 그 두 시간이 아깝지가 않아. (두 시간을 들인 가치가 있어.)
A: I bought a new, expensive kitchen knife.	A: 내가 비싼 부엌칼을 새로 샀어.
B: How is it?	B: 어때?
A: **It was worth the money**.	A: 돈이 아깝지 않아. (돈을 쓴 가치가 있어.)

안심하다

be relieved(안심한, 안도하는) 또는 Don't worry(걱정하지 마).를 쓴다.

I'm **relieved** everything went according to plan.	모든 게 계획대로 진행되어서 안심이야.
He's a good teacher. **Don't worry**.	그 선생님은 잘 가르치셔. 안심해(걱정하지 마).

어쩔 줄 모르겠다

I don't (even) know what to do. 앞에 왜 어쩔 줄 모르겠는지 그 이유를 밝히자.

I'm so happy **I don't know what to do**.	너무 좋아서 어쩔 줄 모르겠어.
I'm so worried **I don't** even **know what to do**.	너무 걱정돼서 어쩔 줄 모르겠어.

억울하다

It's unfair that...으로 쓴다. 당한 사람이 unfair한 것이 아니라 상황이 unfair한 것이므로 주어는 항상 it이다.

It's unfair that I got fired.	내가 해고된 게 억울해.
It's unfair that we lost.	우리 억울하게 졌어.

자존심 상하다

hurt pride로 옮길 수는 있지만, 이 표현을 흔히 쓰지는 않는다. 억지로 〈자존심 상하다〉에 알맞은 영어 표현을 쓰려고 하기보다, 왜 자존심 상하는 상황이 됐는지를 구체적으로 표현하는 게 효과적으로 의미를 전달할 수 있다.

My professor doesn't allow students to ask questions in class because he doesn't want to be **humiliated** in front of his students if he doesn't know the answer.	우리 교수님은 답을 모르면 창피당할까 (〈자존심 상하는 상황〉) 봐 수업 시간에 학생들이 질문을 못 하게 하셔.
My boyfriend **belittles** me every chance he gets because he thinks he's so much smarter than me.	내 남자친구는 자기가 나보다 훨씬 더 머리가 좋다고 생각해서 기회가 될 때마다 나를 얕봐(〈자존심 상하는 상황〉).
I hate that my parents always take my older brother's advice, but not mine. I think they **look down on** me.	우리 부모님은 항상 형의 조언만 받아들이고 내 조언은 듣지 않으셔. 두 분이 나를 무시하는 것 같아(〈자존심 상하는 상황〉).

징그럽다

〈징그럽다〉를 표현하려고 할 때 쓸 수 있는 단어는 gross, nasty, creepy다. gross와 nasty는 disgusting(역겨운) 대신 쓸 수 있을 정도로 뜻이 강하다. creepy는 징그러움을 넘어 '소름 끼치는' 느낌을 준다. 참고로, 어떤 사람(대부분 남자)을 보고 creepy하다고 하면 '변태'라고 하는 것과 마찬가지이므로 주의해야 한다.

- I hate bugs. They're **gross**.

  난 벌레가 너무 싫어. 징그러워.

- A: A man that works in my building picks cigarette butts out of the ash tray and smokes them.

  A: 내 빌딩에서 일하는 한 남자는 재떨이에서 담배꽁초를 꺼내서 그걸 피워.

  B: Oh my God, that's **nasty**!

  B: 아! 더러워!

- I'm scared of abandoned buildings. They're **creepy**.

  난 폐가가 무서워. 소름 끼쳐.

nasty는 항상 형용사로 쓰지만, gross와 creepy는 동사로도 쓸 수 있다. 동사로 쓸 때는 gross/creep out처럼 구동사 형태로 쓴다.

Bugs **gross** me **out**.

난 벌레가 너무 징그러워.

Abandoned buildings **creep** me **out**.

난 폐가가 소름 끼치게 무서워.

참고로, 한국어에서는 〈징그럽다〉에도 애정이 담길 수 있다. 아래 예문 같은 상황인데, 왜 징그럽다고 하는지 알 수 있게 설명하고 있다.

My son is so big now that he's not cute anymore.

아들이 너무 커서 이제는 징그러워(귀엽지 않아).

찜찜하다

be a little worried로 표현한다.

I'm a little worried that my boss heard what I said.

내가 한 말을 상사가 들었을까 봐 찜찜해.

▌ 찝찝하다

be dirty가 아니라 feel dirty라고 말한다.

I **feel dirty**. I didn't have time to take
a shower after my workout.

운동하고 샤워를 못 해서 찝찝해.

▌ 최악이다

nightmare(악몽)를 써서 표현한다.

A: How was your Seollal?

B: It was a **nightmare**. It took twenty-four
hours to drive from Seoul to Namhae.

A: 설날 어땠어?

B: 최악이었어. 서울에서 남해까지 차로
운전해서 가는 데에 24시간 걸렸어.

▌ 흥분하다

〈흥분하다〉를 표현할 때 많이들 be excited를 쓴다. excited에는 '많이 기대되는'이라는
긍정적인 뉘앙스가 깔려 있다. 따라서 be excited를 '신나다'로 해석해도 된다.

I'm **excited** about my new job.

난 새 직장을 다니게 되어 흥분돼(무척
기대돼).

My son's so **excited** about his
birthday party.

우리 아들은 자기 생일 파티 생각에
완전히 신났어.

반면에, 〈흥분하다〉를 부정적인 의미로 쓰고 싶다면 get worked up이라고 표현하자.

Don't **get worked up** over nothing.

아무것도 아닌 일에 흥분하지 마.

CHAPTER 4

동작·행위

▌ 가지고 다니다

종종 hold라고 잘못 쓰는 경우를 본다. hold는 '들다'라는 뜻이다. 〈가지고 다니다〉는 carry around이다.

A: Hold this for me.

B: What is it?

A: It's a bag of things I don't leave the house without.

B: So you always **carry around** earplugs, a portable ashtray, a jump drive, moisturizer, and eye drops?*

A: Yes, and I have a good reason for every one of them.

A: 이것 좀 들어 봐.

B: 뭔데?

A: 내 필수품이 들어 있는 가방이야.

B: 넌 항상 귀마개, 휴대용 재떨이, USB, 보습제, 안약을 가지고 다녀?

A: 응, 가지고 다니는 이유가 다 있어.

* 미국에서는 USB를 jump drive, thumb drive, memory stick 등으로 부른다.

▌ 건드리다

〈건드리다〉는 의미가 다양하기 때문에 각 의미에 맞는 표현을 써야 한다.

● 만지다: touch

Don't **touch** my stuff without my permission.

허락 없이 내 물건 함부로 건드리지 마.

● (함부로) 일에 손을 대다: mess around with *something*

Stop **messing around with** a bunch of different things and focus on one thing.

이것저것 건드리지 말고 한 우물만 파라.

● 마음을 상하게 하거나 기분 나쁘게 만들다: make *someone* upset

He **made** me **upset**.　　　　　　　　　　그가 내 비위(성질)를 건드렸어.

● 괴롭히다, 희롱하다: harass, touch inappropriately

If you don't stop **harassing** him, he's going　　너 계속 그렇게 애를 건드리면(괴롭히면)
to fight back someday.*　　　　　　　　　언젠가 너한테 대든다.

If you ever **harass** her, she'll call the　　　저 여자 잘못 건드렸다가는(희롱했다가는)
police on you. / If you ever **touch** her　　　바로 경찰에 신고할걸.
inappropriately, she'll call the police
on you.

* 말할 때는 going to를 gonna라고 말한다.

참고로, '(실수로) 잘못 건드리다'를 어떻게 표현하는지도 알아보자. 목적어가 '사물'이면
accidentally press/touch, 목적어가 '사람'이면 mess with라고 한다.

I **accidentally pressed** something on　　　내가 컴퓨터에서 뭘 잘못 건드렸어. 어떻게
the computer. I don't know what to do.　　해야 할지 모르겠어.

If you **mess with** him, he might kill you.　　너 쟤 잘못 건드리면 널 죽일 수도 있어.

내버려 두다

대상이 사람이면 Leave *someone* alone.을 쓰면 된다.

Stop picking on your brother and **leave**　　네 동생 그만 괴롭히고 내버려 둬.
him **alone**.

A: Maybe I should talk to her.　　　　　　A: 내가 쟤하고 얘기 좀 해볼까?

B: **Leave** her **alone**. She wants to be　　B: 내버려 둬. 쟤는 혼자 있고 싶어해.
by herself.

대상이 사람이 아니면 Leave it.이라고 말한다. 이때는 왜 내버려 둬도 되는지 설명하자.

A: I'm going to do the dishes.　　　　　A: 내가 설거지할게.

B: **Leave it**. I'll do it tomorrow.　　　　B: 내버려 둬. 내가 내일 할게.

▌노력하다

make an effort 또는 try로 말하자.

I did **make an effort** to help him.*	그를 도와주려고 노력은 했어.
I know you don't like it but at least **make an effort**.	네가 싫어하는 건 아는데 노력은 해 봐.
At least I**'m trying**!	그래도 노력은 하고 있잖아!

＊이 문장에서 did는 make an effort를 강조하는 역할을 한다.

〈노력하다〉가 '열심히 일하다'의 뜻일 때는 work hard를 쓰자.

We should all **work harder** this year.	올해는 우리 모두 더 노력합시다(열심히 일합시다).

▌놀다

다 큰 어른은 친구들과 play하지 않는다. play는 성적인 의미를 담고 있기 때문에 쓸 때 조심해야 한다. 어른이 친구와 어울려서 〈놀았다〉고 표현할 때는 hang out을 쓴다.

My friends **hung out** without me.	친구들이 나 빼고 놀았어.
Do you want to **play** with me tonight?	너 오늘 나하고 뜨거운 밤을 보낼래? (너 오늘 밤 나랑 놀아 볼래?)

'쉬다'의 의미인 경우에는 rest라고 말하자.

I'm so busy these days that I don't have time to **rest**.	나 요새 너무 바빠서 놀 시간이 없어.

참고로, '악기를 연주하다'나 '스포츠를 하다'라고 할 때 play를 동사로 선택한다.

I can **play the piano**.	나는 피아노를 칠 줄 알아.
I **play soccer** on Saturday mornings.	나는 매주 토요일 아침에 축구를 해.

놀리다

아이들이 어느 한 명을 놀리는 경우에는 make fun of 또는 tease를 쓰고, 어른들이 장난을 치는 경우에는 tease를 쓰는 것이 좋다.

- Mommy! The kids at school **made fun of** me, so I cried on the playground.

  엄마! 학교 친구들이 나를 놀려서 놀이터에서 울었어요.

- A: What do you and your friends talk about?

  A: 넌 친구들하고 무슨 얘기를 해?

  B: This and that. We usually just **tease** each other.

  B: 그냥 이것저것. 평소에는 그냥 서로를 놀려.

눈을 마주치다

의도적이든 아니든 항상 make eye contact이다.

I noticed that people on the subway avoid **making eye contact** with each other.

지하철에 있는 사람들은 서로 눈을 마주치는 것을 피하더라.

Do you remember the girl I like? We **made eye contact** during service at church!

내가 좋아하는 여자 있지? 우리 예배 시간에 눈이 마주쳤어!

돌려서 말하다

speak indirectly 또는 be indirect를 쓰자.

When Koreans say "That's difficult to do" they are **speaking indirectly**. What they actually mean is that it can't be done.

한국 사람들이 "그건 어려울 것 같아요" 라고 말할 때는 돌려 말하는 것이다. 실제로는 못하겠다는 뜻이다.

You don't have to **be so indirect** with your criticism. I can take it.

비판을 그렇게 돌려서 말 안 해도 돼. 난 받아들일 수 있어.

▌돌이켜 보다(회고하다)

대화할 때는 looking back, 글로 쓸 때는 in retrospect를 쓴다. 둘 다 문장 맨 앞에 넣는 것이 자연스럽다.

Looking back, I should have studied harder in college.

돌이켜 보니 대학교 때 더 열심히 공부할 걸 그랬어.

In retrospect, I was (in the) wrong.

회고해 보니, 내 잘못이었다.

▌따지다

'문제가 되는 일을 상대에게 캐묻고 분명한 답을 요구하다'의 뜻일 때는 question closely 를 쓰자.

The professor **questioned** his student **closely** about the sources of his research paper.

교수는 학생에게 연구 논문의 출처를 캐물었다.

한국 사람들이 보통 생각하는 부정적 의미의 〈따지다〉는 nitpick과 split hairs로 말한다.

Let's not **nitpick** over details but see the big picture.

세세한 걸 따지지 말고 큰 줄기를 봅시다.

A: If you keep **nitpicking** like that, we're going to have problems.

A: 계속 그렇게 따지면 문제가 생길 것 같군요.

B: I'm not **nitpicking**. These are important matters to consider.

B: 전 따지는 게 아니에요. 이것들은 고려할 만한 중요 사항이에요.

따지는 사람의 의도가 '시비를 거는' 것이라면 예문처럼 말하자.

A: Why are you getting upset? I'm just asking questions.

A: 왜 화를 내? 난 그냥 질문하는 건데.

B: I'm getting upset because it feels like you're trying to **pick a fight**.

B: 내가 화를 내는 건 네가 따지는 것(싸움을 거는 것) 같으니까 그렇지.

▌딸꾹질하다

get/have the hiccups이다.

I **get the hiccups** when I drink.

난 술을 마시면 딸꾹질을 해.

Sorry, I **have the hiccups**.

미안, 나 계속 딸꾹질하네.

114

떨다/떨리다

〈떨다〉, 〈떨리다〉를 표현할 수 있는 동사는 네 가지다. 서로 겹치는 부분도 있지만, 원인에 따라 다르게 쓴다.

동사	원인	용법
shake	모든 격한 감정	대부분의 상황에 쓸 수 있는 일반적인 단어다
shiver	추위	사람과 동물한테 해당한다
shudder	두려움	tremble보다 강하다
tremble	두려움, 불안함, 흥분, 기대	항상 안 좋은 이유 때문인 것은 아니다

He **was shaking** with anger.	그는 분노로 떨고 있었다.
He **was shaking** with fear.	그는 공포로 벌벌 떨었다.
He **was shaking** with laughter.	그는 너무 웃어서 몸을 떨었다. (그는 배꼽 빠지게 웃었다.)
Oh my God, it's so cold I **can't stop shivering**.	맙소사, 너무 추워서 몸이 계속 벌벌 떨려.
I **shudder** every time I think about my near-death experience.	나는 임사 체험 했던 걸 생각할 때마다 떨려.
My hands **trembled** before I started my presentation in front of my boss and coworkers.	동료들과 상사 앞에서 프레젠테이션을 시작하기 전에 내 손이 떨렸다.

위의 예시는 일반적으로 제일 흔히 쓰는 용례인데, 뜻이 겹치는 경우가 있기 때문에 바꿔서 쓸 수도 있다. 용법에 미세한 차이가 있으므로 미국 사람들이 어떻게 쓰는지 다른 예문도 찾아보며 그 차이점을 익히자.

말대답하다

talk back으로 표현하는 것이 제일 편하다.

How dare you **talk back** to me? 감히 내 앞에서 말대답을 해?

말리다

stop *someone* from *doing*이다. 제대로 말리지 못 했다면 try to stop *someone* from *doing*으로 표현한다.

She **stopped** her husband **from getting** into a fight.
그녀는 남편의 싸움을 말렸다.

He **tried to stop** his father **from leaving**, but he left anyway.
그는 자기 아버지가 집을 나가는 것을 말리려 했지만, 아버지는 집을 나가버렸다.

말을 꺼내다/말이 나오다

〈말을 꺼내다〉는 bring up으로, 주어는 항상 '사람'이고 목적어는 '대화 주제'이며 대부분 대명사로 쓴다.

Who **brought** that **up**? 누가 그 얘기를 꺼냈어?

He **brought up** his ex-wife in conversation. 대화하다가 그는 전 부인 얘기를 꺼냈어.

〈말이 나오다〉는 come up. 주어는 '대화 주제'이며 대부분 대명사가 온다. 목적어는 없다.

A: How did that even **come up**? A: 그 얘기가 도대체 어떻게 나왔어?

B: It **came up** naturally. B: 자연스럽게 말이 나왔어.

You **came up** while I was talking with my friends.
친구들하고 얘기하다 네 얘기가 나왔어.

▌ 매를 맞다/야단맞다/혼나다

각 표현을 영어로 어떻게 나타내는지 표를 보자.

매를 맞다	야단맞다	혼나다
get/be spanked	get/be scolded	get/be in trouble

이 중 get spanked와 get scolded는 그냥 spank(때리다)와 scold(야단치다)로도 쓴다.

A: How do you punish your son?

B: He **gets spanked**.

A: When does he **get spanked**?

B: Only when he's in big trouble. But for little things he **gets scolded**.

A: 네 아들한테 무슨 벌을 줘?

B: 매를 들어. (걔는 매를 맞아.)

A: 매는 언제 드는데? (언제 매를 맞는데?)

B: 크게 혼낼 때만. 작은 일로는 그냥 야단만 쳐.

'엉덩이를 맞는다'라는 뜻의 spank에는 성적인 의미도 있으므로 주의해서 사용하자.

Some people enjoy being **spanked**.

어떤 사람들은 엉덩이 맞는 걸 좋아해.

▌ 먹고살다

make a living. 이 표현은 무조건 외우자.

I barely **made a living** working part-time.

난 파트타임으로 일해서 간신히 먹고 살았어.

▌ 멍하니 있다(멍 때리다)

space out으로 표현한다. 공간이 텅 빈 상태를 생각하면 연상하기 쉬울 것이다. (→ p.64 '딴 생각하다' 참고)

A: What are you thinking about?

B: Uh, nothing. I **spaced out**.

A: 무슨 생각하고 있어?

B: 어, 아무 생각 없이 멍하니 있었어.

'지루한 대화나 수업, 회의 중에 잠깐 멍해지다'는 zone out이라고 한다.

A: Are you listening to me?

B: Sorry, I **zoned out** for a second.

A: 내 말 듣고 있어?

B: 미안, 잠시 멍 때리고 있었어.

무시하다

〈무시하다〉에는 두 가지 의미가 있다. 하나는 '신경 쓰지 않다'로, 이때는 동사 ignore를 쓴다.

Smokers often **ignore** the "No Smoking" sign.

흡연자들은 종종 흡연 금지 표지판을 무시한다.

또 다른 의미는 '사람을 깔보다'인데, 이럴 때는 look down on을 쓴다.

People **look down on** you if you can't speak English.

영어를 못 하면 사람들이 무시한다.

바람 쐬다

get fresh air나 go out for some (fresh) air로 표현할 수 있다. 전자는 '자연의 깨끗한 공기를 마시는' 것에, 후자는 깨끗한 공기가 중요한 것이 아니라 '기분 전환을 한다는 것'에 초점이 있다. 공기가 깨끗하지 않으면 fresh한 것이 아니라는 점도 기억하자.

A: What are you doing here?
B: Just **getting some fresh air**.

A: 여기서 뭐 해?
B: 바람 쐬고 있어.

배꼽을 잡고 웃다

영어에는 〈배꼽을 잡고 웃다〉와 같은 관용적인 표현이 없다. 뜻하는 의도대로 laugh hard(크게 웃다)라고 말하자.

I **laughed** so **hard** when I heard that story.

난 그 이야기를 듣고 배꼽을 잡고 웃었다.

배우다

언어나 음악, 특정 정보를 어디서 '배웠는지' 물어볼 때는 아래 예문처럼 말하자.

A: Did you know that Eleanor Roosevelt was a lesbian?

B: Where did you **learn** that? / How did you **know** that?

A: My history teacher told us.

A: 엘리너 루스벨트가 레즈비언이었던 거 알아?

B: 그거 어디서 들었어? / 너 그거 어떻게 알았어?

A: 역사 선생님이 말해 줬어.

원래 learn은 '(특정) 지식이나 기술을 습득할' 때 쓰는 단어다.

A: Where did you learn how to do that?

B: I **learned** it from my mom.

A: 너 그거 어디서 배웠어?

B: 엄마한테 배웠어.

'하는 방법을 누구에게 배웠는지' 궁금해서 묻는다면 아래 예문처럼 질문한다.

Who taught you how to do that?

그거 누구한테 배웠어? (누가 그걸 너한테 가르쳐 줬어?)

화가 나서 '어디서 그따위 짓을 배웠어?'라고 호통치는 것이라면 상황마다 조금 다르게 표현한다.

A: **Who told you it was okay to do that?**

B: What's your problem?

A: **How in the world does he think that's okay?**

B: I don't think that's ever crossed his mind.

A: 너 그런 거 어디서 배웠어! (누가 그렇게 해도 괜찮대?)

B: 뭐가 어때서?

A: 쟤는 저런 걸 어디서 배웠대? (세상에 쟤는 어떻게 그런 짓을 해도 된다고 생각하지?)

B: 아무 생각이 없는 것 같아. (그거에 관해 전혀 생각해 본 적이 없는 것 같은데?)

뱉다/침을 뱉다

〈침을 뱉다〉는 spit이고, 다른 것을 뱉을 때는 spit out을 쓴다.

Please do not **spit** on the sidewalk.

인도에 침을 뱉지 마세요.

I've never been so angry as to **spit** at someone.

난 지금까지 남한테 침을 뱉을 정도로 화가 난 적은 없어.

Spit out your gum before the meeting starts.

회의 시작하기 전에 껌을 뱉으십시오.

▎ 부탁하다

request 또는 ask. request를 쓰면 더 격식을 갖춘 표현이 된다. 'request/ask *someone* to+동사'로 표현한다.

She **requested** me **to help** her on the project.

그녀는 내게 그 프로젝트를 하는 데에 자기를 도와달라고 부탁했다.

I **asked** my friend **to do** me a favor.

나는 친구한테 부탁했다.

▎ 비웃다

동사 snicker를 쓰고 뒤에 'at+(비웃는) 대상'을 붙이면 된다. snicker에는 상대방을 깔보는 뉘앙스가 포함되어 있다.

Did you just **snicker at** me?

너 방금 나 비웃었어?

▎ 새치기하다

서 있는 줄을 '자르고' 끼어드는 것이니까, 말 그대로 cut in line이라고 하면 된다.

What is he doing? He **cut in line**!

저 사람 뭐야? 새치기했어!

Do people not feel sorry when they **cut in line**?

새치기하는 사람들은 남한테 안 미안한가?

▎ 수다 떨다

발음이 귀여운 동사 chitchat으로 말한다.

A: Mom, what do you and your friends talk about all the time?

A: 엄마는 항상 친구들하고 무슨 얘기하세요?

B: We just **chitchat**.

B: 우리는 그냥 수다 떨어.

숨을 헐떡이다(몰아쉬다)

사람이 〈숨을 헐떡이다(몰아쉬다)〉라고 할 때 be out of breath나 breathe heavily를 쓴다. 이 둘의 차이는 간단하다. 헐떡거리면서 말을 할 수 있으면 breath heavily, 말을 할 수 없으면 out of breath이다.

- [On the phone]
  A: Why **are** you **breathing** so **heavily**?
  B: I'm walking up the stairs.

  [통화 중]
  A: 왜 그렇게 헐떡거려?
  B: 계단을 올라가고 있거든.

- Stop asking him questions. Can't you see he's **out of breath**?

  쟤한테 그만 질문해. 지금 헐떡거리는 거 안 보여?

사람이 숨을 헐떡이는 것을 동사 pant를 써서 표현할 수도 있지만, pant는 흔히 '강아지가 헐떡거리는' 것을 말한다.

Don't stick your tongue out like that. You look like a dog **panting**.

혀를 그렇게 내밀지 마. 개가 헐떡거리는 것 같잖아.

스트레스를 풀다

한국 사람들은 흔히 〈스트레스를 풀다〉를 영어로 relieve stress라고 한다. 잘못된 표현은 아니지만 미국에서는 그렇게는 잘 쓰지 않는다. 미국 사람들은 보통 어떻게 스트레스를 푸는지 구체적으로 말한다.

- How do you **relieve stress**?

  넌 스트레스를 어떻게 풀어?

- A: **What do you do when you're stressed out**?
  B: I smoke and drink when I get stressed out from work.

  A: 너 스트레스 어떻게 풀어? (너는 스트레스가 생기면 뭘 해?)
  B: 나는 직장에서의 스트레스를 풀기 위해 술, 담배를 하지. (일 때문에 스트레스를 받으면 술과 담배를 해.)

신음하다

영어로 신음하는 방법은 두 가지다. moan하거나 groan하거나. 차이점은 groan은 '덜 거칠고 더 낮은 목소리로' 소리를 낸다는 점이다. 흔히 moan 또는 groan 뒤에는 in/with pain이나 in despair(절망하여)가 나온다.

The victim **moaned in pain** as he waited for the ambulance.	피해자는 구급차를 기다리며 고통에 신음했다.
Husbands **groan** at the thought of accompanying their wives to go shopping.	남편들은 아내의 쇼핑에 동행할 생각을 할 때 신음한다.

moan에는 성적인 의미가 담길 수 있다는 점도 참고로 알아두자.

I can hear the couple next door **moaning**.	옆집 부부의 신음 소리가 들려.

안내하다

escort, guide, introduce 중에서 상황에 맞춰 쓴다.

● 식당이나 기타 영업장에서 안내할 때: **escort**

I will **escort** you to your table.	자리로 안내해 드리겠습니다.
I was **escorted** to my table.	나는 자리로 안내받았다.

● 사람을 가고자 하는 목적지까지 데려다줄 때: **guide**(명사로는 '안내(서)'의 의미로 쓰임)

A local **guided** me to the train station.	한 지역 주민이 기차역까지 나를 안내해 줬다.
Read the **guide** before you start.	시작하기 전에 안내서를 읽어.

● 내용을 소개하여 알려줄 때: **introduce**

The teacher **introduced** her students to Korean food.	선생님께서는 학생들한테 한식에 관해 소개하셨다.

▌ 알려 주다

let *someone* know를 사용하자.

Let me **know** when you're done.   다 하면 알려 줘.

Did you **let** him **know** that we were coming?   우리가 간다는 거 쟤한테 알려 줬어?

▌ 약 올리다

'약 올리는' 행위의 목적은 상대방을 도발하는(provoke) 것이다. 다시 말해, 상대방을 화내게 하는(make angry) 것이다. 만약 약 올리는 행위가 성공적이지 못했다면 provoke 앞에 try를 넣자.

A: Why do you keep bringing that up?
I already apologized.

B: I'm just saying.

A: Are you trying to **provoke** me? /
Are you trying to **make** me **angry**?

A: 너 왜 그 얘기를 계속 꺼내는 거야?
내가 이미 사과했잖아.

B: 그냥 그렇다고.

A: 지금 나 약 올리는 거야?

▌ 업다/업히다

piggyback이라는 단어를 쓴다. 돼지와 관련되어 만들어진 단어가 아니라 원래는 pick pack이었다가 16세기에 piggyback으로 변했다. '업히는' 것은 ride piggyback(ride 다음에 a가 없음), '업어 주는' 것은 give a piggyback ride이다.

[At the beach]

A: Let's take a picture of me **riding piggyback** when a wave comes.

B: **Piggyback** again? You know, I got back problems after the last time I **gave** you **a piggyback ride** because you were wasted.*

[바닷가에서]

A: 파도가 오면 내가 너에게 업힌 사진을 찍자.

B: 또 업어 달라고? 저번에 너 필름 끊겨서 내가 널 업어 준 다음 허리 다친 거 알지?

* wasted는 '완전히 취한' 다음 단계다. 자신을 전혀 조절할 수 없는 상태를 나타낸다.

■ 오다/가다/가지고(데리고) 오다/가지고(데리고) 가다

오다	가다	가지고(데리고) 오다	가지고(데리고) 가다
come	go	bring	take

주의해야 할 점은, 지금 다른 사람과 대화하고 있을 때는 '상대방 입장에서' 말해야 한다는 것이다. 즉, 상대방과 대화 중일 때 〈가다〉는 come, 〈가지고(데리고) 오다〉는 bring을 쓴다. 상대방도 대답할 때 똑같은 단어를 쓴다.

[On the phone]	[통화 중]
A: Where are you?	A: 너 어디야?
B: I'm **coming**!	B: 가고 있어!
[On the phone]	[통화 중]
A: **Come** quickly!	A: 빨리 와!
B: Do you mind if I **bring** a friend?	B: 친구 한 명 데리고 가도 괜찮아?
A: Sure, you can **bring** a friend.	A: 그럼, 친구 데리고 와도 괜찮아.

그러나 '과거에 있었던' 이야기를 할 때는 〈가다〉는 go, 〈데리고 가다〉는 take를 쓴다. 이 경우에는 한국어와 똑같다.

I **went** to my friend's birthday party.	난 친구 생일 파티에 갔다 왔어.
I **took** another friend with me to the party.	난 파티에 다른 친구를 데리고 갔어.

▌ 오바이트하다(토하다)

영어 overeat은 한국에서 사용하는 '오바이트'와 뜻이 다르다. overeat은 '과식하다'라는
뜻의 동사이다. overdrink(과음하다)하면 그 결과로 vomit(토하다)하게 된다.

Roller coasters make me **vomit**.   난 롤러코스터 타면 토해.

〈토하다〉를 나타내는 조금 더 일상적인 말은 throw up이다.

Please do not **throw up** in the sink.   싱크대에 토하지 마세요.

▌ 욕하다

일반적으로 동사 swear 또는 curse로 쓴다. 이런 동사를 사용해 〈~에게 욕을 하다〉라고
할 때는 'swear/curse+at+대상'으로 표현한다.

Don't **swear** in front of my parents.   우리 부모님 앞에서 욕하지 마.
Don't **swear at** your children.   네 아이들한테 욕하지 마.

또한, '(누구를) 욕하다'는 누구에 관해 bad-mouth하는 것이다.

Why do you always **bad-mouth** your friends?   너는 왜 항상 친구들을 욕하니?

'욕'은 swear words 또는 curse words이고, 욕이나 상스러운 말을 많이 하는 사람을 가
리켜 have a dirty mouth, 즉 '더러운 입을 가졌다'고 말한다.

She uses a lot of **swear words** when she's
angry.   걔는 화가 나면 욕을 잘해.

He **has** such **a dirty mouth**.   쟤는 욕쟁이야.

위에서 욕을 표현한 단어들은 일상적인 대화에만 쓴다. 공식적인 자리에서는 욕을
profanity라고 한다.

Profanity is not allowed on TV.   TV에서는 욕을 허용하지 않는다.

▌이르다(일러바치다)

tell on을 쓴다. '잘못한 사람'이 목적어 자리에 와야 하는데, 영어에서는 '누구에게'에 해당하는 대상은 언급하지 않을 때도 있다.

If you don't stop, I'm going to **tell on** you to the teacher.

너 그만두지 않으면 선생님께 이를 거야.

▌인정하다

범죄와 같이 큰 잘못을 저질러서 '인정하면' confess(자백하다), 작은 잘못을 '인정하는' 것은 admit이다. 즉, admit은 덜 심각한 상황에서 쓴다. (→ p.57 '고백하다' 참고)

My friend **admitted** that I was right.

내 친구는 내가 옳았다는 것을 인정했다.

He **confessed** to the crime.

그는 범죄를 인정했다.

A: I know you stole the money.

A: 네가 돈 훔친 거 알아.

B: Yes, I **confess** I stole the money. And I **admit** that you were right all along.

B: 그래, 내가 돈 훔쳤다는 거 인정할게. 그리고 네가 여태까지 옳았다는 것도 인정해.

▌잔소리하다

nag를 쓴다.

Ever since I turned thirty, my mom**'s been nagging** at me to get married.

내가 서른 살이 된 후부터 엄마가 나한테 결혼하라고 잔소리하셔.

▌제자리에 가져다 놓다

Put it back in the right place. 또는 Put it back where it belongs.라고 말한다.

Put it back in the right place.

제자리에 갖다 놔.

Put it back where it belongs.

제자리에 갖다 놔.

Put it back where you found it.이라고 표현해도 괜찮다.

Put it back where you found it.

원래 있었던 데에다 갖다 놔.

▌ 징징거리다

〈징징거리다〉는 whine이다.

You **whine** one more time, and you know what's going to happen, don't you?	한 번만 더 징징거려 봐. 어떻게 되는지 알지?
He's **whining** that he wants to go home.	얘가 집에 가고 싶어서 징징거리고 있어.

whine과 wine(와인)의 발음이 같아서 누가 징징거리면 이렇게 농담하는 경우가 있다.

Would you like some cheese with that whine?	징징거리면서 치즈 먹을래?

▌ 쫄다

be/get scared 또는 be intimidated. 전자는 단순히 '겁나다'란 뜻이고, 후자는 '특정 상황에서 자신감을 잃고 겁을 내다'라는 뜻이다.

He got punched in the face and **got scared** and ran away.	걔는 얼굴에 한 대 맞은 다음 쫄아서 도망갔어.
A: I'm always a little bit **intimidated** by my boss.	A: 난 항상 우리 상사한테 조금 쫄아.
B: Why?	B: 왜?
A: Because he's a big guy, and he has a loud voice.	A: 덩치도 크고 목소리도 커서.

▌ 침 흘리다

사람뿐 아니라 동물도 drool한다.

My puppy isn't allowed in the house because he **drools**.	우리 강아지가 침을 흘려서 집으로 못 들어오게 해.
For some reason I only **drool** when I take naps.	왠지 모르게 난 낮잠 잘 때만 침을 흘려.

'남의 것을 탐내다'라는 의미로 〈침 흘리다〉를 쓸 때는 'drool over+명사'로 쓴다.

I saw it in her eyes. She **was drooling over** my new purse.	난 걔의 눈빛을 봤어. 내가 새로 산 지갑을 보며 침 흘리고 있었어(탐내고 있었어).

트림하다

동사 burp만 기억해서 쓰면 된다.

One side effect of drinking beer is **burping**.

맥주 마시는 것의 부작용 중 하나는 트림하는 거야.

핥다

〈핥다〉는 lick이다.

Stop **licking** your soft serve so seductively.*

소프트아이스크림을 그렇게 야하게 핥지 마.

* p.76 '야하다', p.186 '꼬시다(유혹하다)' 참고

힘주다

근육이나 신체 일부에 〈힘을 줄〉 때 flex한다고 한다.

He enjoys **flexing** his muscles in front of girls.

재는 여자 앞에서 근육에 힘주는 걸 좋아해.

Stop **flexing** your abdomen. You look constipated.

배에 힘주지 마. 변비 걸린 것처럼 보여.

CHAPTER 5

외모·성격·특징

❙ ~같이 생기다/닮다

look like, remind *A* of *B*, resemble, take after 등으로 표현할 수 있지만, 미세한 차이가 있다.

● look

외모가 성격이나 감정을 보여줄 때 쓴다. 비교 대상이 명사면 동사 뒤에 like를 쓰자.

A: What does he **look like**?

B: He **looks like** a miser.

A: 그 사람 어떻게 생겼어?

B: 구두쇠같이 생겼어.

● remind A of B

'A에게 B를 생각하게 하다'라는 의미로, A의 외모와 몸짓, 행동 등을 보고 B가 생각난다는 뜻이다.

A: Your uncle **reminds** me **of** my uncle.

B: But they look nothing alike.

A: Yeah… but there's something about him.

A: 너희 삼촌을 보면 우리 삼촌이 생각나.

B: 그런데 두 분은 하나도 안 닮았잖아.

A: 그렇지…. 그런데 닮은 구석이 있어.

● resemble

의미는 look like와 비슷하다. 그러나 resemble이 더 공식적인 표현이고, 외모만이 아니라 성격이 닮은 것도 나타낼 수 있다.

A: I can't believe how similar the brothers are.

B: Seriously. They **resemble** each other in looks and personality.

A: 저 두 형제는 엄청 비슷해.

B: 완전히. 외모와 성격이 똑 닮았어.

● take after, get it from

직접적인 혈연관계에 있는 사람(부모, 조부모 등)을 닮았을 때 쓴다. take after는 일반적인 표현이고, get it from은 두 사람이 어떤 점이 닮았는지, 어떤 점을 물려받았는지 구체적으로 표현할 때 쓴다. 가수 싸이의 노래 〈Daddy〉 속의 가사 "I got it from my daddy."를 생각하면 기억하는 데에 더 도움이 될 것이다.

| I **take after** my mom more. | 난 엄마를 더 닮았어. |

A: Why do you get angry so easily?
A: 넌 왜 그렇게 화를 잘 내?

B: Sorry, I **get it from** my dad.
B: 미안, 아빠 닮아서 그래.

┃ V라인

chiseled cheeks 혹은 pronounced jawline이라고 표현할 수 있다. 둘 다 같은 의미로 〈V라인〉이지만 chiseled cheeks는 남자한테만 쓴다. (→ p.167 'S라인' 참고)

A: I want a **pronounced jawline**.
A: 내 얼굴이 V라인이었으면 좋겠어.

B: You know, there are make-up techniques that make it look like you have **chiseled cheeks**.
B: V라인처럼 보이게 하는 화장법들이 있잖아.

┃ 보기 좋다

look good. 이 표현은 사람의 외양뿐 아니라 사물에도 쓴다.

Your new hairstyle **looks good** (on you).
너의 새로운 헤어스타일이 보기 좋아(너랑 잘 어울려).

The new paint job **looks good**.
새로 페인트칠한 거 보기 좋다.

누군가의 '행동'이나 '삶의 자세/태도'가 〈보기 좋다〉고 칭찬할 때는 그 사람이 admirable 하다고 칭찬한 뒤 구체적으로 언급해 주자.

He's **admirable**. He's hard-working, considerate of others, and a loving husband.
저 사람은 보기 좋아(존경스러워). 일도 열심히 하고, 남을 배려하는 데다가 다정한 남편이야.

예쁘다/잘생기다

〈예쁘다〉, 〈잘생기다〉에 해당하는 단어뿐만 아니라 사람의 외모나 성격을 나타내는 단어를 '남자 위주, 여자 위주, 남·여 공통'이라는 기준으로 모았다. 여자의 아름다움을 묘사하는 단어 중 몇 개는 남자에게도 쓸 수 있지만, 남자의 잘생김을 묘사하는 단어는 여자에게 쓰면 안 된다는 점이 재미있다.

남자	남·여 공통	여자
handsome	good-looking	beautiful
pretty boy(꽃미남)	hot	pretty
smooth(쿨하게 잘 꼬시는)	sexy	gorgeous
clean-cut(용모 단정한)	stunning(깜짝 놀랄 만큼 아름다운)	delicate(섬세한)
suave(침착한)		lovely

위의 단어 중에서 hot과 sexy, 특히 hot이 성적 관심을 나타낸다.

A: Oh my God, he's **hot**!

B: Let's go talk to him.

A: No! Are you crazy? I don't even have make up on.

A: 와, 저 남자 잘생겼다!

B: 말 걸어 보자.

A: 야, 미쳤어? 난 화장도 안 했다고.

외모

사람의 〈외모〉를 말할 때 appearance 대신 looks라는 단어를 쓴다.

Men say that personality is more important than **looks**, but I don't believe them.

남자들은 외모보다 성격이 더 중요하다고 하지만 난 그 말 안 믿어.

'사물의 외관'은 outside이다. 특히 inside와 비교할 때는 항상 이 단어를 쓴다.

The **outside** of the car is cleaner than the inside.

차의 외관이 안쪽보다 더 깨끗해.

▎ 감각이 있다(센스 있다)

'판단력이 뛰어나서 상황에 맞게 탁월한 선택을 한다'라는 의미의 〈센스 있다〉를 표현하고
싶으면 무엇을 해서, 또는 어떤 면에서 센스가 있는 것인지 설명하자.

My secretary is really good at her job. She knows exactly what I need even when I don't tell her.	내 비서는 아주 센스 있어. 말 안 해도 내게 뭐가 필요한지 정확히 알아.

예술, 옷, 음식 등 어떤 분야에 대한 '취향이 좋다'라는 뉘앙스를 전달하는 〈센스 있다〉를
나타내려면 have good taste in이라는 표현을 쓰면 된다.

She **has good taste** in music. All the music she's introduced me to has been really good.	쟤는 음악에 센스가 있어. 지금까지 나한테 소개해 준 음악이 다 정말 좋았어.

sense의 뜻은 '감각'이다. '패션 감각'은 영어로도 fashion sense로, '패션 감각이 좋다'는
have a good fashion sense라고 한다. 그 외에 '어떤 분야에 안목이 있다'를 표현하고자
할 때는 have a good eye/ear/nose for를 쓴다.

He **has a good** fashion **sense**.	쟤는 패션 감각이 좋아.
He **has an (good) eye for** art.	쟤는 미술에 감각이(센스가) 있어.
He **has an (good) ear for** languages.	쟤는 언어 감각이 있어.
He **has a (good) nose for** ways to make money.	쟤는 돈 냄새를 잘 맡는 놈이야.

참고로, sense의 형용사형인 sensible(합리적인, 실용적인)도 알아두자.

Let's be **sensible** here.	우리 합리적으로 생각해 보자.
We're going to be walking a lot tomorrow so wear something **sensible**.	우리 내일 많이 걸어 다닐 거니까 실용적인(편한) 옷 입어.

개성이 없다

'개성'을 말할 때 individual characteristics보다 individuality를 쓰는 게 좋다.

I can't date someone **without individuality**. 나는 개성 없는 사람하고는 못 사귀겠어.

참고로, individuality와 individualism을 헷갈려서 쓰면 안 된다. individualism의 뜻은 '개인주의'이다.

I believe in **individualism**. 나는 개인주의 신봉자야.

공주병/왕자병

〈공주병〉, 〈왕자병〉이 있는 남녀 모두에게 princess라고 한다.

I never want to travel with him again! 나 다시는 쟤하고 여행 안 가!
He's such a **princess**! 쟤 완전히 왕자병이야!

관종

'관심병이 있는 사람', 즉 〈관종〉을 가리켜 attention whore라고 한다. whore는 '창녀'라는 뜻이 있으므로 절친한 사이가 아니면 쓰지 말아야 한다.

Maybe she's an **attention whore** because she wasn't loved as a child. 쟤가 어릴 때 사랑을 못 받고 커서 관종이 된 거 아닐까?

기계치/길치/몸치/박치/음치/백치

각각에 딱 맞아떨어지는 영어표현은 없다. 영어로는 말이 조금 더 길어지고 표현이 다양해진다.

A: There are so many things I'm not good at. A: 난 못하는 게 너무 많아.

B: What do you mean? Like what? B: 그게 무슨 말이야? 예를 들면 뭐?

A: Like, **I'm bad with technology**, **I'm bad with directions**, **I can't dance**, **I have no rhythm** and **I'm tone-deaf**. A: 예를 들면, 난 기계치에다가 길치, 몸치, 박치, 음치야.

B: Wow, you're right. Well, at least you're not **an idiot**. B: 와, 진짜 그렇네. 그래도 백치는 아니니까 다행이다.

▌까다롭다

picky 또는 fussy. 두 단어에 부정적인 의미가 포함되어 있다.

Eating with a **picky** eater kills my appetite.	식성이 까다로운 사람하고 밥 먹으면 밥맛이 떨어져.
Stop being so **fussy** and pick something!	너무 까다롭게 굴지 말고 하나 골라!

picky의 다소 완곡한 표현은 particular이다.

Movie critics are **particular** about movies.	영화 평론가들은 영화를 까다롭게 본다.

까다로운 사람은 일반적으로 difficult to please(만족시키기 힘든)하다.

A: I never know what to get him for his birthday.	A: 생일 때마다 걔에게 뭘 사줘야 할지 모르겠어.
B: I know what you mean. He's **difficult to please**.	B: 무슨 말인지 알아. 걔가 입맛이 좀 까다로워.
A: Nothing I do is ever good enough for him.	A: 내가 뭘 해 줘도 걔는 좀처럼 만족하질 않아.

▌꼰대

본래 '나이 많은 남자'를 가리켜 쓰던 속어였으나, 요즘에는 '자기의 사고 방식을 타인에게 강요하는 상사나 나이 많은 사람'을 가리키는 말로 일상에서 흔히 쓰인다. 영어에는 〈꼰대〉라는 단어가 따로 없다. 그렇다고 해서 영어권 나라에 꼰대가 없다는 것은 아니다. 어디를 가든 자기의 사고방식과 기준을 젊은 세대에 강요하는 사람이 있고, 기성 세대에 대한 반감으로 어른을 꼰대로 모는 젊은 사람들이 있기 마련이다. 한국에서의 꼰대는 남녀를 가리지 않으나, 미국 등 영어권 나라에서는 꼰대를 '전형적인 중년 남자(typical middle-aged man)'로 인식한다. 그러나 꼭 꼰대라고 하지 않아도 어떤 사람의 행동이나 생각, 태도가 얼마나 '꼰대스러운지'를 구체적으로 설명하면 더 효과적으로 의미가 전달된다.

Why do **middle-aged men** think they're so profound? Don't they know what they're explaining is all so obvious?	왜 꼰대들은 자기 생각이 깊다고 여길까? 본인들이 뻔한 걸 설명하고 있다는 사실을 모르나?

A: What were you talking about with your dad for so long?

B: You know him. He's a **typical middle-aged man**.

A: I wonder if we'll be like that when we're older.

■ I can't stand another **"in my day" story**.

■ I hate working for him. **Just because he's older, he thinks all his ideas are automatically better than mine**. Granted, he has more experience, but **his way of thinking is outdated**.

A: 아버지하고 무슨 얘기를 그렇게 오래했어?

B: 너 우리 아빠 알지? 꼰대이신 거.

A: 우리도 나이 먹으면 그렇게 될까?

나 더 이상 "나 때는 말이야" 이야기 못 듣겠어.

저 사람 밑에서 일하기 너무 싫어. 자기가 나보다 나이를 더 먹었다고, 자기 생각이 내 생각보다 당연히 낫다고 생각해. 나보다 경력이 많다는 건 인정하는데, 사고 방식은 구식이라고.

▎끈질기다

'끈질긴'이란 뜻의 형용사 persistent를 써도 좋지만, 구동사 not give up을 쓰는 쪽을 추천한다. 이것이 더 강한 어감을 전달한다.

I first found out that my husband was **persistent** when he pursued me for six months.

우리 남편이 나를 6개월 동안 쫓아다녔을 때, 그 사람이 끈질기다는 것을 알게 됐어.

She **doesn't give up**. She'll try and try until she gets what she wants.

쟤는 끈질겨. 자기가 원하는 대로 될 때까지 노력해.

He **never gave up** trying to lose weight.

쟤 끈질기게 다이어트했어. (쟤는 살을 빼는 것을 절대로 포기하지 않았어.)

'노력하여 목표를 달성할 수 있는 행동을 나타내는' 동사를 반복해서 쓰면 '끈질기게 ~하다'라는 의미를 나타낼 수 있다.

He **tried and tried** until he succeeded.

그는 성공할 때까지 끈질기게 노력했어.

He **begged and begged** for a smartphone.

그는 스마트폰을 사달라고 매우 끈질기게 졸랐어.

▌ 눈이 높다

'눈이 높은' 사람을 have high standards하거나 picky하다고 말할 수 있다. picky는 have high standards보다 조금 더 부정적인 뉘앙스가 있다.

A: Why don't you have a boyfriend?
B: I **have high standards**.*

A: 넌 왜 남자친구가 없어?
B: 난 눈이 높아.

A: Why can't you just pick something?
B: I'm really **picky**.

A: 그냥 아무거나 고르면 안 돼?
B: 난 눈이 높거든. (난 까다로워.)

* 영어에서도 have high standards라고 하면 거만해 보일 수 있다는 점을 기억하자.

▌ 눈치 빠르다

눈치 빠른 사람은 perceptive(통찰력 있는, 직관이 날카로운)하다.

A: Are you guys dating?
B: How did you know? We were keeping that a secret.
A: I'm very **perceptive**, you know.

A: 너희 사귀냐?
B: 어떻게 알았어? 우린 비밀로 하고 있었는데.
A: 나 눈치 빠르잖아.

▌ 마니아

한국에서 쓰는 말 그대로 mania로 쓰면 영어로는 '정신 질환'이나 '열광'을 뜻하는 것으로, 사람을 지칭하는 말이 아니다. 한국에서 쓰는 〈마니아〉, 즉 '특정 분야에 광적으로 몰입하는 사람'을 뜻하는 말은 maniac이다. 즉, mania를 경험하는 사람을 maniac이라고 한다.

klepto**mania**	도벽
klepto**maniac**	도벽이 있는 사람
He ran up and down the street like a **maniac**.	그는 미친 사람처럼 길거리에서 뛰어다녔다.

이 maniac을 어떻게 써야 할지 제대로 아는 것이 중요하다. '그는 음악 마니아야'라는 말을 영어로 He's a music maniac.이라고 하면 안 된다. 아래 예문을 보고 maniac을 올바르게 쓰는 방법을 익혀 보자.

He's **a maniac** when it comes to music.*　　　그는 음악 마니아야.

* He's obsessed with music(그는 음악에 빠져 있어).으로 같은 뜻을 전달할 수 있다.

모든 마니아가 긍정적인 이미지를 갖는 건 아니다. 괴팍하거나 외골수인 사람들이 주로 좋아한다고 편견처럼 여겨지는 관심사가 있는데, 그런 관심사를 가진 사람은 maniac보다 nerd 또는 geek이라고 부른다. nerd나 geek 모두 다른 사람들이 지루하게 생각하는 일에 관한 식견이 풍부한 사람을 가리킨다. 이런 사람들은 특히 기계나 장비 쪽에 관심이 많다. 다만 두 단어에도 뉘앙스 차이는 있다. nerd는 사교성이 부족한 사람이지만 geek은 꼭 그렇지는 않다.

My son is a computer **nerd**, and all his friends are **nerds**, too.	내 아들은 컴퓨터 마니아(덕후)인데, 걔 친구들도 똑같아.

마마보이/파파걸

〈마마보이〉는 mother's boy 또는 mama's boy. 딸한테 쓰는 말인 〈파파걸〉은 daddy's girl이다. 둘 다 사귀고 싶지 않은 유형의 사람이지만 마마보이에 대한 인식이 훨씬 더 안 좋다. 미국 여자들은 mama's boy를 여성적이라고 생각하고 진짜 남자로 여기지 않는다. daddy's girl은 귀여우며 아빠와 다정하고 친한 관계를 맺고 있는 것처럼 보이는 이미지가 있다.

A: I think we would make a horrible couple.	A: 우린 사귀면 안 어울릴 거 같아.
B: Why?	B: 왜?
A: Why? Because I'm a **daddy's girl** and you're a **mama's boy**. We would fight all the time.	A: 왜냐고? 나는 파파걸이고 너는 마마보이잖아. 우린 항상 싸울걸.

▌ 마음이 약하다

좋은 의미로는 softie, 안 좋은 의미로는 (emotionally) weak. emotionally weak한 사람은 감정적 부담을 못 견디는 사람이다.

- I'm warning you now before you start the movie. I'm a **softie**, so I cry a lot when I watch sad movies.

  네가 영화를 틀기 전에 미리 경고하는데, 난 마음이 약해서 슬픈 영화를 볼 때 많이 울어.

- A: Why can't I train my dog the way you do yours?

  B: That's because you're **weak**.

  A: 난 왜 네가 하듯이 강아지 훈련을 못 시킬까?

  B: 네가 마음이 약해서 그래.

▌ 매력적인(매력 있는)

한영사전을 보면 〈매력적인(매력 있는)〉이 charming이라고 나온다. 물론 틀린 표현은 아니지만 delightful 또는 pleasing이라고 하는 것이 더 알맞다. 하지만 소통에 오해가 생길 수 있으므로 구체적으로 어떤 면에서 매력을 느끼는지 말하는 것이 좋다.

I like a man who has individuality.

나는 개성 있는 남자를 좋아해. 〈개성 있는 남자가 매력적이라고 느낌〉

▌ 모태 신앙을 가진 신자

grow up 또는 be raised 뒤에 '~신자'에 해당하는 말을 붙이면 된다.

I **grew up Buddhist**.

나 태어날 때부터 불교 신자야.

I **grew up Protestant**.

나 태어날 때부터 개신교 신자야.

I **was raised Catholic**.

나 엄마 뱃속에서부터 천주교 신자야.

▮ 발이 넓다

'아는 사람이 많다', '인맥이 넓다'라는 뜻일 때는 know a lot of people이라고 한다.

If you ever need help networking, ask my dad. He **knows a lot of people**.

인맥을 쌓는 데 도움이 필요하면 우리 아빠께 여쭤봐. 발이 넓으시거든. (사람을 많이 아셔.)

참고로, 〈발이 넓다〉를 영어로 그대로 직역하면 have wide feet인데, 미국 문화에서는 발 크기에 관해 말할 때 주의해야 한다. 미국에서는 발 크기를 남자의 성기 사이즈와 동일시 한다. 이것을 알면 대중 매체에서 나오는 발 크기에 관한 이중적 의미를 갖는 어구를 이해 할 수 있다. 인기 애니메이션 《겨울왕국Frozen》에 나오는 장면을 살펴보자.

Christoph:	What's his last name?	크리스토프:	그 사람 성은 뭐죠?
Anna:	Of the Southern Isles.	안나:	서던 제도의….
Christoph:	What's his favorite food?	크리스토프:	그 사람이 제일 좋아하는 음식은?
Anna:	Sandwiches.	안나:	샌드위치.
Christoph:	Best friend's name?	크리스토프:	절친 이름은 뭔데요?
Anna:	Probably John.	안나:	아마 존일걸요?
Christoph:	Eye Color.	크리스토프:	눈동자 색은 뭐죠?
Anna:	Dreamy.	안나:	꿈꾸는 듯한 색.
Christoph:	Foot size?	크리스토프:	발 크기는요?
Anna:	Foot size doesn't matter.	안나:	발 크기야 중요하지 않죠.

▮ 백수

한국어와는 달리 영어로는 직업이 없는 '사람'이 아니라 직업이 없는 '상황'으로 표현한다.

I'm **unemployed**. /
I'm **between jobs**. /
I'm **out of a job** right now.

나 백수야.

▌뻔뻔하다

지나치게 자신만만한 사람을 cocky하다고 한다.

I hate that **cocky** look on his face as if he's better than everyone.	난 쟤의 저 표정, 마치 자기가 다른 사람들보다 잘났다는 듯한 표정이 너무 싫어.

▌사기꾼

사기꾼에는 여러 종류가 있다. 대표적인 몇 개를 살펴보자.

● cheat

제일 일반적인 〈사기꾼〉이다. cheat에는 '속임수를 쓰다'라는 동사의 뜻도 있다.

My old butcher is a **cheat**. He's tried to rip me off before.	내가 예전에 가던 정육점의 주인은 사기꾼이야. 나한테 고깃값을 바가지 씌우려고 한 적이 있어.
My friend likes to win so much that he **cheats** whenever he can.	내 친구는 이기는 걸 너무 좋아해서 틈만 나면 속임수를 써.

● swindler, scam artist

swindler는 '사기를 쳐서 다른 사람의 돈을 가져가는 사람'이다. 같은 의미로 scam artist도 있는데, 이 자는 scam(사기)을 통해 다른 사람의 돈을 가져간다.

When you travel abroad, always be careful of **swindlers**. They might swindle you out of your money.	해외여행 할 때는 항상 사기꾼들을 조심해. 사기 쳐서 네 돈을 가져갈 수도 있어.
A pyramid scheme is a scam. Anyone involved in one is a **scam artist**.	다단계 판매는 사기야. 그거에 얽혀 있는 사람은 다 사기꾼이야.

● fraud

fraud는 거짓말을 잘하지만, 그 목적이 항상 돈은 아니다. fraud에는 '사기꾼'과 '사기'라는 두 가지 뜻이 있다.

You **fraud**, you only married her for her money.	이 사기꾼아, 넌 그 여자 돈 때문에 결혼했지?
Voice phishing is a type of phone **fraud**.	보이스 피싱은 전화 사기 중의 하나다.

● con artist(또는 con man)

제일 대단한 사기꾼이다. 이런 사람은 다른 사람을 사칭해서 상대방의 신뢰(confidence)를 얻는다. con artist의 con은 confidence를 줄인 말이다. 미국에서 가장 잘 알려진 con artist는 영화《캐치 미 이프 유 캔Catch Me If You Can》의 주인공으로 나온 프랭크 애버그네일이다. 그는 항공기 조종사, 보조 교사, 의사와 변호사를 사칭했다.

When Frank Abagnale was caught, he was the youngest **con man** in American history.	프랭크 애버그네일이 체포됐을 때 그는 미국 역사상 최연소 사기꾼이었다.

▌사납다

feisty라는 단어를 쓴다. 영어에서는 이 말이 항상 부정적인 의미는 아니다. 여자 성격이 '거침없다'고 할 때도 이 말을 쓴다.

My cat gets **feisty** if you touch her.	우리 고양이는 건드리면 사나워져.
My girlfriend has a **feisty** side to her that I like.	난 내 여자친구의 거침없는 면을 좋아해.

▌사람 되다/철들다/나잇값 하다

〈사람 되다〉를 직역하여 become a person이라고 하면 미국 사람들은 아무도 이해하지 못할 것이다. 〈사람 되다〉, 〈철들다〉, 〈나잇값 하다〉는 아래 예문처럼 말하자.

When are you going to **grow up**?	너 언제 사람 될래? (너 언제 철들래?)
You need to start **acting your age**.	너 언제 사람 될래? (너 나잇값 좀 해라.)

▌상남자

대다수 남자들이 되고 싶다고 꿈꾸는 〈상남자〉는 man's man이다.

[At a friend's wedding]	[친구 결혼식에서]
A: Look at that couple. They're perfect for each other.*	A: 저 커플 좀 봐. 둘이 천생연분이야.
B: I'll say. One's a **man's man** and the other is an ideal woman.	B: 그러게. 남자는 상남자고 여자는 이상적인 여성이네.

* p. 195 '천생연분' 참고

▌아부쟁이(아첨꾼)

brown-nose 또는 brown-noser다. 왜 이 단어가 〈아부쟁이(아첨꾼)〉를 뜻하게 되었을까? 이것은 남의 엉덩이를 핥다가 똥이 코에 묻을 정도로, 뭔가 원하는 것을 얻기 위해 아부 떠는 사람의 모습을 묘사한 표현이다. 한국에서 쓰는 비속어 표현 중 '남의 똥꼬를 빤다'와 일맥상통하는 표현이다. brown-nose는 '아부하다(아첨하다)'라는 뜻의 동사로도 쓰인다.

I hate him. He's a **brown-noser**.	난 쟤가 정말 싫어. 완전 아부쟁이야.
The worst student in the class **was brown-nosing** his teacher for a better grade.	반에서 공부를 제일 못하는 학생이 점수를 올려 달라고 선생님께 아부를 떨었다.

▌어리광부리다

미국에서는 애처럼 행동하는 것을 절대로 좋게 보지 않는다. 그래서 '어리광부리다'를 영어로 정확히 표현하기가 어렵다. 한국에서는 어리광부리는 주체가 누구냐에 따라 그 사람이 귀여울 수도 있다. 귀엽다면 act cute로, 짜증 나면 act like a child라고 말하자. (→ p.192 '애교 부리다' 참고)

My son always **acts cute** when he wants me to buy him a toy, because it works on me.	우리 아들은 장난감을 사고 싶을 때 내게 어리광을 부려. 그게 통하거든.
He's a grown man but still **acts like a child** when he doesn't get his way.	그는 다 큰 남자가 아직도 자기 마음대로 안 되면 어리광을 부려.

▌욕심이 있는(야망 있는)

긍정적인 의미일 때는 a desire to succeed(성공하고 싶은 마음) 또는 ambitious로 표현한다.

I have **a desire to succeed**.	난 성공하고자 하는 욕심이 있어.
I'm **ambitious**.	나는 야심이 있어.

부정적인 의미일 때는 greed(탐욕)를 쓴다.

Greed is insatiable.	탐욕은 만족시킬 수가 없다.
I lost the game because I got **greedy**.	나는 욕심내다가 게임에서 졌어.

'돈 욕심'처럼 무엇에 대한 욕심인지 나타낼 때는 desire for 또는 love of와 같이 쓴다.

Her **desire for** fame nearly killed her.	명성에 대한 욕심을 부리다 그녀는 죽을 뻔했다.
Scrooge's **love of** money made him a lonely and bitter man.	스크루지는 돈 욕심 때문에 외롭고 혹독한 사람이 되었다.

▌입이 가볍다/입이 무겁다

영어에는 딱 들어맞는 표현이 없다. 그냥 상황을 구체적으로 설명하자.

He **talks a lot**.	그는 입이 가벼워(말을 많이 해).
He **doesn't talk a lot**.	쟤는 입이 무거워(말을 많이 안 해).
She**'s quiet**.	그녀는 조용한 사람이야(입이 무거워).

▌입이 싸다

입이 싼 사람은 수다쟁이고 비밀을 못 지킨다. 영어로 그런 사람을 big mouth라고 부른다.

If you have a secret, don't tell him. He has a **big mouth**.	비밀이 있으면 쟤한테는 얘기하지 마. 쟤는 입이 싸.
Could you please shut your **big mouth** for just one minute?	너 제발 일 분만 입 좀 다물고 있어 줄래?

▌잘난 척하다

A act like *A*'s better than *B*라고 한다.

Just because her family has more money than mine, she **acts like** she**'s better than** me.	그 사람은 자기 가족이 우리 가족보다 돈이 많다고 잘난 척해.
No one at work likes him because he **acts like** he**'s better than** everyone else.	그 인간은 잘난 척을 하도 많이 해서 회사에서 아무도 안 좋아해.

▌정상이 아니다

"저 사람 정상이 아니야"라고 말할 때 미국 사람들은 He's not normal.이라고는 잘 말하지 않는다. 보통은 weird(이상한)를 쓰지만, 그것도 그 상태가 일상적인지 일시적인지에 따라 다르게 표현한다. 일시적일 때에는 현재진행시제로 나타낸다.

일상적인 상황 **He's weird**. 쟤는 정상이 아니야.

일시적인 상황 **He's acting weird (today)**. 쟤 (오늘) 뭔가 이상해.

착하다

nice, sweet, kind 등을 쓸 수 있다. 상대방을 얼마나 잘 아느냐에 따라 쓰는 단어가 다르다. 낯선 사람이나 적당히 아는 지인은 nice 또는 sweet하다고 말할 수 있지만, kind한지 판단하기는 어렵다. 친한 친구 또는 애인이 되어 그 사람의 친절을 몸소 체험한 후에는 kind를 쓴다. 셋의 뉘앙스 차이를 예문을 통해 확인하자.

nice	sweet	kind
일반적으로 가장 흔히 쓰는 말	생일을 기억해 주는 등 남을 잘 챙겨 주는 다정함 강조	배려심이 깊고, 남을 기꺼이 도와주며, 함께 울고 웃어주는 친절함 강조

A: How was your blind date?

B: It was okay. He was **nice**.

A: So… not sexy, huh?

A: My coworker is so **sweet**. He always notices when I change my hairstyle.

B: Maybe he likes you.

A: No, that's just the way he is.

A: What do you like most about your boyfriend?

B: The thing I like most about him is that he's **kind**. He helps me when I need help, listens when I'm sad, and tries to see things from my perspective.

A: 소개팅 어땠어?

B: 괜찮았어. 착한 사람이었어.

A: 흠, 매력적이진 않구나?

A: 내 동료는 정말 착해. 내가 헤어스타일을 바꿀 때마다 알아봐 줘.

B: 널 좋아하는 거 아니야?

A: 아니, 원래 성격이 그래.

A: 네 남자친구의 어떤 점이 제일 좋아?

B: 제일 마음에 드는 건 착하다는 점이지. 내가 도움이 필요할 때 도와주고, 슬플 때 내 말을 들어주고, 내 입장에서 모든 것을 보려고 노력해.

참견하기 좋아하다

남의 일에 참견하기 좋아하는 사람을 가리켜 nosey하다고 한다(nosy로도 쓴다).

My **nosey** neighbor knows all the latest gossip in the neighborhood.

매사 참견하기 좋아하는 우리 이웃은 동네의 새로운 소문은 다 알아.

철없다

immature(미성숙한) 또는 childish(유치한), don't know any better 등 여러 가지 방식으로 표현할 수 있다.

He's so **immature**.	쟤는 너무 철이 없어.
It's really **childish** that you're nitpicking at everything.	네가 하나하나 트집 잡는 게 진짜 유치하다는(철없다는) 거 알아?
He **doesn't know any better**.	걔는 너무 뭘 몰라.

크리스천

천주교 신자와 개신교 신자는 모두 〈크리스천〉이다. 개신교 신자만 '크리스천'이라고 부르는 것은 잘못된 것으로, 외국 사람들에게 혼란을 일으킬 수도 있다.

| A: I'm **Christian**. | A: 나 크리스천이야. |
| B: Catholic or Protestant? | B: 천주교 아니면 기독교? |

개신교는 교파가 많이 갈려 있기 때문에 개신교를 믿는 사람들은 흔히 자기가 어느 교파인지 명확히 한다. (→ p.139 '모태 신앙을 가진 신자' 참고)

| I **grew up Presbyterian**. | 난 어릴 때부터 장로교회를 다녔어. |
| I **was raised Baptist**. | 난 어릴 때부터 침례교회를 다녔어. |

통이 크다

generous한 사람이 〈통이 크다〉.

| He's **generous**. | 저 사람 통이 커. |
| He's **not cheap at all**. | 저 사람 절대로 인색하지 않아. |

generous는 돈에만 관련된 것이 아니다. 목적어가 있을 때는 with를 같이 쓴다.

| He's **generous with** his time and money. | 그는 자기 시간과 돈을 후하게 내 줘. |

허세가 있다/허세를 부리다

영어로 〈허세가 있다〉, 〈허세를 부리다〉를 표현하는 방법은 세 가지이다.

just for show	**all talk**	**B.S.** (bullshit의 줄임말)
남에게 보여주기 위해서만 하는 행동	(1) 말만 하고 제대로 하는 것이 없다	증거 없이 허풍을 떨거나 헛소리를 하다
	(2) 증거 없이 과장된 이야기나 뻔한 거짓말을 하다	(shit이 욕이므로 bullshit보다는 B.S.로 쓰는 것이 좋다.)

- Everything North Korea does is **just for show**.

  He pretends to have a lot of money, but it's **just for show**.

  북한이 하는 짓은 다 허세야(남한테 보여주기 위한 쇼야).

  그 남자는 돈이 많은 척을 하는데 다 허세야.

- He's **all talk**. He says he's going to do it, but he's not going to.

  He's **all talk**. He said he used to date a supermodel but doesn't have a single picture of them together.

  쟤 그냥 허세 부리는 거야. 한다고 말만 하지 실제로는 안 할걸.

  쟤 허세 부리는 거야. 전에 슈퍼모델하고 사귀었다고 했는데 같이 찍은 사진이 한 장도 없어.

- Don't **B.S.** me. I know you're lying.

  나한테 허세 부리지 마. 너 거짓말하는 거 다 알아.

- A: Guitar is my life.
- B: **B.S.** You started learning how to play the guitar last week.

  A: 난 기타 없이 못 살아.
  B: 헛소리 하네. 너 기타 지난주부터 배우기 시작했잖아.

한 가지 주의할 점이 있다. 사전을 보면 '허세'를 bluff라고 하는데 이는 정확한 표현이 아니다. bluff는 '속임수'에 가깝다. 예를 들어, 포커를 칠 때 카드가 안 좋음에도 불구하고 큰 돈을 거는 것과 같은 행동이 bluff이다. 의도는 '상대방을 속이는 것'이다. 또 다른 예를 들자면, 구직자가 채용되기 전 연봉 협상을 할 때도 bluff할 수 있다. 회사가 자기를 마음에 들어 하는 것이 눈에 보일 때, 다른 회사도 자기를 고용하고 싶어한다고 약간의 거짓말을 한다면 그는 자기 몸값을 더 높이기 위해 bluff하는 것이다.

- A: He threatened to quit.
- B: He's **bluffing**. He won't quit because he needs the money.

  A: 그가 일을 그만둘 거라고 협박했어.
  B: 엄포를 놓는 거야. 걔 돈이 필요해서 못 그만둬.

▌효도하다/효자/효녀

〈효도하다〉나 〈효자〉, 〈효녀〉에 해당하는 영어 표현은 be a good son/daughter이다. 어떻게 효도하는지 자세히 설명하면 된다.

She **was a good daughter** to her mother.	그녀는 자기 엄마에게 효도했어. (그녀는 효녀였어.)
He**'s a good son**. He calls often, does everything he needs to do, and I never have to worry about him.	우리 아들은 효도 많이 하지(효자야). 자주 전화하고, 할 일은 알아서 다 하거든. 그래서 아들 걱정은 아예 안 해도 돼.

영어에도 filial piety라고 '효도' 자체를 가리키는 말은 있다. 하지만 대화할 때는 거의 쓰지 않는 말이기 때문에 굳이 알아둘 필요는 없다.

PART II

주제별
핵심 표현

CHAPTER 1

신체·몸의 기능

까치머리

morning hair는 아직 미국에서 표준어라고 할 수는 없지만, 날이 갈수록 자주 쓰이고 있다. 비슷한 표현인 hat hair가 사전에 실려 있기 때문에 설사 듣는 사람이 morning hair를 처음 들어 보았더라도 얼추 의미를 이해할 수 있다.

It takes my girlfriend forever to fix her **morning hair**.	내 여자친구는 까치머리를 정리하는 데에 시간이 엄청 오래 걸려.
Don't wear a hat right after a shower if you don't want **hat hair**.	머리 눌리는 게 싫으면 샤워를 하자마자 모자 쓰지 마.

참고로, 소가 핥은 것처럼 위로 선 머리 형태는 글자 그대로 cowlick이라고 한다.

He had a **cowlick**.	쟤 머리카락 한 가닥이 서 있어.

대머리

형용사 bald를 쓰거나 go bald(머리가 벗어지고 있다)를 써서 표현할 수 있다.

A: Who's the owner of this restaurant?	A: 여기 식당 사장님이 누구야?
B: The middle aged **bald** man.	B: 저 대머리 아저씨.
He's young, but he's already **going bald**.	쟤는 젊은데 벌써 머리가 벗어지고 있어.

'머리가 빠지기(lose *one's* hair, *one's* hair falls out) 시작하다'는 start balding/to bald라고 한다.

A: My brother **is starting to bald**.	A: 우리 형은 대머리가 진행되고 있어.
B: Already? When did he **start losing** his **hair**? / Already? When did his hair **start to fall out**?	B: 벌써? 언제부터 머리가 벗어지기 시작했는데?

머리가 빠지는 것은 주로 나이 때문이다. 하지만 '일부러 머리를 밀어서 대머리가 되는 상황'을 표현하고 싶다면 아래의 예문을 참고하자.

I want to shave my head. / I want to try going bald for a while.	나 머리를 박박 깎고 싶어.

go bald 앞에 동사 try가 나오기 때문에 '의도적으로' 대머리가 되려고 한다는 의미가 전달된다.

어떤 사람들은 앞에서부터 뒤로 조금씩 머리가 **빠지는**데, 그러한 머리 선을 receding hairline이라고 한다.

A: Your friend looks much older than he is.	A: 네 친구는 실제 나이보다 훨씬 더 나이 들어 보인다.
B: It's because of his **receding hairline**.	B: 머리 선이 올라가고 있어서 그래.

▌ 머리가 아프다

have a headache 또는 *one's* head hurts라고 말한다.

A: My **head hurts**.	A: 나 머리 아파.
B: Oh, you **have a headache**? You should lie down.	B: 어, 머리 아프다고? 그러면 좀 누워 있어.
A: Good idea.	A: 좋은 생각이야.

참고로, 슬러시나 냉면, 아이스크림 등 차가운 것을 한번에 **빨리** 먹으면 찌릿하면서 머리가 아프다. 이때의 고통스러운 느낌을 brain freeze라고 말한다.

A: Let's see who can drink the slushies faster.	A: 슬러시를 누가 더 빨리 마실 수 있나 보자.
B: No! I don't want a **brain freeze**.	B: 안 해! 머리 아프기 싫어.

▌ 머리를 자르다

I cut my hair.는 '스스로 자기 머리카락을 잘랐다'라는 뜻이다. 대개 미용실이나 이발소에 가서 다른 사람 손에 머리를 맡겨 자르기 때문에 get a haircut이라고 한다.

I'm so broke that **I cut my own hair**.	난 돈이 없어서 스스로 머리를 잘라.
I'm tired of my hairstyle; I want to **get a haircut**.	내 헤어스타일에 질렸어. 머리 깎고 싶어.

▌ 염색하다

dye *one's* hair라는 표현을 쓴다. 참고로, '염색약'은 hairdye다.

What color are you going to **dye** your **hair**?　어떤 색깔로 머리를 염색할 거야?

▌ 파마하다

get/have a perm이라는 표현을 기억하자.

A: My mom **has a perm**.

B: I think it's a rule that once a Korean woman becomes middle-aged, they **get a perm** every other month.

A: 엄마가 머리를 파마했어.

B: 한국에서는 여자들이 중년이 되면 두 달에 한 번씩 파마하는 게 규칙인가 봐.

▌눈곱

전문 용어로는 eye discharge이지만 일반적으로는 eye boogers(눈 코딱지)라고 한다. 그러나 eye boogers라는 표현이 유치하다고 생각하는 사람도 많다. 그런 사람들은 흔히 Eyes are crusty.라고 표현한다.

A: Did you wash your face this morning?

B: Yeah, why?

A: You still have **eye boogers**. / **Your eyes are crusty**.

A: 너 오늘 아침에 세수했어?

B: 응, 왜?

A: 눈에 아직도 눈곱이 꼈어.

▌눈이 좋다/눈이 나쁘다

〈눈이 좋다〉는 have good eyes라고 표현하면 된다. 그렇다면 〈눈이 나쁘다〉는? good만 bad로 바꿔서 have bad eyes라고 말한다.

A: How can you see something so far away?

B: I **have good eyes**.

A: How can you not read the sign right in front of you?*

B: I **have** really **bad eyes**.

A: 저렇게 멀리 있는 게 어떻게 보여?

B: 난 눈이 좋아.

A: 바로 앞에 있는 간판이 어떻게 안 보이지?

B: 난 눈이 무지 나빠.

* How can't you read ~?보다 더 '놀람'을 강조하는 표현으로, '어떻게 ~을 볼 수 없는지 진짜 기가 차다'라는 뉘앙스를 전달한다.

▍ 다크서클

dark circles도 쓰긴 하지만, have bags under *one's* eyes(눈 아래에 가방이 있다)라는 표현을 더 자주 쓴다.

A: You look tired.

B: How did you know?

A: You **have bags under** your **eyes**. /
You have **dark circles** under your eyes.

A: 너 피곤해 보인다.

B: 어떻게 알았어?

A: 눈 밑에 다크서클이 있어.

▍ 사시/약시

어떤 사람이 '사시이다'라고 할 때는 be cross-eyed, '약시이다'는 have a lazy eye라고 말한다.

Is he **cross-eyed** or does he **have a lazy eye**?   걔는 사시야 약시야?

▍ 쌍꺼풀 수술하다

'쌍꺼풀'은 double eyelid, '쌍꺼풀 수술'은 double eyelid surgery다. 그럼 '나 쌍꺼풀 수술했어'라는 말은 어떻게 할까? 내가 수술을 하는 의사가 아니라 환자라면 get double eyelid surgery(쌍꺼풀 수술을 받다)라고 해야 옳다.

I like guys with no **double eyelids**.

I can tell she **got the double eyelid surgery**.

나는 쌍꺼풀이 없는 남자가 좋아.

저 여자 쌍꺼풀 수술한 게 티가 난다.

냄새나다/냄새 맡다

둘 다 smell을 쓴다. 주어가 사람이면 smell은 〈냄새 맡다〉, 주어가 사람이 아니면 smell
은 〈냄새나다〉란 뜻이다.

This smells good/bad. 　　　　　　　　　이거 냄새 좋다. / 이거 냄새가 안 좋다.

Kate, **smell** this flower. **It smells** like honey. 　케이트, 이 꽃 냄새 맡아 봐. 꿀 냄새가 나.

아래 단어들은 다 '냄새'와 관련이 있다. 뜻이 명확한 단어도 있고 모호한 것도 있다. 용법
을 확인하자.

긍정적 의미	뜻	용법
aroma(명사)	향기, 아로마	'식물, 향신료, 요리'에 쓸 때
fragrance(명사)	향기	'꽃처럼 달콤한 향기'를 나타낼 때 (형 fragrant)
scent(명사)	향기	'냄새가 좋은 모든 것'을 포괄적으로 나타낼 때 (형 scented)

중립적인 의미	뜻	용법
smell(명사, 동사)	냄새, 냄새나다/냄새 맡다	'모든 것의 냄새'를 나타낼 때
whiff(명사)	훅 풍기는 냄새	'훅 풍기는 모든 냄새'를 의미할 때

부정적 의미	뜻	용법
odor(명사)	악취	'체취'를 표현할 때
pungent(형용사)	찌르듯이 지극하는	'(식초처럼) 톡 쏘는 지극적인 냄새'를 말할 때
stench(명사)	구린내	'썩은 고기나 똥, (안 좋은) 입 냄새'를 나타낼 때
stink(명사/동사)	악취, 악취가 풍기다	'썩은 고기나 똥, (안 좋은) 입 냄새'를 나타낼 때

■ There's nothing better than waking up
to the **aroma** of fresh coffee.

아침에 갓 내린 커피 향기를 맡으면서
눈을 뜨는 것보다 더 멋진 일은 없지.

■ A: Why don't you like flowers?

A: 넌 왜 꽃을 싫어해?

B: I have a sensitive nose, and sometimes
they're too **fragrant** for me.

B: 난 코가 예민한데, 가끔 꽃은 향기가
너무 세.

■ A: What should I get her for her birthday?

A: 걔 생일 선물로 뭐 사주는 게 좋을까?

B: She likes **scented** candles.

B: 걔는 향초 좋아해.

A: Are you wearing cologne?

B: No, why?

A: I just got a **whiff** of it.

You smoked in here, didn't you? There's an **odor** of cigarette smoke in here.

It's a little **pungent**. I think there's too much garlic in here.

A: What is this **stench**?

B: I don't know. It smells like something died in here.

You need to take a shower. You **stink**.

A: 너 향수 뿌렸어?

B: 아니, 왜?

A: 향수 냄새가 살짝 나서.

너 여기서 담배 피웠지? 안에서 담배 냄새나.

이거 조금 톡 쏘는 냄새가 나. 여기에 마늘이 너무 많이 들어갔나 봐.

A: 이 악취 뭐야?

B: 나도 몰라. 이 안에서 시체 썩는 냄새가 나.

너 샤워해야겠다. 냄새가 고약해.

코가 막히다

간단히 be stuffy를 쓰든가 have a stuffy nose라고 말하면 된다.

A: Why are you breathing through your mouth?

B: My nose **is stuffy**. / I **have a stuffy nose**.

A: 왜 입으로 숨 쉬고 있어?

B: 코가 막혔어.

코가 오뚝하다/콧대가 높다

콧구멍과 이마를 연결하는 부분을 nose bridge(콧날)라고 한다. 코가 높아서 아름답다고 말하고 싶으면 그냥 코가 nice/pretty하다고 말하자. 미국에서는 콧날 얘기를 많이 하지 않기 때문에 nose bridge가 무엇인지조차 모를 수 있으므로 구체적으로 말할 필요는 없다. pretty nose라고만 해도 충분하다.

Korean: She has a nice nose bridge.

American: Huh? What do you mean?

Korean: Her nose bridge. It's high.

American: I have no idea what you're talking about.

Korean: She has a **pretty nose**.

American: Oh, I agree.

한국인: 저 여자 콧대가 예쁘다.

미국인: 응? 그게 무슨 말이야?

한국인: 콧대가 있잖아. 코가 오뚝하다고.

미국인: 네가 지금 하는 말이 무슨 뜻인지 모르겠어.

한국인: 코가 예쁘다고.

미국인: 아, 인정.

코를 골다

〈코를 골다〉라는 뜻의 snore에는 명사로 '코 고는 소리', '코 골기'라는 뜻도 있다.

My husband **snores** like a bear.	내 남편은 곰같이 코를 곤다.
Everyone in the room was woken up by his **snore**.	방의 사람들이 다 그의 코 고는 소리 때문에 잠이 깼어.

코를 풀다

blow *one's* nose라고 한다.

Hand me a tissue. I have to **blow** my **nose**.	티슈 좀 줘. 코를 풀어야 돼.

코를 후비다/코딱지

'코를 후비는(pick *one's* nose)' 이유는 〈코딱지(booger)〉를 제거하기 위해서다.

He **was** shamelessly **picking** his **nose** on the subway. And then he flicked the **booger** off his finger.	그는 창피한 줄도 모르고 지하철에서 코를 후비고 있었다. 그리고 손가락에 붙은 코딱지를 털어 버렸다.

코를 훌쩍이다

간단히 동사 sniffle을 쓰면 된다.

Stop **sniffling** and just blow your nose!	코 그만 훌쩍거리고 그냥 코 풀어!

코피 나다

여러 방식으로 말할 수 있다. 예문을 보자.

My nose is bleeding.	나 코피가 나고 있어.
I have a bloody nose.	나 코피가 나고 있어.
I got a nosebleed.	나 코피 났어.
My nose is bleeding from both nostrils.	나 쌍코피 났어.

▌콧구멍

nose hole(s)가 아니라 nostril(s)를 써야 한다.

There's a hair sticking out of your **nostril**.   네 콧구멍에서 털이 삐져나왔어.

▌콧물 나다

〈콧물 나다〉는 두 가지 방식으로 표현 가능한데 아예 예문째 외우자.

My nose is running. /
I have a runny nose.   나 (계속) 콧물이 나.

▌콧수염/턱수염

일반적으로 '수염'이라고 하면 〈턱수염〉을 생각한다. 이것은 beard다. 〈콧수염〉은
mustache인데, moustache라고도 표기한다.

Your **mustache** looks like a Hitler **mustache**.   네 콧수염은 마치 히틀러의 콧수염 같아.

Why are you growing a **beard**? Shave that off   턱수염은 대체 왜 기르는 거야? 당장
right now!   밀어 버려!

▌킁킁거리다

킁킁거리며 냄새 맡는 것은 sniff이다.

I spilled some bulgogi juice on the rug   내가 일주일 전에 불고기 국물을 카펫에
a week ago, and my dog still **sniffs** it.   흘렸는데, 내 강아지가 아직도 킁킁거리며
냄새를 맡아.

불다

공기를 blow(불다)하여 촛불을 blow out하고, 뜨거운 커피는 blow on해서 마신다.

Blow as hard as you can.	후 하고 힘차게 불어 보세요.
Make a wish before you **blow out** the candles.	촛불을 불기 전에 소원 빌어.
If the coffee is too hot, **blow on** it a little bit.	커피가 너무 뜨거우면 입으로 좀 후후 불어.

빨다

음료수를 빨 때 빨대로 suck on하지만, 실생활에서는 suck(빨다)보다 drink라는 단어로 표현하는 것이 일반적이다. drink *something* through a straw라고 말하자.

Why are you **sucking** the coffee through a straw? Drink it like a man!	왜 커피를 빨대로 빠는 거야? 남자답게 마시라고!
I like to **suck on** candy when I concentrate.	난 집중할 때 사탕 빠는 걸 좋아해.
I **drink** iced coffee **through a straw**.	난 빨대로 아이스 커피를 (빨아) 마셔.

사랑니를 뽑다

get *one's* wisdom teeth taken out. '사랑니'를 wisdom teeth라고 부르는 이유는 사랑니가 상대적으로 다른 이보다 늦게, 즉 '사람이 성장해서 지혜를 갖추게 될 때' 나오는 이라는 뜻에서 그렇게 이름이 붙었다고 한다.

I'm taking pain killers because I **got** my two top **wisdom teeth taken out** yesterday.	어제 위의 사랑니 두 개를 뽑아서 진통제를 먹고 있어.

참고로, get *one's* wisdom teeth taken out은 get a haircut(머리를 자르다)과 구조가 같다. 사랑니를 뽑는 것은 대개 스스로 하는 것이 아니라 병원에 가서 '시술을 받는(get)' 것이다.

163

▌ 삼키다

swallow로 말한다.

My aunt couldn't **swallow** pills until she was in middle school.

우리 이모는 중학생 때까지 알약을 못 삼켰어.

▌ 씹다

동사 chew를 쓴다. '껌'은 chewing gum이다.

Chew with your mouth closed.

그만 입 다물고 음식을 씹어.

▌ 아침에 나는 입 냄새

아침에 잠에서 깨면 입이 텁텁하면서 입에서 기분 나쁘고 역한 냄새가 나는 것을 느낀다. 이것을 morning breath라고 한다.

She won't kiss me in the morning because of my **morning breath**.

내 입 냄새 때문에 그녀는 아침에 키스를 안 해 줘.

▌ 양치질하다/치실질하다

칫솔로는 brush *one's* teeth하고, 치실로는 floss한다.

For a beautiful smile, **brush** your **teeth** and **floss** regularly.

아름다운 미소를 가지려면 정기적으로 양치질과 치실질을 하세요.

▌ 입술이 트다

chap(트다)은 흔히 수동형으로 쓴다.

A: My lips **are chapped**.

B: I have lip balm. Do you want it?*

A: 내 입술이 텄어.

B: 나한테 립밤이 있는데, 쓸래?

* 흔히 lip balm(립밤)을 chapstick이라고 하지만 원래 ChapStick은 립밤을 만드는 회사 이름이다.

긁다/할퀴다

scratch를 쓴다. 앞뒤 맥락을 보면 어떤 의미인지 알 수 있다.

A: I got a mosquito bite.

B: Don't **scratch** it. You'll make it worse.

My cat got scared and **scratched** my face.

A: 나 모기 물렸어.

B: 긁지 마. 더 심해져.

내 고양이가 겁을 먹고 내 얼굴을
할퀴었어.

손가락이 쭈글쭈글해지다

물속에 손을 너무 오래 넣어 놓으면 손가락이 쭈글쭈글해진다. 이때 손가락이 말린 자두
처럼 쭈글쭈글하다는 의미에서 pruny(말린 자두 같은)라고 말한다.

A: I don't like doing the dishes because
   I don't like my fingers getting **pruny**.

B: Then wear gloves.

A: I don't like gloves, either.

A: 손가락이 쭈글쭈글해지니까 설거지
   하는 게 싫어.

B: 그럼 고무장갑을 껴.

A: 장갑 끼는 것도 싫어.

참고로, 영어로 손가락 명칭도 함께 알아두자.

thumb 엄지
index finger 검지

middle finger 중지
ring finger 약지
pinky 새끼손가락

손톱을 깎다

clip *one's* nails하려면 nail clipper(손톱깎이)가 필요하다.

Don't **clip** your **nails** so short.

I feel dirty using a **toe nail clipper**
for my fingers.

손톱을 너무 짧게 깎지 마.

발톱깎이로 손톱 깎는 건 찝찝해.

▍오른손잡이/왼손잡이/양손잡이

한국어와 달리 영어에서는 형용사로 나타낸다. right-handed(오른손잡이인), left-handed (왼손잡이인), ambidextrous(양손잡이인)를 알아 두자.

Most people in the world are **right-handed**.	이 세상 대부분의 사람은 오른손잡이다.
I'm **left-handed**.	난 왼손잡이야.
I would be more efficient at my job if I were **ambidextrous**.	내가 양손잡이면 일을 더 효율적으로 할 수 있을 텐데.

▎S라인

〈S라인〉을 뜻하는 curves는 여자에게만 쓴다. 그런데 미국 사람들이 말하는 curves와 한국에서의 S라인은 체격 면에서 차이가 있다. 예문을 통해 차이점을 알아보자. (→ p.131 'V라인' 참고)

Korean: I like women with **curves**.

American: Oh? I thought you only liked thin women.

Korean: What does having curves have to do with size?

American: In America, a woman with curves usually means a big woman.

한국인: 난 몸매가 S라인인 여자가 좋아.

미국인: 어? 넌 날씬한 여자만 좋아하는 줄 알았는데.

한국인: S라인하고 여자 체격하고 무슨 상관이야?

미국인: 보통 미국에서는 'curves 있는 여자'라고 하면 체격이 큰 여자를 뜻하거든.

▎가슴

여자는 breast, 남자는 chest이다.

She has big **breasts**.

He has a big **chest**.

저 여자는 가슴이 커.

저 남자는 가슴이 넓어.

사실, 여자에게는 breast와 chest 둘 다 있다. 여자의 breast는 정확하게는 '유방'을 가리킨다. chest는 '가슴 부위(흉부)'이다. 따라서 살이 많이 쪘거나 체형이 조금 특이한 경우를 빼면 일반적으로 남자는 breast가 없다.

▎다리가 늘씬한(쭉 뻗은)

여자의 길고 늘씬한, 아름다운 다리를 말할 때 leggy라는 단어를 쓴다.

I once dated a **leggy** blond.

난 한때 다리가 길고 늘씬한 금발 머리 여자하고 사귀었어.

등허리

등과 허리를 아울러 뜻하는 말인 〈등허리〉는 영어로 lower back이다. 맥락상 등허리를 가리킨다는 것을 알 수 있다면 lower back 대신 그냥 back이라고 말해도 된다.

My **lower back** hurts.	나 등허리가 아파.
It's heavy. Be careful not to hurt your **back**.	무거워. 등허리 안 다치게 조심해.

똥배/배가 나오다

〈똥배〉는 beer belly나 gut이다. 배가 살짝 나온 정도는 귀여워 보일 수 있지만, beer belly나 gut이면 보기 불편할 정도로 배가 나온 것이다. 〈배가 나오다〉는 get/have a belly로 표현한다.

A: I need to lose weight. I'm starting to **get a belly**.	A: 나 살 빼야 돼. 배가 나오기 시작했어.
B: Why? I like your little **belly**.	B: 왜? 난 너의 살짝 나온 배가 좋은데.

흔히 술을 많이 마셔서 나오는 '술배' 또한 beer belly다.

A: Maybe you should start drinking less.	A: 너 술 좀 줄이는 게 어때?
B: That's a good idea. My **beer belly** is getting bigger.	B: 좋은 생각이야. 내 술배가 점점 더 나오고 있어.

gut은 상황에 따라 단순히 '배' 부위를 뜻할 수도 있다.

Wow, his **gut** is so big that I think he can balance a plate on it.	와, 쟤는 배가 너무 나와서 배에다 접시를 반듯하게 올려놓을 수도 있겠는데.
My friend accidentally punched me in the **gut**.	친구가 뜻하지 않게 내 배를 주먹으로 쳤어.

참고로, gut에는 '용기', '담력'이라는 뜻도 있다. 보통 '~할 용기가 있다'는 'have the guts to+동사'로 쓴다.

He doesn't **have the guts to** stand up to his boss.	그에게는 상사한테 맞설 용기가 없어.

gut에는 '직감'이라는 뜻도 있다.

A: I don't know what to do.

B: What does your **gut** say?

A: My **gut** says to start my own business, but it's so risky.

B: Yeah, but I think it's better to go with your **gut** feeling.

A: 어떻게 해야 할지 모르겠어.

B: 네 직감은 어때?

A: 내 직감은 내 사업을 시작하라고 하는데, 리스크가 너무 커.

B: 그렇지. 하지만 네 직감을 따르는 게 좋을 것 같아.

▌ 발바닥

the bottom of *one's* foot이라고 한다.

I stepped on an ant hill and got bitten all over **the bottom of** my **foot**.

개미집을 밟아서 발바닥이 다 물렸어.

▌ 배/위

보통은 stomach를 쓴다. belly도 '배'라는 뜻의 단어인데, 복부에 속한 장기까지 포함해 '복부 전체' 부위를 가리킨다. 그에 비해 stomach는 '위'나 '배 속'을 뜻한다.

Never drink on an empty **stomach**.

He has a beer **belly**.

절대로 빈속에 술을 마시지 마.

쟤는 똥배(술배)가 나왔어.

stomach를 명사로만 아는 사람이 많지만, '참다'라는 뜻의 동사로도 쓴다.
(→ p.90 '참다' 참고)

My girlfriend can't **stomach** gross things.

내 여자친구는 징그러운 걸 못 참아.

▍ 배꼽

navel은 의학 용어다. 일상행활에서는 belly button이라고 부른다.

If your **navel** hurts, it could be serious.	배꼽이 아프다면 건강상 심각한 문제일 수도 있습니다.
I want to get my **belly button** pierced.	나 배꼽 피어싱하고 싶어.

▍ 배탈 나다/위에 경련이 나다

배에 탈이 나서 아프거나 위에 경련이 일어났을 때는 stomachache를 써서 표현한다. '위경련'은 stomach cramps다.

I have a **stomachache**.	나 배탈 났어.
I think I have **stomach cramps**.	나 위경련 왔나 봐.

참고로, '비위가 약하다'를 말하고자 할 때는 stomach 앞에 weak을 붙인다.

I have a **weak stomach**.	난 비위가 약해.

▍ 복근

〈복근〉은 abdominal muscles이다. 줄여서 abs, 또는 six pack이라고 부른다.

I like guys with a **six pack**.	난 식스팩(복근) 있는 남자가 좋아.

▍ 엉덩이

미국에서는 보통 〈엉덩이〉를 butt이라고 한다. 한국 사람들이 흔히 쓰는 '힙(hip)'은 엉덩이가 아니라 '골반'이다.

Some men prefer women with big **butts**.	어떤 남자들은 엉덩이가 큰 여자를 좋아한다.
Women have wider **hips** than men.	여자 골반이 남자 골반보다 더 넓다.

▌허리둘레

'허리'는 waist, 〈허리둘레〉는 waistline이다.

An expanding **waistline** is a sure sign that you're gaining weight.

허리둘레가 늘어난다는 것은 살이 찌고 있다는 확실한 증거다.

▌허벅지

thigh. 허벅지를 말할 때 양쪽을 지칭하는 경우가 많으므로 흔히 복수형 thighs로 쓴다.

A: I heard if you work out your **thighs**, it'll help you lose weight.

B: The hamstrings or quadriceps?

A: Uh, not sure. Both, I assume.

A: 허벅지 운동을 하면 살 빠지는 데에 도움이 된대.

B: 햄스트링 아니면 대퇴사두근?

A: 어, 잘 모르겠어. 둘 다겠지?

(병을) 옮다

'catch A(병) from B(대상)' 구문을 익혀 두자.

Be careful not to **catch** a cold **from** your friend.

너 친구한테서 감기 안 옮게 조심해.

I **caught** the flu **from** my roommate.

나 룸메이트한테 독감이 옮았어.

병보다 '옮은 것' 자체가 더 중요하면 A get sick from B라는 표현을 쓰자.

Nurses **get sick from** their patients all year round.

간호사들은 일 년 내내 환자들에게서 병을 옮는다.

맥락상 병을 누구로부터 옮았는지 알 수 있다면 옮긴 대상을 언급할 필요는 없다.

Don't get near me. You might **get sick**.

가까이 오지 마. 옮을 수도 있어.

근육이 땅기다(아프다)

운동을 많이 해서 근육이 땅기거나 아프면 *someone* is sore 또는 *someone's* muscles are sore라고 말한다.

A: Why are you whimpering?

A: 너 왜 낑낑거려?

B: I exercised yesterday for the first time in a while, and I **am** so **sore**/my **muscles are** so **sore**.*

B: 어제 오래간만에 운동해서 근육이 너무 땅겨(근육이 너무 아파).

* for the first time in a while은 '오랜만에', '모처럼'이라는 뜻의 표현이다.

운동 때문이 아니라 근육이 그냥 아프다면 구체적으로 어디가 아픈지 부위를 말하자. 이때는 hurt(아프다)를 쓴다.

A: I can't lift that.

A: 나 그거 못 들겠어.

B: Why?

B: 왜?

A: My right bicep **hurts**. / My right arm **hurts**.

A: 오른쪽 이두박근이 아파. / 내 오른쪽 팔이 아파.

▌ 따갑다

무엇 때문에 따가운지를 알면 주어는 항상 대명사(it, this, that)이고 동사는 sting을 쓴다. 따가운 원인을 설명해야 한다면 원인을 주어로 쓴다.

It stings!	따가워!
This is going to **sting** a little bit.	이건 좀 따가울 거야.
That must've stung!	그거 따가웠겠다!
The bee sting stings.	벌침에 쏘여서 따갑다.

▌ 링거

intravenous를 줄여서 IV(intravenous의 앞 글자 i와 중간 글자 v를 따서 대문자 IV로 표기)라고 한다. '링거를 맞다'는 get an IV이다.

Getting an IV is uncommon in America.	미국에서는 링거를 맞는 것이 흔하지 않다.

▌ 멀미/멀미가 나다

motion sickness(멀미)는 크게 '뱃멀미, 비행기 멀미, 차멀미'로 나뉘는데, '~멀미가 나다'를 표현할 때는 주로 형용사를 쓴다. 아래 표를 참고하자.

뱃멀미 나는	비행기 멀미 나는	차멀미 나는
seasick	airsick	carsick

A: I get **motion sickness** easily.	A: 난 멀미가 잘 나.
B: **Carsick** or **seasick**?	B: 차멀미 아니면 뱃멀미?
A: Everything.	A: 다.
B: Do you get **airsick**, too?	B: 비행기 멀미도 해?
A: Really, everything.	A: 진짜, 뭘 타도 멀미를 해.

▌ 멍들다

get/have a bruise. 멍은 피부 '위'에 나타나므로 뒤에 전치사 on을 쓰고 해당 신체 부위를
말하자.

A: I **have a bruise** on my thigh.

B: How did you **get the bruise** on your thigh?

A: 허벅지가 멍들었어.

B: 뭐 하다가 허벅지에 멍이 생겼어?

형용사인 bruised(멍든)로 표현할 수도 있지만 get/have a bruise만큼 자주 쓰이지 않는다.

My arm is **bruised**.

난 팔에 멍들었어.

▌ 변비

〈변비〉는 constipation이다. '변비에 걸리다'를 나타낼 때는 동사 have를 쓴다. 병에 걸린
것을 나타내는 동사는 주로 have이다.

I have **constipation**.

나 변비 있어.

▌ 병에 걸리다

disease는 매우 심각한 질병을 뜻한다. 예를 들어, Alzheimer's(알츠하이머병)나 cancer(암)
같은 것이 disease의 영역에 든다. 심각한 병이 아니라면 get/be sick 정도로 충분하다.

I **got sick** from eating raw oysters.

Sorry, I**'m sick**. I can't go to work today.

He died from a **disease**.

나 생굴 먹고 탈이 났어.

죄송한데, 아파서 오늘 출근 못 하겠어요.

그 사람은 병에 걸려서 죽었어.

'어떤 장소(회사, 학교, 도시 등)에 병이 돈다'를 말하고 싶다면 something is going around
를 쓰자.

A: I'm sick and all my coworkers are sick,
too.

B: There must be **something going around**
the office. / **Something's going around**
the office, I bet.

A: 나도 몸이 안 좋고, 동료들도 다
몸이 안 좋아.

B: 회사에 뭔가 병이 돌고 있나 보다.

▌붓다

동사 swell을 쓴다. '다쳐서' 얼굴 부위가 부을 때는 swollen을 쓴다.

His ankle started to **swell** right after he sprained it.

그가 발목을 삐끗하자마자 발목이 붓기 시작했다.

His lips are **swollen** from being punched in the face.

주먹에 얼굴을 맞아서 그의 입술이 부었어.

다른 이유로 얼굴이 부었으면 puffy라고 한다.

A: Why is your face so **puffy** this morning?

A: 얼굴이 왜 그렇게 부었어?

B: I had ramen late last night.

B: 어젯밤 늦게 라면을 먹었거든.

▌뼈가 부러지다

break a bone. 보통은 어디 뼈가 부러졌는지를 말한다.

I **broke my arm**.

내 팔이 부러졌어.

위의 예문을 보면 주어인 I(말하는 사람)가 일부러 팔을 부러뜨린 것은 아니기 때문에 원래는 수동태를 쓰는 것이 정확하지만, 일상 대화에서는 수동태로 쓰면 많이 어색하게 들린다.

▌삐다

ankle(발목)이나 wrist(팔목)를 삐었을 때 동사 sprain을 쓴다.

I **sprained** the same ankle twice within two weeks.

2주 동안 똑같은 발목을 두 번 삐었어.

설사

〈설사〉는 diarrhea이다. 그런데 영어에서 'have+병명'은 병에 걸린 동작이 아니라 '병에 걸린 상태'를 나타낸다. 그러므로 '설사하다'라는 동작을 have diarrhea라고 말하면 안 된다. 현재 설사가 있는 상태면 have, 과거에 있었으면 had, 지금 '설사를 하러' 화장실에 가는 상황에는 go를 쓴다. 아래 예문을 통해 차이점을 확인하자.

- I have **diarrhea**.

  나 설사병이 있어.

- A: How was your trip to Beijing?

  A: 베이징 여행은 어땠어?

  B: Good, except I **had diarrhea** the whole time.

  B: 좋았어. 그런데 내내 설사했어.
  (여행 내내 설사를 하는 상태였어.)

  A: Oh no, was it the food?

  A: 아이고, 음식 때문에?

  B: Yeah, I even had to **go diarrhea** at the Great Wall.

  B: 응. 만리장성에서도 설사했어.
  (설사 때문에 화장실을 갔어.)

종합 검진을 받다

get a full physical이라고 한다. '건강 진단', '신체 검사'를 physical이라고 한다.

- A: Why aren't you eating?

  A: 왜 밥을 안 먹고 있어?

  B: I can't, remember? I'm **getting a full physical** tomorrow.

  B: 못 먹는 거지. 기억 안 나? 나 내일 종합 검진받잖아.

쥐가 나다

'경련', '쥐'는 cramp이다. 따라서 〈쥐가 나다〉는 get/have a cramp라고 한다. cramps는 여자가 생리하기 전에 겪는 '생리통'을 뜻하기도 한다. (→ p.180 '생리(월경)' 참고)

- Stop it! I **got a cramp** on my calf.

  그만해! 종아리에 쥐 났어.

- A: Why are you in a bad mood?

  A: 너 왜 기분이 안 좋아?

  B: Because of my **cramps**.

  B: 생리통 때문에 그래.

'다리'에 쥐가 날 때는 get a charley horse라는 표현을 쓴다.

I **got a charley horse** while I was swimming.   나 수영하다가 다리에 쥐 났어.

체하다

제일 비슷한 말은 have indigestion이다.

Koreans prick their finger when they **have indigestion**.

한국 사람들은 체하면 손가락을 딴다.

P2_Ch01_08

가렵다

사람이 간지럽히는 게 아니라 벌레에 물렸다든가 다른 이유로 살갗이 가렵고 피부를 긁고 싶은 느낌이 있으면 itch(동사) 혹은 itchy(형용사)를 쓴다.

The mosquito bite **itches**. /
The mosquito bite is **itchy**.

모기 물린 게 가렵다.

간지럽다/간지럽히다/간질이다

다른 사람 때문에 내가 간지럽거나, 다른 사람이 나를 간지럽히거나 간질일 때는 tickle을 쓴다.

Stop touching my back. It **tickles**!

내 등 그만 만져. 간지러워!

Will you stop **tickling** me? I'm going to get angry if you don't stop!

그만 간지럽힐래? 그만두지 않으면 나 화낸다!

Your breathing is **tickling** my neck.

네 입김이 내 목을 간질이고 있어.

참고로, 어떤 꺼끌꺼끌한 질감이 내 몸에 닿아서 간지러울 때는 itch와 tickle을 둘 다 쓸 수 있다.

닭살이 돋다

'닭살'을 chicken skin이라고 말하고 싶겠지만 미국에서는 goosebumps라는 단어를 쓴다. 〈닭살이 돋다〉는 get goosebumps라고 말하자.

I **get goosebumps** every time I watch a scary movie.

난 무서운 영화를 볼 때마다 닭살이 돋아.

땀

sweat은 〈땀〉이라는 명사와 '땀이 나다'라는 뜻의 동사로 사용된다.

A: Did you get caught in the rain?

B: No, it's all **sweat**.

It's so hot in here that **I'm sweating**.

I **sweat** a lot.

A: 비 맞았어?

B: 아니, 다 땀이야.

여기는 너무 더워서 땀이 나.

난 땀이 많아. (난 땀을 많이 흘려.)

참고로, '식은땀'은 cold sweat이다. 그래서 '식은땀이 나다/식은땀을 흘리다'는 break out in a cold sweat이라고 말한다.

The pilot **broke out in a cold sweat** when a bird flew into the engine.

(비행기) 엔진 안으로 새가 날아들어 갔을 때 조종사는 식은땀이 났다.

몸무게를 재다/키를 재다

〈몸무게를 재다〉와 〈키를 재다〉라고 할 때 쓰는 동사가 다르다. 몸무게에 관해 말할 때는 동사 weigh(무게가 나가다)를 쓴다.

A: How much do you **weigh**?

B: I don't know. I **haven't weighed** myself in a while. / 70 kilograms. / 154 pounds.*

A: 너 몸무게가 얼마나 나가?

B: 몰라. 안 재 본 지 오래됐어. / 70킬로그램. / 154파운드.

* 미국에서는 가족이나 정말 친한 사이가 아니면 직접 몸무게를 묻지 않는다. 또한, 미국에서는 몸무게를 나타낼 때 '파운드'를 쓴다.

'킬로그램'이라는 단위를 말할 때는 kilogram(s), 표기할 때는 kg 또는 kilogram(s)으로 표현한다. '파운드'라는 단위는 말로는 pound(s), 글로는 pound(s) 또는 lb로 표현한다. lb는 원래 로마 시대에 썼던 무게 단위 '리브라'에서 유래한 것이다.

한편, 〈키를 재다〉에 사용되는 동사는 measure(길이 등을 측정하다, 길이 등이 ~이다)이다.

A: How tall are you?

B: 5 foot 5.

A: What is that in centimeters?

B: I don't know. **I've** never **measured** myself in centimeters.

A: 너 키가 어떻게 돼?

B: 5피트 5인치야.

A: 센티미터로는 얼마야?

B: 몰라. 난 센티미터로 키를 재 본 적이 없어.

키를 나타낼 때 한국은 '센티미터' 단위를 쓰지만, 미국은 '피트'를 쓴다. '센티미터'는 말할 때는 centimeter(s), 표기할 때는 cm이다. '피트'는 말할 때는 5 foot 5, 글로는 5'5"처럼 쓴다. 정확히 딱 떨어질 때는 6 feet처럼 표현한다.

방귀 뀌다

fart는 동사, 명사로 다 사용된다. 참고로, He who smelt it dealt it(냄새 난다고 한 자가 방귀 뀐 놈이다).이라는 표현도 알아두자. 한국어 속담에 '방귀 뀐 놈이 성낸다'가 있는데 그와 유사한 표현이다.

A: Hey! Who **farted**?

B: Not me.

C: Not me. You know what they say,
"Whoever smelt it dealt it."

A: I dont care who did it. This is toxic!*

A: 야! 누가 방귀 뀌었어?

B: 난 아니야.

C: 나도 안 뀌었어. '냄새 맡은 사람이 방귀를 뀌었다'라는 말이 있지.

A: 누가 뀌었든 간에 상관없는데, 너무 독해!

* '방귀 냄새가 썩었다/구리다'라고 장난칠 때는 보통 형용사 toxic(유독성의)을 쓴다.

생리(월경)

의학 용어로는 menstruation이지만, 일상적으로는 be on *one's* period를 쓴다.

Most women get cramps during **menstruation**.*

I don't want to do anything when **I'm on** my **period**.

여자들 대부분은 월경 때 생리통을 앓는다.

난 생리할 때면 아무것도 하기 싫어.

* p.176 '쥐가 나다' 참고

성욕/식욕/수면욕

서양에는 한국에서 말하는 '3대 욕구'의 개념이 없다. 3대 욕구는 불교에서 건너온 개념이므로 외국인이 불교에 관한 지식이 있는 사람이 아니라면 많은 설명이 필요하다. 보통은 거칠게 느껴지긴 하지만, like *doing something* a lot으로 표현한다.

I **like having sex a lot**.

I **like eating a lot**.

I **like sleeping a lot**.

난 성욕이 강해.

난 식욕이 강해.

난 수면욕이 강해.

아래 예문은 조금 더 정제된 표현이다.

It's unhealthy to repress your **sexual desires**.	성욕을 누르는 것은 건강에 안 좋아.
I have such a **big appetite** that I have a hard time losing weight.	난 식욕이 강해서 살 빼기가 힘들어.
I wish I didn't **enjoy sleeping** so much.	난 잠자는 것을 별로 안 좋아하면 좋겠어. (수면욕이 강하지 않았으면 좋겠어.)

▌잠꼬대를 하다

talk in *one's* sleep이라고 말하면 된다.

My husband **talks in** his **sleep** so often that I started to record it.	신랑이 잠꼬대를 너무 자주 해서 내가 녹음하기 시작했어.
She **talks in** her **sleep** a lot.	쟤는 잠꼬대가 심해.

참고로, 잠꼬대뿐만 아니라 자면서 하는 모든 행동을 나타낼 때 ~ in *one's* sleep(잠을 자는 중에 ~하다)을 쓴다. 극단적인 예지만, 자면서 밥을 먹거나 운전을 할 수도 있고 사람을 죽일 수도 있다. '몽유병 증세를 보이다'는 sleepwalk를 쓴다.

I heard of a case where a man killed his in-laws **in** his **sleep**.	난 어떤 남자가 잠결에 처가 식구를 죽인 사건에 대해서 들었어.
I once ate **in** my **sleep** when I was on a diet.	나 다이어트할 때 잠결에 밥을 먹은 적이 있어.
I used to **sleepwalk** when I was a child.	난 어렸을 때 몽유병이 있었어.

▌종이에 베인 상처

〈종이에 베인 상처〉를 paper cut이라고 한다.

I got a **paper cut** on my finger.	종이에 손가락을 베였어.

주름살

〈주름살〉은 wrinkle, '주름살이 생기다'는 get wrinkles, '주름살이 있다'는 have wrinkles라고 말한다. 신체가 '주름진' 상태를 묘사할 때는 wrinkly를 쓴다.

A: If you keep smoking, you're going to **get wrinkles**.

B: I already **have wrinkles** on my forehead. My hands are getting **wrinkly**, too.

A: 너 계속 담배 피우면 주름살 생긴다.

B: 이미 이마에 주름살이 있어. 손에도 주름살이 생기고 있고.

체모

〈체모〉는 영어로 body hair이지만, 일반적으로는 몸에 털이 많은 사람을 보고 hairy(털이 많은)라는 표현을 쓴다.

He has a lot of **body hair**.
He's **hairy**.
His legs are **hairy**.

쟨 체모가 많아.
쟨 털이 많아.
쟨 다리에 털이 많아.

혹

〈혹〉은 생긴 원인에 따라 이름이 다르다. '머리를 부딪혀서 생긴 혹'은 bump, '감염 때문에 생긴 혹'은 lump이다. lump와 비슷하게 생긴 것들이 많으므로 그 단어들도 알아두자. warts(사마귀)와 cysts(물혹) 같은 것들이 있다.

I hit my head on the low ceiling so hard that I got a **bump** on my head.

A: I don't know what to do with this **lump** on my back.

B: You should just pop it.

낮은 천장에 머리를 너무 세게 부딪혀서 머리에 혹이 났어.

A: 등에 혹 난 거를 어떻게 해야 될지 모르겠어.

B: 그냥 짜 봐.

CHAPTER 2

인간 관계

▌ (상대를) 잘 만나다/잘못 만나다

사귀는 사람이나 배우자를 잘 만났다고 말할 때 동사를 쓰는 대신, 상대방을 명사인 catch 라고만 해도 뜻이 통한다. 그러나 상대를 잘못 만났다고 말하고 싶으면 형용사 bad를 쓰자. 표정을 한껏 찡그리며 강한 어조로 말하면 뉘앙스가 전달된다.

Your boyfriend is a **catch**.	너 남자 진짜 잘 만났다.
A: Why is she getting divorced?	A: 걔는 왜 이혼한대?
B: He was a **bad husband**.	B: 남자를 잘못 만나서.

참고로, catch는 '결혼 상대'나 '애인'을 의미할 때만 쓴다. 그런 관계가 아니면 그냥 good person 등으로 말한다.

He's a **good person**. I'm lucky to be his friend.	난 친구 잘 만났어. 쟤랑 친구라는 게 행운이야.
He's a **good teacher**. I'm so happy to be his student.	난 선생님을 잘 만났어. 내가 저분의 학생이라는 게 진짜 행복해.

▌ (상대를) 차다

사귀던 사이에 먼저 헤어짐을 고할 때의 〈차다〉는 dump를 쓰는 것이 적절하다.

He **dumped** me.	그 놈이 나를 찼어.
I **got dumped** (by him).	내가 (그한테) 차였어.

▌ (외모를) 스캔하다

보통 우리는 이성을 처음 만나거나 소개받으면 재빨리 상대방을 머리부터 발끝까지 훑어보는데, 이런 행동을 check out이라고 말한다.

Don't be so obvious when you're **checking** someone **out**.	사람을 너무 대놓고 스캔하지 마.
I **check** guys **out** when I get bored on the subway.	지하철에서 심심하면 난 (같은 칸에 탄) 남자들을 스캔해.

▌ 결혼하다/이혼하다

marry(결혼하다)라는 동사 뒤에는 반드시 '누구'에 해당하는 목적어가 필요하다.

I **married** my boyfriend of five years.	나는 5년 동안 사귄 남자친구와 결혼했다.

목적어가 중요하지 않으면 be/get married라고 하자. be married는 결혼한 상태, get married는 결혼한 순간이나 행위를 강조한다.

A: Can I get your phone number?	A: 당신의 연락처를 받을 수 있을까요?
B: Sorry, I'm **married**.	B: 미안하지만, 전 결혼했어요.
I **got married** last year.	나 작년에 결혼했어.

divorce(이혼하다)에도 marry와 동일한 규칙이 적용된다.

I **divorced** my crazy husband.	나 정신 나간 남편 놈과 이혼했어.
I **got divorced** two years ago.	난 2년 전에 이혼했어.
I'm **divorced**.	나 이혼했어.

▌ 깨가 쏟아지다

be crazy in love. 직역하면 '사랑에 미치다'라는 표현인데, 이것으로 〈깨가 쏟아지다〉라는 의미를 나타낼 수 있다. 미국의 유명 가수 비욘세의 노래 *Crazy in Love*로 귀에 익숙한 표현이기도 하다.

[A couple kissing passionately at the park]	[한 커플이 공원에서 열렬히 키스하는 중]
A: Whoa, look at them.	A: 와우, 저 사람들 좀 봐.
B: They're **crazy in love**.	B: 깨가 쏟아지는군.
A: Seriously.	A: 그러게 말이야.

꼬시다(유혹하다)

사전을 찾아보면 〈꼬시다(유혹하다)〉라는 뜻의 영어단어가 tempt, seduce라고 나온다. 두 단어의 차이점은 무엇일까? seduce에는 성적인 뜻이 있고 tempt에는 그런 의미가 없다.

My roommate **tempted** me to eat instant ramen with him late at night.	내 룸메이트가 밤늦게 라면을 먹자고 나를 꼬셨어.
The beautiful woman easily **seduced** the man.*	그 미인은 그 남자를 쉽게 꼬셨다.
She **was seduced** by his good looks.	그녀는 그의 잘생긴 외모에 넘어갔다.

* 남자든 여자든 상대방을 seduce할 수 있다.

참고로, 여자에게 작업을 걸(pick up) 때 달달한 멘트를 잘하는 남자들이 있는데 그들이 쓰는 '작업 멘트'를 pick up line(유혹하는 말)이라고 한다.

A: Let's go pick up some girls at a bar tonight.	A: 오늘밤에 여자 꼬시러 술집에 가자.
B: Do you have any **pick up lines** you use?	B: 작업할 때 쓰는 말이 있어?
A: No, I tell the bartender to send over a drink.	A: 아니, 그냥 술 한잔 건네주라고 바텐더한테 얘기해.

대시하다

상대방에게 관심이 있다는 것을 보이는 제일 쉬운 방법은 그 사람한테 hit on하는 것이다.

Just to let you know, your boyfriend **hit on** me.	그냥 알려주는 건데, 네 남친이 나한테 대시했어.
My coworker **hit on** me hardcore at our company dinner.	내 직장동료가 회식 때 나한테 엄청 대시했어.

더블 데이트

'두 커플이 같이 하는 데이트'를 뜻하는 〈더블 데이트〉는 영어로도 double date이다. '더블 데이트하다'는 go on a double date라고 한다.

The four of us **went on a double date**.	우리 넷이 더블 데이트했어.

▌ 데이트를 신청하다

〈데이트를 신청하다〉는 ask out으로, 이것은 '처음' 신청할 때만 쓰는 표현이다.

I finally got the courage to **ask** her **out**.　　마침내 난 용기를 내서 그녀에게
　　　　　　　　　　　　　　　　　　　　　데이트를 신청했어.

▌ 도둑 결혼하다(비밀리에 결혼하다)

특히 '부모님께 허락 받지 않고 비밀리에 결혼하는 것'을 elope이라고 한다.

A&B: We have some big news.　　　　　A&B: 우리 빅뉴스가 있어.

C:　 What?　　　　　　　　　　　　　C:　 뭔데?

A&B: We **eloped** yesterday.　　　　　A&B: 우리 어제 도둑 결혼했어(비밀리에
　　　　　　　　　　　　　　　　　　　　　 결혼했어).

▌ 멀어지다

어떤 관계든지 누구하고든지 grow apart될 수 있다.

My friend and I slowly **grew apart** after
she moved.　　　　　　　　　　　　　친구가 이사하고 나서 우린 조금씩
　　　　　　　　　　　　　　　　　　　멀어지게 됐어.

▌ 모태 솔로

〈모태 솔로〉라는 말은 영어에 없다. 그러므로 자세하게 풀어서 설명할 수 밖에 없다. 애인
이나 배우자가 없는 사람을 흔히 single이라고 한다.

I'm **single**.　　　　　　　　　　　　난 솔로야.

I've **never had a boyfriend before**.　　난 모태 솔로야. (나는 남자친구가 있어 본
　　　　　　　　　　　　　　　　　　　적이 없어.)

밀당하다

직역하여 push and pull이라고 하면 남녀 사이의 〈밀당하다〉를 나타내지 못한다. 올바른 표현은 play hard to get이다.

Do you actually not like me or **are** you **playing hard to get**?

넌 진짜 내가 싫어서 그러는 거야 아니면 밀당하는 거야?

바람맞히다/바람맞다

누군가를 바람맞힐 때는 stand *someone* up을 쓴다. 그런데 약속 장소에 상대방이 나타나지 않아서 바람맞았다면 be/get stood up이라고 말한다.

I just saw his picture, and he's really not my type. Should I **stand him up**?

방금 그 남자 사진을 봤는데, 너무 내 타입이 아니야. 그냥 바람맞힐까?

I'm never going on a blind date again! I **got stood up**!

나 다시는 소개팅 안 해! 바람맞았어!

바람피우다

영어로 〈바람피우다〉는 두 가지로 말할 수 있다. 하나는 cheat on이고 다른 하나는 have an affair이다. cheat on은 '다른 사람과 잠자리를 갖는 것'이다. have an affair는 다른 사람과 몰래 사귀는 것, 즉 '불륜 관계를 맺는 것'이다.

I didn't mean to **cheat on** you. It just happened.

바람피울 생각은 아니었는데, 어쩌다 그렇게 됐어.

Why did you **have an affair** with her?

너 왜 걔랑 바람피웠어?

cheat on과 have an affair는 목적어에 주의해야 한다. 아래 예문을 보면 B는 A의 배우자, C는 불륜 상대다.

A cheats on B (with C).

A가 (C와 바람피워서) B를 속였어.

A has an affair with C.

A와 C가 바람피우고 있어.

▎배우자

〈배우자〉는 spouse이다.

A man without a **spouse** tends to be restless.

배우자가 없는 남자는 마음이 정착하지 못하는 경향이 있다.

▎사귀다/만나다

see와 date의 차이는 관계가 얼마나 진지한지에 달려 있다. 깊고 진지한 관계일 때 date를 쓴다.

A: **I've been seeing** someone these days.

B: How long **have** you guys **been dating**?

A: I wouldn't call it **dating**. We're just having fun.

A: 나 요새 누구 만나고 있어.

B: 둘이 사귄 지 얼마나 됐어?

A: 사귀는 건 아니고 그냥 같이 재미있게 노는 거지.

▎사내 커플

office romance 또는 workplace romance는 회사 직원끼리 사귀는 '사내 연애'라는 뜻의 말이지만, 그런 커플 자체를 지칭하는 단어는 영어에 없다. 따라서 〈사내 커플〉을 영어로 말하려면 그 커플이 어디서 어떻게 만났는지를 설명하는 것이 가장 효과적이다.

▪ Companies discourage **office romance/ workplace romance**.

기업은 사내 연애를 막으려 한다.

▪ A: How did you two meet?

B: **We work at the same company. / We met at work. / We're coworkers**.

A: 둘이 어떻게 만났어?

B: 우린 같은 회사에서 일해. / 우린 직장에서 만났어. / 우린 직장 동료야.

참고로, '캠퍼스 커플'도 콩글리쉬다. 의도에 맞게 말하려면 자세하게 설명하면 된다.

A: How did you guys meet?

B: **We go to the same school**. /
We're classmates. /
We're in the same major.

A: 둘이 어떻게 알게 됐어?

B: 우린 같은 학교에 다녀. (우린 캠퍼스 커플
이야.) / 우린 같은 반 친구야. /
우린 같은 과야.

▎소개팅

둘이 만나는 〈소개팅〉은 blind date, '단체 미팅'은 group blind date이다. '소개팅을 나
가다'는 go on a blind date이다.

I **went on a group blind date** and everyone
there was so rich and good-looking that I got
intimidated.

난 단체 미팅(소개팅)에 갔는데 거기 사람
들이 다 돈도 많고 잘생겨서 기가 죽었어.

그러나 미국에서는 단체로 하는 소개팅이 흔하지 않다. 듣는 사람이 무슨 말인지 몰라서
혼란스러워 하면 구체적으로 설명해 주자.

A **group blind date** is where a bunch of
single people come, five guys and five girls,
for example, and hang out, drink, talk. And
if you hit it off with someone, you exchange
numbers.

단체 소개팅은 싱글인 사람들이 모여서,
예를 들어 남자 다섯 명, 여자 다섯 명이
같이 놀면서 술 마시고 대화하는 거야.
그리고 잘 맞는 사람이 있으면 연락처를
교환하는 거지.

▎속도위반 결혼(혼전 임신 결혼)

여자가 임신해서 서둘러 치르는 결혼을 shotgun wedding이라고 한다. 요즘은 미국뿐만
아니라 세계 여러 나라에서 혼전 임신이 별로 큰일이 아니게 여겨지는 추세이다.

A: My sister's getting married!

B: Oh, wow! When is it?

A: In two weeks.

B: In two weeks? Why are they rushing it?

A: It's a **shotgun wedding**.

B: Does anyone even care about that anymore?

A: My parents do. They're really conservative,
remember?

A: 우리 언니 결혼해!

B: 와! 언제야?

A: 2주 후.

B: 2주 후? 왜 그렇게 급히 해?

A: 혼전 임신해서 급히 결혼하는 거야.

B: 그런 거 아직도 신경 쓰는 사람이 있나?

A: 우리 부모님. 많이 보수적이시잖아,
기억하지?

스킨십

〈스킨십〉은 제대로 된 영어 표현이 아니다. '스킨십'이라는 말 대신 형용사 affectionate(다정한, 애정 어린)를 써서 어떻게 affectionate한지 구체적으로 설명하자. 참고로, affectionate는 대부분 신체 접촉과 관련 있지만, 항상 그런 것은 아니다.

My husband is very **affectionate**. He kisses and hugs me when I come back from work.	내 남편은 스킨십을 좋아해. 내가 퇴근하고 집에 오면 뽀뽀하고 안아 줘.
Men from Gyeonsang-do are not usually **affectionate**. They have a hard time saying "I love you."	일반적으로 경상도 남자들은 다정하지 않아. '사랑해'라는 말을 잘 못 해.

그런데 affectionate를 애인이나 배우자에게 하는 행동을 묘사할 때만 쓰는 것은 아니다. 친구나 가족에게도 affectionate할 수 있다.

I think I'm naturally attracted to **affectionate** people. All my friends and family like to hug and say nice things to each other.	난 다정한 사람한테 자연스럽게 끌리는 것 같아. 내 친구들과 가족은 모두 포용하는 걸 좋아하고 서로한테 기분 좋은 말을 해.

실연 후 극복 중이다

'최근에 실연을 겪은 후 아픔을 극복 중인 상태'를 be on the rebound라고 한다.

A: Is your friend single?	A: 네 친구 솔로야?
B: She**'s on the rebound**.	B: 최근에 남친과 헤어지고 극복 중이야.
A: Maybe I'll ask her out.	A: 내가 데이트 신청해 볼까 봐.
B: Be careful, she's very vulnerable right now.	A: 조심해. 지금 아주 예민해.

실연 후 반발심리로 새로운 상대를 만나는 상황에도 rebound를 쓴다. 특히, '~에게 실연당한 후 그 반발심리에서'라고 말하고 싶을 때는 on the rebound from A라고 표현한다.

Am I your **rebound** girlfriend?	난 네 전 애인 대신인 거야? (난 내가 전 여자친구를 잊기 위해 만나는 사람이야?)
She married Frank **on the rebound from** her ex.	그녀는 전 남자친구(남편)와 헤어진 반발심리에 프랭크와 결혼했다.

애교 부리다

영어에는 '애교'에 해당하는 딱 떨어지는 말이 없다. 애교 부리는 것을 '귀엽게 행동하다'라고 볼 수 있으므로 영어로는 act cute라고 표현하는 것이 적절하다. 그러나 문화 차이 때문에 많은 미국 사람은 한국인의 애교를 잘 이해 못 하고 다 큰 어른이 징징거리는 것으로 볼 수 있다. 그러므로 오해를 피하려면 애교 부리는 목적이 무엇인지 설명하도록 하자.

She only **acts cute** when she wants something from her boyfriend.	걔는 남자친구한테 뭐 받고 싶은 게 있을 때만 애교를 부려.
She always **acts cute** when she wants to get her way.	쟤는 자기가 원하는 대로 하고 싶을 때 늘 애교를 부려.

참고로, 이성을 유혹할 때의 '끼 부린다'와 뉘앙스가 제일 비슷한 영어표현은 flirt(추파를 던지다)이다.

I think it's gross when she tries to **flirt** with guys.	쟤가 남자들에게 끼 부릴 때 진짜 밥맛 없어.

애인(연인)

〈애인(연인)〉을 가리키는 단어는 제법 있다. boyfriend, girlfriend, significant other, partner. 그중에서도 significant other와 partner는 남녀 상관 없이 '사귀는 사람'을 가리킬 때 쓰는데, 특히 동성애자들이 자신들의 성 정체성을 밝히고 싶지 않을 때 쓴다. 애인을 lover라고 부르는 것은 너무 느끼하고 오글거리게 들리므로 피하도록 하자.

I met my **significant other** while I was abroad.	난 해외에 있을 때 지금의 애인을 만났어.

■ 애증 관계

love-hate relationship이라고 한다.

I have a **love-hate relationship** with my husband. Sometimes I love him to death, and sometimes I want to kill him.

난 남편과 애증 관계야. 어떤 때는 좋아 죽겠고 어떤 때는 죽여 버리고 싶어.

그런데 love-hate relationship은 '사물'에도 쓸 수 있다. 예를 들어, 습관적으로 과식하는 사람은 먹는 걸 좋아하고 절제하지 못해서 많이 먹지만 과식한 후에는 음식이 싫어질 수 있다. 술이나 스마트폰 등도 다 해당된다.

I have a **love-hate relationship** with my smartphone. It's really useful, but I'm addicted to it.

난 내 스마트폰이 좋으면서도 싫어. 정말 유용하긴 한데, 내가 중독됐거든.

■ 얼굴을 안 보다(외모를 안 따지다)

Looks don't matter.라고 한다.

A: **Looks don't matter to me**.

B: Then what does?

A: Personality.

A: 난 얼굴 안 봐. (난 외모가 중요하지 않아.)

B: 그럼 뭘 봐? (그럼 뭐가 중요해?)

A: 성격.

■ 엔조이/엔조이 상대

잠깐 동안의 〈엔조이〉 또는 그러한 〈엔조이 상대〉를 fling이라고 한다.

I had a summer **fling** when I was studying abroad in Canada.

나 캐나다에 유학 갔을 때 여름에 잠깐 사귄 사람이 있었어.

A: How long have you been seeing her?

B: About a month.

A: Oh! Is it serious?

B: No, she's just a **fling**. We're just having fun.

A: 쟤하고 사귄 지 얼마나 됐어?

B: 한 달쯤 됐어.

A: 와, 진지한 관계야?

B: 아니, 그냥 가볍게 만나는 사람이야. 그냥 서로 즐기는 거지.

▌ 장거리 연애를 하다

be in a long distance relationship이다.

A: **Have** you ever **been in a long distance relationship**?

B: Yeah, I'm in one right now.

A: 너 장거리 연애 해 본 적 있어?

B: 응, 지금 하고 있어.

▌ 죽이 맞다

두 사람이 처음 만나서 빨리 가까워지면 그들은 hit it off한 것이다.

A: When did you two meet?

B: Last week. We met at a mutual friend's birthday party. We **hit it off**, and we've seen each other every day since.

A: 너희 둘이 언제 만났어?

B: 지난주에. 서로 아는 친구의 생일 파티에서 만났지. 죽이 잘 맞아서 우린 그때부터 매일 만났어.

▌ 짝사랑

one-sided love 또는 unrequited love. 의미 차이는 없다. 한국 사람들은 unrequited(보답받지 못한)라는 단어를 잘 몰라서 one-sided love라는 표현을 주로 쓰는 것으로 보인다. unrequited love라고 하는 것이 더 고급스럽게 들린다. 참고로, 영어로는 '짝사랑하다'라는 뜻의 동사가 없다. 그러므로 짝사랑하는 상황을 설명해야 한다.

Unrequited love can kill you.	짝사랑 때문에 죽을 수도 있어.
I like him, but he doesn't like me.	나는 그 남자를 좋아하는데 그 사람은 나를 좋아하지 않아.

▌ 쫓아다니다

상대방이 마음에 들어서 쫓아다니는 것은 pursue, 그냥 도망가는 사람을 쫓는 것은 chase after 또는 run after라고 한다.

Actually, my wife **pursued** me when we first met.	사실은, 우리가 처음 만났을 때 아내가 나를 쫓아다녔어.
The police **chased after** the thief.	경찰은 도둑 뒤를 쫓았다.

▌ 천생연분

〈천생연분〉은 match made in heaven 또는 be perfect for each other라고 한다.

We**'re perfect for each other**.	우린 천생연분이야.
We're a **match made in heaven**.*	우린 천생연분이야. (우린 하늘에서 정해 준 인연이야.)

* It was a match made in heaven.이라는 표현도 자주 쓴다.

첫눈에 반하다

It was love at first sight.라는 표현을 통째로 외우자.

A: How did you guys meet?

B: Our friends introduced us. **It was love at first sight**.

A: 둘이 어떻게 만났어?

B: 친구들이 소개해 줬어. 첫눈에 반했지.

추파를 던지다

동사로 flirt이다. '추파를 계속 던지는 사람'은 관사 a를 붙여 a flirt라고 한다. (→ p.186 '대시하다' 참고)

I can't tell if she is being nice to me or **flirting** with me.

그녀가 나한테 단순히 친절하게 구는 건지 아니면 추파를 던지고 있는 건지 구별이 안 돼.

She's **a big flirt**. Don't get your hopes up.

쟨 여기저기 추파를 던지는 사람이야. 너무 기대하지 마.

커플 티

인터넷을 보면 couples shirts라는 말이 흔하게 사용되고 있지만, 대부분의 미국 사람은 절대로 그렇게 말하지 않는다. 혼란을 피하려면 matching shirts라고 말하자.

A: I want to buy couples shirts.

B: What? You want to buy what?

A: **Matching shirts**, for me and my boyfriend.

A: 나 커플 티 살래.

B: 뭐? 뭘 산다고?

A: 커플 티. 나하고 남친 거.

그런데 matching shirts와 한국 사람들이 말하는 〈커플 티〉에는 차이가 있다. 가장 큰 차이는 matching shirts가 꼭 '커플'만을 위한 것은 아니라는 점이다. 어떤 때는 친구끼리도 입거나 팀원들끼리도 입는다. 즉, matching shirts는 '단체 티'에 더 가깝다. 대부분은 대화의 맥락에서 이해가 되지만, 혼동할 수 있는 상황에서는 분명하게 matching couples shirts라고 하면 된다. 물론, shirts뿐 아니라 단체나 커플로 맞출 수 있는 모든 것에 쓸 수 있다.

matching hats(단체 모자/커플 모자)

matching couples hoodies(단체 후드티/커플 후드티)

matching couples phone cases(커플 스마트폰 케이스)

matching couples rings(커플 반지)

matching couples shoes(커플 신발)

케미

〈케미〉는 영어 단어 chemistry에서 나온 말이다. 이성 관계에서 느끼는 성적 케미도 있지만, 직장 동료나 친구 간에도 케미가 있을 수 있다. '케미가 없다', '케미가 좋다', '케미가 안좋다'는 be/have+no/good/bad chemistry로 표현한다.

She's pretty and everything, but there's just **no chemistry** between us.	그녀는 예쁘고 다 좋은데, 우리 사이엔 뭔가 통하는 케미가 없어.
I have one coworker that I have **good chemistry** with. Our personalities match, and we work really well together.	회사 동료 중에서 나랑 케미가 정말 잘 맞는 사람이 있어. 우린 성격도 잘 맞고, 같이 일할 때도 잘 맞아.
I can't be on the same team with him. We have **bad chemistry**.	난 저 사람과 같은 팀에 있으면 안 돼. 우린 너무 안 맞아.

키스하다

일반적으로 동사 kiss를 쓴다. 배우자나 연인 사이에 하는 '딥 키스'는 french kiss라고 한다. french kiss를 deep kiss보다 더 자주 사용한다.

People shouldn't **french kiss** in public.	사람들이 있는 데서는 딥 키스를 안 하는 게 좋다.

'가볍게 입을 맞추는 것'은 peck이다. 그러나 굳이 peck이라는 말을 쓰지 않고 그냥 kiss라고 표현할 때가 많다. 맥락상 당연히 딥 키스가 아니라는 것을 알 수 있기 때문이다.

My husband gives me a **peck** on the lips before I go to work.	내가 출근하기 전에 남편은 내 입술에 가볍게 키스를 해 줘.
Family members in Korea rarely **kiss** each other.	한국에서는 가족끼리 서로 키스를 거의 하지 않는다.
I **kiss** my niece every time I see her.	난 조카딸을 볼 때마다 뽀뽀해 줘.

헤어지다

결혼을 안 한 커플이 '헤어지는' 것은 break up이다.

A: Where's your boyfriend?

B: We **broke up** last night.

A: 네 남자친구는 어디에 있어?

B: 우리 어젯밤에 헤어졌어.

A가 B에게 헤어지자고 하면 *A* broke up with *B*한 것이다.

A: What's wrong? Why are you crying?

B: My boyfriend **broke up with** me!

A: 무슨 일이야? 왜 울어?

B: 남자친구가 나한테 헤어지자고 했어.

▍ 갑/을

영어에는 〈갑〉과 〈을〉을 뜻하는 정확한 용어가 없다. 대신, 이런 관계를 표현하는 방법이 있다. 당사자들의 지위를 나타내면 갑/을 관계가 드러난다. 정식 계약을 맺을 때에는 갑/을 대신 양쪽의 이름을 쓴다. 예를 들어, 고용 계약서에는 갑이 '회사 이름'이고 을은 '직원 이름'이다.

A: But *I'm* the customer!

B: Yes, but just because you're the customer doesn't mean you have to be so rude.

A: 내가 갑(손님)인데!

B: 네. 하지만 갑(손님)이라고 해서 갑질 해도 되는 건 아니잖아요(손님이라고 무례하게 굴어도 되는 것은 아니잖아요).

▍ 꼽사리(깍두기)

두발자전거를 탈 줄 아는 사람에게는 굳이 바퀴가 세 개인 세발자전거가 필요 없다. 이처럼 '세 번째 바퀴'인 third wheel은 '커플이 데이트 하는 중에 끼는 〈꼽사리(깍두기)〉와 같은 친구'를 뜻한다. 이 말은 커플 사이에 눈치 없이 끼어 있는 사람뿐 아니라, 친구 셋 중 두 명이 유달리 친한 상황에서 나머지 한 친구를 가리키는 말로도 쓴다.

A: You invited your friend on our date? Why?

B: Because his girlfriend dumped him, and he's really lonely.

A: Okay, but this is the last time. I don't want a **third wheel** ruining our night.

A: 우리 데이트에 친구를 초대했다고? 왜?

B: 여자친구에게 차여서 그 녀석이 많이 외로워해.

A: 알았어, 근데 이게 마지막이야. 꼽사리 때문에 우리 데이트를 망치고 싶지 않아.

▌반장

class monitor. 미국에는 학급의 〈반장〉이라는 것이 없다. 그러므로 class monitor의 책임이 무엇인지 설명해 주자.

A: I was the **class monitor** in middle school.

B: What does the **class monitor** do?

A: **Class monitors** run class meetings, help the teacher with whatever she needs, and they are the representative of the class.

A: 난 중학교에서 반장을 했어.

B: 반장이 하는 일이 뭐야?

A: 반장은 학급 회의를 진행하고, 선생님이 필요로 하는 건 뭐든 도와드려. 그리고 그 반의 대표지.

▌부모

parents는 설명이 필요 없는 단어다. 보통 복수형으로 쓰지만 부모 중 한쪽만 말할 때는 단수형 parent를 쓴다.

What do your **parents** do?

너의 부모님께서는 무슨 일을 하셔?

▌선배/후배

영어에서는 사람 사이의 관계를 설명할 때 나이를 강조하지 않는다. 즉, '형'을 elder/older brother라고 하지 않고 brother로만 말하거나 '친한 언니/동생'을 그냥 friend라고 칭한다. 따라서 굳이 〈선배〉, 〈후배〉를 구분해서 나타낼 필요가 없다.

My college friend called me out of the blue.

My coworker took me out for dinner.

내 대학 후배(친구)가 갑자기 전화했어.

내 회사 선배(동료)가 저녁을 사줬어.

그러나 '나이 차이'나 '입사 순서'를 분명히 밝히는 게 중요하다면 자세히 설명하자.

My college friend, **who is a year below me**, called me out of the blue.

My coworker, **who started working at the company before I did**, took me out for dinner.

내 대학교 후배가 갑자기 전화했어.

회사 선배가 저녁을 사 주셨어.

참고로, 서로 알든 모르든 상관 없이 같은 학교를 졸업한 '동창'은 alumnus(단수형), alumni(복수형)이다. alumnus의 나이를 밝히는 게 중요하다면 그 사람이 '나(말하는 사람)'를 기준으로 언제 졸업했는지 설명하자.

The **alumni** of my high school had dinner together.	고등학교 동창들은 같이 저녁을 먹었다.
An **alumnus** of my college, **who graduated 10 years before me**, developed a cure for cancer.	내 대학교 10년 선배가 암 치료법을 개발했어.

그러나 미국 사람들과 대화할 때 나이 차이를 설명하는 것은 될 수 있으면 하지 않는 것이 좋다. 불필요할뿐더러 어색하게 느낀다.

▍윗사람

상관이나 상사 등 〈윗사람〉은 무조건 higher-up이다. 참고로 '회사 등에서 높은 직책을 가지고 있는 사람'은 high-up이라고 한다.

I'm not the one who makes decisions on those kinds of things. The **higher-ups** do.	그런 일을 결정하는 사람은 내가 아니야. 더 윗사람들이 하지.
I met someone **high-up** in the company.	회사에서 직위가 높은 사람을 만났어.

▍주변 사람(들)

〈주변 사람(들)〉에는 세 가지 뜻이 있다. 첫 번째는 물리적으로 '내 근처에 있는 사람(들)'이라는 의미다. 이 의미일 때는 people next to me(내 옆자리의 사람들)나 people around me(내 주위의 사람들)이라고 말하면 된다.

The people around the crazy man stared at him.	그 미친 남자 주변에 있던 사람들은 그를 쳐다봤다.
The man sitting next to me on the subway was snoring.	지하철에서 내 옆에 앉아 있던 남자는 코를 골고 있었어.

두 번째로는 '생활 반경이 가깝고, 정기적으로 만나는 사람(들)'이라는 의미도 있다.

Suddenly **the people around me** are avoiding me.	갑자기 내 주변 사람들이 나를 피하고 있어.

마지막으로, 그냥 '아는 사람(들)'이라는 뜻이다. 이럴 때는 흔히 people I know라고 표현한다. 아래 예문처럼 표현하는 경우도 있다.

People I know think I'm cute, but others don't for some reason.

내 주변 사람들은(내가 아는 사람들은) 나를 귀엽다고 생각하는데, 다른 사람들은 무슨 이유인지 그렇게 생각 안 해.

Everyone I know likes this movie.*

내 주변 사람들은(내가 아는 사람들은) 모두 이 영화를 좋아해.

I have no close friends.

내 주변엔 아무도 없어. (난 친한 친구가 한 명도 없어.)

* 강조하기 위해 people 대신 everyone을 썼다.

형제 자매

한국어로는 흔히 남자 쪽은 '형제', 여자 쪽은 '자매'라고 하지만 영어로는 모두 sibling이다. '남매'도 sibling이라고 한다.

Do you have any **siblings**?

너 형제나 자매 있어?

CHAPTER 3

돈

01 돈

돈을 갚다

〈(빌린) 돈을 갚다〉는 pay *someone* back이다.

A: When are you going to **pay me back**?

B: I'll **pay you back** on my next payday.

A: 너 내 돈 언제 갚을 거야?

B: 다음번 월급 받는 날에 갚을게.

돈을 걸다(내기하다)

〈돈을 걸다(내기하다)〉는 동사 bet으로 표현한다. 사람들은 살면서 돈만 bet하는 것이 아니라 다른 것도 bet한다. bet은 동사뿐 아니라 '내기'라는 뜻의 명사로도 쓴다.

I'll **bet** you 10,000 won that I'm right.

I'll **bet** you lunch that I'm right.

Let's make a **bet**.

내 말이 옳다는 데에 만 원 걸게.

내 말이 맞다니까. 점심 내기 하자.

내기하자.

'~에 걸다'는 bet 뒤에 전치사 on을 써서 bet on으로 말한다. 내기에 이기면 win the bet, 지면 lose the bet이다.

A: I'm going to **bet on** the LG Twins.

B: But they're on a losing streak!
I'm definitely going to win the **bet**.

A: 난 LG 트윈스에 걸 거야.

B: 하지만 그 팀은 지금 연패에 빠졌잖아!
그 내기는 내가 분명히 이긴다.

A: You want to **bet**?*

B: Loser pays for dinner.

A: You're on!

A: 내기 할래?

B: 지는 사람이 저녁 사기.

A: 콜!**

* want to를 일상 대화에서는 wanna로 발음한다.

** 한국에서는 '콜'을 거의 모든 상황에서 쓸 수 있지만, 미국에서는 그럴 수 없다. 내기 상황에서는 You're on.을 쓴다.

▌돈을 모으다(저축하다)/돈을 아껴 쓰다

〈돈을 모으다(저축하다)〉는 save up (money)이다. 혹시라도 〈돈을 아껴 쓰다〉의 save money
와 헷갈려서 쓰지 않도록 주의하자.

I need to **save up** before I go on vacation.	휴가 가기 전에 돈을 모아야 돼.
I enjoy **saving money**.	난 돈을 아껴 쓰는 걸 즐겨.
Don't buy it. **Save your money**.*	그거 사지 마. 돈 아껴 써.

* Save your money.는 특정 상황에 돈을 아껴 쓰라고 충고할 때 쓰는 말이다.

▌돈을 벌다

earn money 또는 make money이다.

I'm good at saving up money but not at **making money**.	난 돈을 모으는 건 잘하는데 돈 버는 건 잘 못해.

▌돈을 빌려주다

꼭 돈뿐만 아니라 〈(무엇을 누구에게) 빌려주다〉를 말할 때 동사 lend를 쓴다. '주어+lend+
간접목적어+직접목적어' 문장 구조를 따른다는 점을 기억해 두자.

My friend **lent** me a thousand dollars.	친구가 나한테 천 달러를 빌려줬어.
I **lent** him my dress shoes.	나는 그에게 정장 구두를 빌려줬어.

▌돈을 빌리다

borrow 뒤에 money 또는 '금액'을 쓴 뒤 'from+빌려준 사람'을 붙인다.

I **borrowed** a lot of money **from him** last year.	난 작년에 걔한테 돈을 많이 빌렸어.
I **borrowed** a thousand dollars **from my friend**.	난 친구한테 천 달러를 빌렸어.

'돈이 아닌 다른 것'을 빌릴 때는 누구의 무엇을 빌렸는지 말하자.

| He borrowed **my textbook**. | 걔가 내 교과서를 빌렸어. |
| I borrowed **his textbook**. | 난 그 애의 교과서를 빌렸어. |

▌돈을 쓰다

〈돈을 쓰다〉는 '돈을 소모하다'라는 뜻의 spend money로 표현하면 된다. '~에 돈을 쓰다' 처럼 무엇을 사는지 나타낼 때는 전치사 on이 필요하다.

| Stop **spending money**! | 돈 좀 그만 써! |
| Stop **spending money on** stupid things! | 쓸데없는 거에 돈 좀 그만 써! |

'~하는 데에 시간을 쓰다'처럼 어떤 기간에 무엇을 했는지 나타낼 때도 on을 쓴다.

| How much **time** did you **spend on** your project? | 너 그 프로젝트 하는 데에 시간이 얼마나 걸렸어? |

▌만 원짜리 지폐

ten-thousand won bill. '만'은 ten-thousand이고, 이 금액이 달라질 때는 이 숫자만 바꾸면 된다.

| A: Do you have a **ten-thousand won bill**? | A: 너 만 원짜리 지폐 한 장 있어? |
| B: No, I only have a **fifty-thousand won bill**. | B: 아니, 5만 원권 한 장 밖에 없어. |

▌빚

〈빚〉은 debt이다. '빚이 있다'는 have debt 또는 be in debt로 표현한다. '누구에게 빚을 지다'는 be in debt to *someone*이다.

I **have** a lot of **credit card debt**.	난 신용카드 빚이 많아.
I'm deep **in debt**.	난 빚이 많아.
I'm **in debt to** my friend.	난 친구한테 빚졌어.

▌용돈

〈용돈〉에는 pocket money와 allowance가 있다. pocket money는 어린 아이들이 받는 '얼마 안 되는 푼돈 정도인 현금'으로 생각하면 되고, allowance는 '생활하기 위해 정기적으로 받는 돈'으로 보면 된다.

I get an **allowance** of fifty thousand won every month.	난 매달 용돈으로 5만 원을 받아.
I usually use my credit card, but I always carry around **pocket money**.	나는 보통 신용카드를 쓰지만 현금도 조금 가지고 다녀.

▌잔돈/거스름돈

〈잔돈〉, 〈거스름돈〉이 동전이라도 coins가 아니라 change라는 단어를 쓴다.

A: May I get **change** for ten dollars?	A: 10달러를 잔돈으로 바꿀 수 있을까요?
B: Sure, what do you need?	B: 네, 어떻게 드릴까요?
A: One 5 dollar bill and five 1 dollar bills.	A: 5달러 한 장, 1달러 다섯 장이요.

1 달러 이하의 동전은 따로 이름이 있다. 참고로 알아두자.

$0.01 – penny	$0.50 – half dollar*
$0.10 – dime	$1.00 – dollar coin**
$0.25 – quarter	

*와 **처럼은 잘 쓰지 않는다.

▌큰돈(목돈)/푼돈

〈큰돈(목돈)〉은 단순히 a lot of money라고 하면 된다. 반대말인 〈푼돈〉은 pocket money이다.

He spent **a lot of money** starting his own business.	그는 사업을 시작하는 데에 큰돈을 썼어.

CHAPTER 4

날씨

▌ 꿉꿉하다

〈꿉꿉하다(습하다)〉는 영어로 humid이다. humid의 명사형은 humidity로, '습기', '습도'를 뜻한다.

It's **humid** today. 오늘 날씨 꿉꿉하네.

▌ 날이 풀리다

'날씨가 따뜻해지다'라는 뜻이므로 It's getting warmer.라고 하자.

It's getting warmer. I guess winter is over. 날이 많이 풀렸어(날씨가 따뜻해지고 있어).
겨울이 끝나가나 봐.

▌ 도(°)

1°를 제외하면 기온이 몇 도이든 복수형 degrees를 쓴다. 놀랍게도 미국에서는 0°도 zero degrees라고 복수로 표현한다.

A: I couldn't fall asleep last night. A: 나 어젯밤에 잠을 못 잤어.

B: Because of the heat? B: 더위 때문에?

A: Yeah, it was over 36 **degrees**! A: 응, 기온이 36도가 넘었잖아!

비가 오다

동사 rain을 쓰면 되지만, 대화할 때는 형용사 rainy를 더 자주 쓴다. 참고로, 아래에 날씨와 관련하여 꼭 알아야 할 단어를 정리했는데, 특히 잘 살펴보아야 할 것은 각 단어의 형용사형이다. 날씨에 관해 대화를 나눌 때 표에 실린 형용사형을 자주 쓰니 기억해 두자.

단어	형용사형
rain(명사/동사)	rainy 비가 오는
cloud(명사)	cloudy 흐린, 구름이 낀
fog(명사)	foggy 안개가 낀
snow(명사/동사)	snowy 눈이 오는
sun(명사)	sunny 화창한

I don't like **rainy** days.	난 비가 오는 것을 좋아하지 않는다.
It's **cloudy** today.*	오늘은 구름이 많이 꼈다. (날씨가 흐리다)
It was **foggy** yesterday.	어제는 안개가 꼈다.
I like **snowy** days.	난 눈 내리는 것을 좋아한다.
I need sunglasses when it's too **sunny**.	태양빛이 작열하면 선글라스가 필요하다.

* 날씨에 관해 말할 때 주어는 항상 it이다. '흐린', '구름이 낀'의 뜻을 나타내려면 cloudy 대신 overcast를 써도 된다. cloudy는 적어도 하늘의 반을 구름이 덮고 있을 때 쓰고, overcast는 하늘 대부분에(거의 100%) 구름이 끼어 있을 때 쓴다.

섭씨/화씨

〈섭씨〉는 Celsius, 〈화씨〉는 Fahrenheit. 분명하게 해야 할 때 °(도) 끝에 붙여서 말한다. 말로 할 때는 단어 그대로 읽고, 글로 쓸 때는 대문자 C나 F만 쓰기도 한다.

A: It's 0°**C** today. [0°C: zero degrees Celsius]	A: 오늘 섭씨 0도야.
B: What's that in **Fahrenheit**?	B: 그게 화씨로는 몇 도지?
A: 0°**C** is 32°**F**. [32°F: thirty two degrees Fahrenheit]	A: 섭씨 0도는 화씨 32도야.

영하

말 그대로 번역하면 below zero이다. 틀린 표현은 아니지만, 미국 사람에게는 '화씨 0도(섭씨 -17°)'라는 의미로 들린다. 혼란을 피하기 위해 below freezing이라고 말하자.

A: I'm worried the pipes are going to freeze tomorrow.

A: 내일 파이프가 얼까 봐 걱정돼.

B: Why, is it going to be **below freezing**?

B: 왜? 영하로 내려간대?

A: Yeah.

A: 응.

참고로, '영하 ~도'는 negative ... degrees라고 한다.

A: It's so cold in Seoul right now.

A: 지금 서울은 너무 추워.

B: How cold is it?

B: 얼마나 추운데?

A: **Negative 15 degrees**! It's colder than Moscow!

A: 영하 15도! 모스크바보다 더 추워!

우박/우박이 쏟아지다

hail을 쓴다. hail은 명사와 동사로 모두 사용된다.

It **hailed** for the first time this summer.

올 여름 처음으로 우박이 쏟아졌다.

일기예보

〈일기예보〉는 weather forecast이다.

A: Did you check the **weather forecast** for tomorrow?

A: 일기예보에서 내일 날씨 봤어?

B: Yeah, it says it's going to rain.

B: 응, 비가 온대.

찜통더위

〈찜통더위〉 또는 '모든 것을 태울 듯이 더운 날'을 가리켜 scorcher라고 한다.

It's going to be another **scorcher** today.

오늘도 찜통더위일 거야. (오늘도 푹푹 찌는 날일 거야.)

최고 기온/최저 기온

〈최고 기온〉은 the high, 〈최저 기온〉은 the low이다.

A: What's the weather like tomorrow?

B: **The high** tomorrow is 35° and **the low** is 26°.

A: Damn, tomorrow's going to be tough.

A: 내일 날씨는 어때?

B: 내일 최고 기온은 35°, 최저 기온은 26°야.

A: 젠장, 내일 고생하겠네.

폭염

사전에는 〈폭염〉이 heat wave라고 나오지만, 대화할 때는 간단히 heat이라고 해도 의미가 전달된다.

A **heat wave** in Chicago killed over 700 people in five days.

시카고에서 폭염 때문에 5일 만에 700명 넘게 죽었어.

폭풍

storm에는 thunderstorm, rainstorm, snowstorm(blizzard라고도 함)의 세 가지 종류가 있다. thunderstorm은 천둥과 번개를 둘 다 동반하므로 어떤 때는 lightning storm이라고도 부른다.

There's a **storm** coming this way.

폭풍이 이쪽으로 오고 있다.

I like looking out the window during a **thunderstorm**.

난 폭풍우(뇌우)가 칠 때 창 밖을 보는 걸 좋아해.

Sometimes it's nice when there's a **rainstorm** on a Sunday afternoon.

가끔씩 일요일 오후에 폭풍우가 오는 게 좋아.

Snowstorms are good for kids but not for adults.

눈보라는 애들에게나 좋지, 어른들한테는 아니야.

참고로, winter storm은 '겨울 폭풍'인데, 반드시 눈을 동반하는 것은 아니다.

I wish there was a **winter storm** so that we wouldn't have to go to school.

겨울 폭풍이 와서 학교에 안 가도 되면 좋겠다.

CHAPTER 5

시간

▎(매시) 정각에

at the top of the hour를 쓴다.

Our bakery has freshly baked cakes ready **at the top of the hour** from noon to 8 pm.

저희 빵집은 낮 12시부터 저녁 8시까지, 매시 정각에 갓 구운 빵을 준비합니다.

▎(몇 시) 전에/(몇 시) 넘어서

before(전에, 안 되어서)와 after(넘어서, 후에)로 표현한다.

I left a little **before** 3 o'clock so I'll get there a little **after** 4.

3시 조금 안 되어서 출발했으니까 4시 조금 넘어서 거기 도착할 거야.

▎10분 후

영어로 시간을 나타낼 때는 전치사를 주의해서 써야 한다. 지금이 8시라고 가정해 보자. after 10 minutes라고 하면 8시 10분 '이후'를 의미하는데, 말하는 사람이나 듣는 사람 둘 다 8시 10분 이후의 '정확한 언제'를 의미하는지는 모른다. within 10 minutes는 '8시에서 8시 10분 사이'를 뜻한다. in 10 minutes는 '8시 10분'을 뜻한다.

[Current time is 8:00]
I will arrive **after ten minutes**.
I will arrive **within ten minutes**.
I will arrive **in ten minutes**.

[현재 시각 8시]
8시 10분 이후에 도착해.
8시에서 8시 10분 사이에 도착해.
8시 10분에 도착해.

▌12월 25일

〈12월 25일〉을 통해 영어로 날짜를 읽는 두 가지 방식을 알아보자. '일'은 서수로 표현하는데, December twenty-fifth 또는 the twenty-fifth of December라고 한다.

A: When's your birthday?

B: **December twenty-fifth**.

A: 네 생일이 언제야?

B: 12월 25일이야.

▌1박 2일

〈1박 2일〉은 overnight로 표현한다. 영어에서는 밤을 따로 세지 않기 때문에 한국어의 '박'에 해당하는 표현이 없다. 'for＋숫자＋days'로 말하면 '몇 박 며칠'로 이해한다.

He went on an **overnight** trip to Jeju-do.

I went on a road trip **for 10 days** around America.*

그는 1박 2일로 제주도에 갔다.

나는 9박 10일 동안 미국에서 자동차 여행을 했어. (나는 9박 10일 동안 차로 미국 전역을 돌았어.)

* road trip은 '장거리 자동차 여행'을 뜻한다.

▌2020년에/겨울에/1월에/월요일에/5시에

전치사를 주의해서 써야 한다. '연도(해)', '계절', '월'은 전치사 in, '요일'은 전치사 on, '시각'은 전치사 at을 쓴다. during은 '~동안', '~에'라는 뜻으로 '계절'에 쓴다.

2020년에	겨울에	1월에	월요일에	5시에
in 2020	in the winter during winter	in January	on Monday	at 5 o'clock

My daughter was born **in 2020**.

A: When's your mom's birthday?

B: Actually, she goes by the lunar calendar so it's different every year.

A: When is it usually?

B: I'm not sure. It's usually **in January**, I think. It's always **in the winter**, but I don't know which month.

A: That sounds annoying.

B: Yeah, but it was common back then.

내 딸은 2020년에 태어났다.

A: 너희 엄마 생신이 언제야?

B: 그게, 우리 엄마는 생일을 음력으로 계산하셔서 매년 달라.

A: 보통 언제인데?

B: 잘 모르겠어. 보통은 1월인 것 같아. 항상 겨울에 생신이 있는 건 확실한데 몇 월인지는 모르겠어.

A: 귀찮겠다.

B: 응, 그런데 그때는 많이들 그랬어.

A: Are you free **on Monday**?

B: Yup.

A: Great, let's meet up **at 5 on Monday**. I'll be waiting outside your building.

A: 너 월요일에 시간 돼?

B: 응.

A: 잘됐다. 그럼 월요일 5시에 만나자. 너희 회사 건물 앞에서 기다리고 있을게.

4시쯤

'~시쯤'을 보통은 'around+시각(숫자)'으로 말하지만, 종종 '숫자+-ish'로 표현하기도 한다. 그래서 〈4시쯤〉은 around 4 또는 four-ish라고 말하면 된다.

I'll be ready by **four-ish**. / I'll be ready by **around 4**.

4시쯤까지 준비할게.

참고로, '내일쯤', '다음 주쯤', '내년쯤'처럼 시각이 아닌 다른 시간 단위를 쓸 때는 앞에 sometime을 넣자. 시간 단위 앞에 sometime을 넣으면 '늦어도 그 시간까지'의 의미가 된다. 예를 들어, sometime tomorrow는 내일 몇 시일지는 모르지만 분명히 '내일 안에'라는 뜻이다.

sometime tomorrow

내일쯤(늦어도 내일까지)

sometime next week/month/year

다음 주쯤/다음 달쯤/내년쯤
(늦어도 다음 주까지/다음 달까지/내년까지)

sometime around July

7월 즈음(7월 말이나 8월 초쯤)

5시 반

〈5시 반〉은 five half가 아니라 five thirty라고 말한다. 조금 더 길게 표현하면 half past five이다. '1시 반', '7시 반' 등도 마찬가지로 표현한다.

A: What time is it?

B: It's **five thirty**. / It's **half past five**.

A: 몇 시야?

B: 지금 5시 반이야.

▌그 전날/그다음 날

〈그 전날〉은 the day before, 〈그다음 날〉은 the day after로 쓴다.

[Talking about a future trip]

A: When are you going to Paris?

B: Next Friday.

A: You want to have dinner together **the day before**?

B: I do, but I'll be busy packing and stuff. Let's meet up **the day after** I get back.

[앞으로의 여행에 관해서 말하는 중]

A: 너 파리에 언제 가?

B: 다음 주 금요일.

A: 그 전날 같이 저녁 먹을래?

B: 그러고 싶은데, 짐을 싸고 이것저것 하느라 바쁠 거야. 돌아와서 그다음 날에 만나자.

▌그저께/내일모레

사전을 보면 〈그저께〉는 the day before yesterday, 〈내일모레〉는 the day after tomorrow로 나온다. 틀린 표현은 아니지만, 훨씬 더 간단하게 표현할 수 있다. 〈그저께〉는 two days ago, 〈내일모레〉는 in two days라고 하자. (→ p.216 '10분 후' 참고)

A: When did you see him last?

B: **Two days ago**.

A: And you're seeing him again in **two days**?

B: Yup!

A: 네가 걔를 마지막으로 본 게 언제야?

B: 이틀 전에.

A: 그리고 이틀 후에 또 보는 거야?

B: 응!

▮ 낮에/저녁에/밤에

각 표현에 쓰는 전치사가 다르다.

낮에 during the day	저녁에 in the evening	밤에 at night

I work **during the day**, study **in the evening**, and sleep **at night**.

낮에는 일하고, 저녁에는 공부하고, 밤에는 자.

▮ 돌아오는(이번 주) 수요일

this (coming) Wednesday. coming은 '이번 주'를 강조하려고 할 때 쓴다. 안 써도 상관은 없지만, coming이 있을 때 더 자연스럽게 들리는 경우도 많다.

- What are you doing **this Wednesday**?

  돌아오는(이번 주) 수요일에 뭐 할 거야?

- A: When's the meeting?

  A: 회의가 언제지?

  B: It's on Wednesday.

  B: 수요일에 해.

  A: Which Wednesday? **This Wednesday** or the next?

  A: 어느 수요일? 이번 주 아니면 다음 주?

  B: **This coming Wednesday**.

  B: 이번 돌아오는 수요일.

그렇다면 오늘을 5월 12일 금요일이라고 가정했을 때 '이번 주 수요일'은 어떻게 말할까? 오늘을 기준으로 '이번 주 수요일'은 과거의 시간이니까 last Wednesday라고 말하기 쉽다. 한국 사람들이 자주 틀리는 것이 바로 이 부분이다. '5월 12일'을 기준으로 last Wednesday는 5월 3일이다. last는 '지난'의 뜻이기 때문에 last Wednesday라고 하면 '지난주 수요일'이라는 뜻이다. '이번 주' 수요일을 말하려면 this past Wednesday 또는 그냥 Wednesday(5월 10일)라고 해야 한다.

What did you do **this past Wednesday**?

이번 주 수요일에 뭐 했어?

What did you do on **Wednesday**?

이번 주 수요일에 뭐 했어?

What did you do **last Wednesday**?

지난주 수요일에 뭐 했어?

아침/오전/낮 12시/오후/저녁/밤/밤 12시/새벽

시각/시간	뜻	대체 표현/시간의 범위
12 am	자정(밤 12시)	midnight
3 am	새벽 3시*	3 in the morning
8 am	아침 8시	8 in the morning
12 pm	정오(낮 12시)	noon
2 pm	오후 2시	2 in the afternoon
7 pm	저녁 7시	7 in the evening
10 pm	밤 10시	10 at night
early morning	이른 아침	6 am – 8 am
mid morning	아침	9 am
late morning	늦은 아침	10 am – 12 pm
early afternoon	이른 오후	1 pm – 2 pm
mid afternoon	오후	3 pm
late afternoon	늦은 오후	4 pm – 5 pm
early evening	초저녁	6 pm – 7 pm
late evening	늦은 저녁	8 pm – 9 pm
night	밤	9 pm – 11 pm
late night	늦은 밤	11 pm – 2 am

* 새벽은 보통 '새벽 ~시'라는 뜻인 '숫자+in the morning'으로 표현한다.

주말/주중/평일

〈주말〉은 weekend, 〈주중〉은 weekday, 〈평일〉은 workday이다.

- I work on **weekends**, but I get **weekdays** off.　　난 주말에 출근을 하는데 주중에는 쉬어.

- A: Do you think the market's open?　　A: 시장이 열었을까?
  B: Why wouldn't they be? It's a **workday**.　　B: 왜 안 열었겠어? 오늘 평일인데.

■ 초(순)/중(순)/말(하순)

아래 표의 시간 단위들은 바꿔서 쓸 수 있다. 예를 들어, this week을 this month로 바꿀 수 있고, next year를 next month로 바꿀 수 있다.

	이번 주	1월	내년	1990년대
초(순)	early this week	early January	early next year	the early 90s
중(순)	the middle of this week	mid-January	the middle of next year	the mid-90s
말 (하순)	the end of this week	late January	late next year	the late 90s

표의 표현을 문장으로 말할 때, '~월'과 '~년대' 앞에는 in이 나온다. 나머지는 전치사가 필요 없다. 예문으로 확인하자.

● in

`in+월`

A: When's your birthday?

B: Mid-February. /
It's **in mid-February**.

A: 너 생일이 언제야?

B: 2월 중순이야. /
내 생일은 2월 중순에 있어.

`in+년대`

A: When did K-pop start?

B: The early 90s. /
K-pop started **in the early 90s**.

A: K팝이 언제부터 시작되었어?

B: 90년대 초. /
K팝은 90년대 초에 시작되었어.

● 전치사 없음

`주`

A: When can you send it to me by?

B: I'll send it to you **early next week**.

A: 그걸 제게 언제까지 보내 주실 수 있죠?

B: 다음 주 초에 보내드리겠습니다.

`년`

A: Do you have plans to visit your brother in California?

B: Actually, yes. I'm thinking about going **late next year**.

A: 남동생을 보러 캘리포니아에 갈 계획이 있어?

B: 어, 있어. 내년 말에 가 보려고.

▌한 시간 반

an hour and a half. 이 표현은 그냥 외우자.

A: How long's your class?

B: **An hour and a half.**

A: 수업 시간이 어느 정도야?

B: 한 시간 반.

▌ (~시간) 내리

in a row와 straight 둘 다 가능하다. 하지만 마지막 예문처럼 쓰는 것이 가장 자연스럽다.

I ran for two hours **in a row**.	나 두 시간 내리 뛰었어.
I ran for two **straight** hours.	나 두 시간 내리 뛰었어.
I ran for two hours **straight**.	나 두 시간 내리 뛰었어.

▌ (~에) 몇 번

'하루에 한 번'처럼 시간 단위에 따른 빈도를 나타내는 표현 중 일상적으로 쓰는 것을 정리하면 다음과 같다.

once a day 하루에 한 번	**twice a week** 일주일에 두 번	**three times a month** 한 달에 세 번
once every two years[*]... 2년에 한 번	**twice every three decades** 30년에 두 번	**three times every four centuries** 400년에 세 번

* every other year도 같은 뜻이다.

A: Do you cook often?

B: Not really. Maybe about **twice a week**. I make a lot at once and store it in the fridge.

A: 밥을 자주 해서 먹어? (요리를 자주 해?)

B: 아니. 일주일에 두 번 정도? 한번 할 때 왕창 만들어서 냉장고에 보관해 놔.

A: How often do you travel abroad?

B: About **once every two years/every other year**.

A: 해외 여행은 얼마나 자주 가?

B: 한 2년에 한 번 가.

참고로, '격주에'라는 뜻의 영어 단어는 biweekly다. biweekly와 twice a week를 혼동하지 말자.

My department has a **biweekly** meeting.	우리 부서는 2주일에 한 번씩 회의를 해.
I go to hagwon **twice a week**.[*]	나 일주일에 두 번 학원에 가.

* p.249 '학원' 참고

▌ (시간이 지나) 결국/드디어(마침내)

〈결국〉은 in the end라고 번역할 수 있다. in the end는 원하는 결과이든 원하지 않은 결과이든 구분 없이 단순히 '어떠한 결과에 도달했다'라는 의미다. 그러나 〈드디어〉나 〈마침내〉처럼 '원했던 결과'를 얻게 되었을 때는 finally를 쓰는 것이 알맞다.

In the end, everything worked out for us.	결국에는 모든 일이 잘 풀렸어.
In the end, nothing worked out for us.	결국에는 어느 일도 잘 풀리지 않았어.
My fifty-year-old aunt **finally** got married.	쉰이 되신 고모가 드디어(마침내) 결혼하셨어.

▌ ~까지

영어로는 until과 by 두 가지로 번역되어서 헷갈릴 수 있다. 아래 예문을 살펴보며 어떠한 차이가 있는지 알아보자.

I will read the book **until** next Monday.	난 다음 주 월요일까지 이 책을 읽을 거야.
I will read the book **by** next Monday.	난 다음 주 월요일까지 이 책을 다 읽을 거야.

책을 until next Monday 읽는다는 것은 지금 읽기 시작해서 계속 읽다가 월요일에 책을 그만 읽지만 책을 '다 읽지는 않을(못할) 것'이라는 의미가 포함되어 있다. 반면, 책을 by next Monday 읽는다는 것은 지금 읽기 시작해서 계속 읽다가 월요일이나 그전에 책을 끝까지 '다 읽는다'라는 의미다. 다음 예문도 살펴보자.

I have class **until 5** in the afternoon.	오후 5시까지 계속 수업이 있어.
My class will finish **by 5** in the afternoon.	늦어도 오후 5시에는 수업이 끝나.

첫 예문에서는 수업이 언제 끝날지 안다. 두 번째 예문에서는 언제 수업이 끝날지 모르지만 5시 전에는 끝날 것이다. 그러나 때에 따라 차이가 명확하지 않을 때도 있다. 그럴 경우에는 강조하는 것이 무엇인지, 즉 '기간(until)'인지 '끝나는 시점(by)'인지를 생각하자.

Don't move **until** you're done.	끝날 때까지 움직이지 마.
You need to arrive at the airport **by** 3:00.	3시까지 공항에 도착해야 돼.

첫 예문에서는 don't move가 어떤 일이 끝나기 전의 '기간'을 더 강조하는 문장이므로 until을 사용하고, arrive는 정해진 시간에 도착해 있는 '결과'를 강조하기 때문에 전치사 by가 알맞다.

'그때까지'는 until/by then이라고 말한다.

A: I know you can't finish the presentation by Monday, but keep working on it **until then**.

B: No, I think I can finish it **by then**.

A: 월요일까지 프레젠테이션을 끝내지 못할 건 아는데, 그래도 그때까지 해 봐.

B: 아니야, 그때까지 다 끝낼 수 있을 것 같아.

~전에

ago와 before 둘 다 〈전에〉라는 뜻이지만 쓰임이 다르다. ago는 '시간 단위'와만 쓴다. 반면, before는 시간 단위가 아닌 단어나 표현 앞에 쓴다.

Four score and seven years **ago**…*

Before you go, I need to tell you something.

I want to get on the subway **before** rush hour.

지금으로부터 87년 전….

네가 가기 전에 얘기해 줄 게 있어.

러시아워 전에 지하철을 타고 싶어.

* 1 score는 '20년'이다. 현재 자주 쓰이는 표현은 아니지만, 링컨의 게티즈버그 연설에 사용되었기 때문에 미국 사람은 다 알아 듣는다.

~하자마자

as soon as를 쓴다. 문장 구조는 'as soon as+주어+동사'이다.

As soon as I hear from my boss, I'll text you.

I'll let you know **as soon as** I hear from my boss.

상사한테 연락 받자마자 네게 문자 할게.

상사한테 연락 받자마자 너한테도 알려 줄게.

90년생

일반적으로 서양 사람들은 상대방 나이를 물을 때 출생연도를 묻지 않는다. 하지만 상대방의 출생연도가 궁금하면 아래 예문처럼 묻고 답하자.

A: **What year were you born in**?

B: **I was born in 1990**.

A: 몇 년생이세요?

B: 전 90년생이에요. (전 1990년에 태어났어요.)

▎ 간간이(2, 3개월에 한 번)

〈간간이〉는 often(자주)보다는 덜하고 sometimes(가끔)보다는 더한 빈도를 뜻한다. 하지만 영어에는 딱 떨어지는 단어가 없다. 흔히 아래 예문처럼 구체적으로 말한다.

A: How often do you see your relatives?
B: **About once every two, three months.**

A: 넌 친척들을 얼마나 자주 봐?
B: 간간이 만나. (2, 3개월에 한 번 정도 만나.)

구체적으로 말하기 힘든 상황에서는 대충 sometimes나 every so often 또는 every once in a while로 두루뭉술하게 말한다.

I hike Mt. Seorak **sometimes.***
I hike Mt. Seorak **every so often.**
I hike Mt. Seorak **every once in a while.**

난 가끔 설악산에서 하이킹 해.
난 종종 설악산에서 하이킹 해.
난 때때로 설악산에서 하이킹 해.

* Mt.는 mount라고 발음한다.

▎ 곧/나중에/다음에

곧 soon	나중에 later	다음에 next time

A: Mom, I want to get this!
B: Let's get that **next time**.
A: You always say that!
B: But this time I mean it. It's your birthday **soon**.
A: But **later** you're going to say that you don't remember saying that.

A: 엄마, 나 이거 살래!
B: 우리 그거 다음에 사자.
A: 엄마는 맨날 그 말만 해!
B: 이번에는 진짜야. 곧 네 생일이잖아.
A: 그런데 나중에 엄마는 그런 말 한 기억이 없다고 할 거잖아.

▎ 곧바로/지금 당장

〈곧바로〉는 right away, 〈지금 당장〉은 right now를 쓴다. 시점이 현재면 둘다 쓰지만, 과거나 미래라면 right away만 쓸 수 있다.

It's urgent. Come **right away**.
Apologize **right now**!

급해. 곧바로 와.
지금 당장 사과해!

▮ 당분간/우선/이제부터

당분간	우선	이제부터
for the time being, for now	for now	from now on

A: Do you need a break?

B: I'm okay **for the time being**. /
I'm okay **for now**.

Let's wait **for now**.

From now on call ahead if you're going to
be late.

A: 너 잠깐 쉴래?

B: 당분간은 괜찮아.

우선 기다려 보자.

이제부터는 늦을 거면 미리 전화해.

▮ 방금 전에

just now라는 표현을 기억하자.

A: My brother's been arrested.

B: When did this happen?

A: **Just now**.

A: 우리 형이 체포됐어.

B: 언제?

A: 방금 전에.

▌시간을 때우다

'킬링 타임'이라고 한국에서 흔히 말하는 〈시간을 때우다〉라는 뜻의 올바른 영어 표현은 kill time이다.

A: You're going to be an hour late? But I'm already here!

B: Sorry, maybe you could go **kill** some **time** at an internet cafe.

A: 한 시간이나 늦는다고? 난 이미 도착했는데!

B: 미안. PC방 가서 시간 좀 때우는 건 어때?

▌시차

영어에서 〈시차〉는 두 종류가 있다. time difference와 jet lag이다. time difference는 '두 지역 간의 시간 차이'를 의미한다. 구체적인 시간 차이를 말할 때는 전치사 ahead(앞에)와 behind(뒤에)를 쓰자. 반면, jet lag는 비행기로 장시간 이동하며 여러 시간대를 빨리 지나 '시간 차이 때문에 몸과 머리가 피곤해진 것'을 의미한다. 실제로 쓸 때는 jet lagged라고 형용사형으로 쓰자.

A: What's the **time difference** between Seoul and New York?

B: I think Seoul is 13 hours **ahead** (of New York). / I think New York is 13 hours **behind** (Seoul).

I'm so **jet lagged**.

A: 서울과 뉴욕 사이의 시차가 몇 시간 정도지?

B: 서울이 뉴욕보다 13시간 빠른 거 같아. / 뉴욕이 서울보다 13시간 느린 것 같아.

시차 때문에 너무 피곤해.

아직/아직도/아직은

각각 어떻게 표현하는지 아래 표의 내용을 확인하자.

아직 yet	아직도 still	아직은 for now

He's not here **yet**.   쟤 아직 안 왔어.

He's **still** not here.   쟤 아직도 안 왔어.

He doesn't need to be here **for now**.   쟤 아직은 없어도 돼.

양력/음력

날짜를 셀 때 대부분 〈양력(solar calendar 또는 Gregorian calendar)〉을 쓴다. 〈음력〉은 lunar calendar이다. 현대 사회에서는 양력을 쓰기 때문에 서양 사람들은 solar calendar라는 말을 거의 쓰지 않는다.

The date for Chuseok changes every year because it's based on the **lunar calendar**.   추석 날짜가 매년 바뀌는 이유는 음력을 따르기 때문이야.

언젠가는

someday 또는 one day. 문장 맨 앞 혹은 맨 뒤 어디에나 쓸 수 있다.

My wish will come true **someday**.   언젠가는 내 소원이 이루어질 거야.

If you keep acting like that, you're going to be in big trouble **one day**.   너 계속 그따위로 행동하다간 언젠가 크게 낭패를 볼 거야.

얼마나 오래/얼마나 자주

질문할 때는 의문사를 문장 맨 앞에다 두고 그다음은 의문문 형식을 그대로 따르면 된다.

얼마나 오래 How long+질문	얼마나 자주 How often+질문

[Talking with a traveler to Seoul]

A: **How long are you going to be in town for**?

B: I'm here until this Friday.

A: So soon! **How often do you come to Seoul**?

B: Quite often so I don't usually stay long.

[서울에 온 여행자와 대화 중]

A: 서울에 얼마나 계실 거예요?

B: 저는 금요일까지 있을 거예요.

A: 빨리 가시네요! 서울에는 얼마나 자주 오세요?

B: 꽤 자주 와서 오래는 안 있어요.

▌ 예전만큼

〈예전만큼〉은 보통 as ... as before라고 말한다.

It's not **as** much **as before**.

예전만큼 많지 않아.

It's not **as** little **as before**.

예전만큼 적지 않아.

그러나 '과거의 습관/기간'과 비교할 때는 before대신 used to를 쓴다.

I don't like her as much as I **used to**.

난 예전만큼 걔를 좋아하지 않아.

It doesn't take as long as it **used to**.

예전만큼 오래 걸리지 않아.

This restaurant doesn't give you as much as they **used to**.

이 식당은 예전만큼 많이 주지 않아.

We don't use email as much as we **used to**.

우리는 예전만큼 이메일을 많이 사용하지 않는다.

〈예전만큼〉이 as much as로 번역되지 않을 때가 있다. 다음 두 문장을 비교해 보자.

She doesn't cry **as much as** she used to.

걔는 예전만큼 많이(오래) 울지는 않아.

She doesn't cry **as easily as** she used to.

걔는 예전만큼 쉽게(자주) 울지는 않아.

위의 문장은 과거와 현재의 '우는 양'을 비교하는 것이다. 아래 문장은 '얼마나 쉽게 우는지'를 비교하고 있다. 지금은 예전만큼 쉽게 울지 않을지라도 한번 울게 되면 너무 많이 울어서 예전의 우는 양과 같을 수 있다. 어쨌든 말하고자 하는 요점은, 두 문장 사이에 뉘앙스 차이가 있다는 것이다. 다른 예문도 살펴보자.

He doesn't get angry **as much as** he used to.

걔는 예전만큼 많이(자주) 화내지 않아.

He doesn't get **as** angry **as** he used to get.

걔는 예전만큼 화내지는 않아.

위의 문장은 화를 내는 '빈도'를 비교하고 있다. 아래 문장은 화를 내는 '정도'를 비교하는 것이다. 예전만큼 화를 자주 낼 수도 있지만, 지금은 화를 내더라도 더 차분하다는 의미를 전달한다.

■ 이르다/늦다/시간을 잘 지키다

아래 표의 내용을 확인하자.

이르다 be early	늦다 be late	시간을 잘 지키다 be on time

[On the phone]

A: Hey, are you there yet?

B: Of course, I'm always **early**.

A: So… I think I'm going to **be** a little **late**.

B: Again? How **late**?

A: Uh, about thirty minutes?

B: You're paying for everything tonight.

A: Why isn't Mike here? The meeting is about to start.

B: Don't worry. He's always **on time**.

[통화 중]

A: 어, 혹시 도착했어?

B: 당연하지. 난 항상 일찍 오잖아.

A: 있잖아…. 나 좀 늦을 거 같아.

B: 또? 얼마나 늦을 거 같은데?

A: 음, 한 30분?

B: 오늘 네가 돈 다 내.

A: 마이크가 왜 안 오지? 회의 시작할 참인데.

B: 걱정하지 마. 그 친구는 항상 시간을 잘 지키잖아.

be on time을 강조하기 위해서 right을 넣어 be right on time으로도 쓴다.

I was worried you were going to be late, but you're **right on time**!

늦으실까 봐 걱정했는데 제시간에 오셨네요!

■ 지금까지(는)/여태까지(는)

보통 until now, up until now, so far, all along을 쓰는데, 주의할 점이 있다. until now 는 '상태가 변했을 수도, 변하지 않았을' 수도 있다. 그러나 up until now는 '변화가 있음' 을 의미한다. 따라서 상태가 확실히 '변했다'는 것을 나타내려면 up until now를 쓰자. so far, all along은 '변함이 없다'는 의미가 있다.

A: What have I been telling you **all along**?

B: I didn't know that **until now**.

I've never had money **until now**.

I made a lot of money **until now**.

A: 내가 여태까지 뭐라고 그랬어?

B: 지금까지는 몰랐어. (방금 알게 됐어.)

지금까지는 돈이 없었어. (지금은 있어.)

지금까지는 돈을 많이 벌었지. 〈여전히 돈을 많이 버는지는 확실하지 않음〉

■ I've had no problems **so far**.

지금까지는 문제가 없어.

I've had no problems **until now**.

여태까지는 문제가 없었지. (방금 문제가 생겼는지 아닌지 확실하지 않음)

■ I haven't received it **so far**.

난 그거 지금까지 못 받았어.

I hadn't received it **up until now**.

난 그거를 방금 전까지는 못 받았었어. (방금 받았어.)

참고로, all along은 긍정적인 의미로만 쓸 수 있다. 예를 들어, "여태까지 못 찾았어"라고 말하고 싶을 때는 all along을 쓸 수가 없다. 이런 상황에서는 still(아직도)을 쓰자.

A: What are you doing?

A: 뭐 하고 있어?

B: I'm looking for my wallet.

B: 지갑을 찾고 있어.

A: You **still** haven't found it?

A: 여태까지(아직도) 못 찾았어?

B: Yeah, and it's driving me crazy.

B: 응, 미치겠어.

▌직전/직후

〈직전〉은 right before, 〈직후〉는 right after다.

You shouldn't eat **right before** you start exercising.

운동하기 직전에는 안 먹는 게 좋아.

He left **right after** you.

네가 떠난 직후에 걔도 갔어.

▌처음에는/처음으로

〈처음에는〉은 at first, 〈처음으로〉는 for the first time이다. 둘 다 문장 맨 앞 또는 맨 뒤에 넣는다.

At first I didn't like him. /
I didn't like him **at first**.

처음에는 난 그 사람을 안 좋아했어.

I started liking him **for the first time**.

처음으로 그 사람이 좋아지기 시작했어.

참고로, '~은 처음이야?'는 'Is this your first time + 동사ing?'로 묻는다.

Is this your first time watching an opera?

오페라 보는 거 이번이 처음이세요?

하루 아침에

'갑작스러운 변화'를 의미할 때 overnight을 쓴다.

A: This store wasn't here yesterday!

B: Yeah, it changed **overnight**!

A: 어제는 이 가게가 없었는데!

B: 그러게, 하루 아침에 바뀌었네!

하루 종일

〈하루 종일〉은 all day다. all은 week, month 등의 다른 시간 단위와도 같이 쓸 수 있다.

I slept **all day**.

Don't stay up **all night** reading webcomics.

We haven't showered **all week**.

I've been on a diet **all month**, and it's killing me.

I have been waiting for this moment **all my life**!

나 하루 종일 잤어.

밤새서 웹툰 보지 마.

우리 일주일 내내 샤워를 안 했네.

한 달 내내 다이어트 중인데 죽을 거 같아.

난 평생 이 순간을 기다렸어!

참고로, long은 all my life를 제외하고 위의 모든 시간 단위를 강조하기 위해 쓸 수 있다.

I was on the computer **all day long**.

Third year high school students study for their college entrance exam **all year long**.

난 하루 종일 컴퓨터를 했어.

고3 학생들은 일년 내내 대학 입시 공부를 한다.

CHAPTER 6

옷·소품

긴팔/반팔

〈긴팔〉은 long sleeve(s), 〈반팔〉은 short sleeve(s). 길이에 상관 없이 팔에 해당하는 부분이 두 개이므로 명사로 쓸 때는 복수형으로 쓴다.

I don't like wearing **short sleeves**.	난 반팔 입는 거 안 좋아해.
I don't wear **long sleeve** shirts in the summer.	난 여름에 긴팔 셔츠 안 입어.

꽉 끼다/헐렁하다

〈꽉 끼다〉는 tight, 〈헐렁하다〉는 loose 또는 loose-fitting으로 표현한다.

I need to find a dress that fits me just right. Not too **tight**, not too **loose**.	내 사이즈에 딱 맞는 드레스가 필요해. 너무 꽉 끼지 않으면서 너무 헐렁하지도 않은 거.

바지/반바지

pants는 청바지(jeans)를 제외한 모든 〈바지〉 종류를 가리킨다. 〈반바지〉는 shorts, '아주 짧은 반바지'는 short shorts이다.

We're having guests over. Put on some **pants**.	손님 올 거야. 바지 좀 입어.
I get so hot easily that I still wear **shorts** in November.	난 몸에 열이 너무 많아서 11월에도 반바지를 입어.

참고로, shorts와 pants의 개수는 pair of로 센다.

I need **a** new **pair of pants** for work.	회사에 입고 다닐 새 바지가 한 벌 필요해.

속옷

underclothes라고 묶어 말하기도 하지만, 속옷의 종류는 다양하므로 보통은 구체적으로 말한다.

underclothes	underwear	bras	undershirt
남자 및 여자의 팬티, 여자의 브래지어	남자와 여자의 팬티	브래지어	남자와 여자의 속옷 윗도리

참고로, 미국에서 panties는 여자가 입는 것이다. 일반적으로, 남녀 상관 없이 '팬티'는 underwear라고 하는데, 팬티의 종류를 조금 더 자세히 분류하고 싶다면 아래 내용을 참고하자.

● 남자 팬티

briefs 삼각팬티
boxers 트렁크, 사각팬티
boxer briefs 달라붙는 사각팬티
trunks 짧고 달라붙는 사각팬티

● 여자 팬티

briefs 삼각팬티
thong 끈 팬티
g-string T팬티

스카프(머플러)

muffler는 영국에서 흔히 쓰는 말이고, 미국 사람들은 scarf라고 한다.

A: I want to look like an artist.

B: Wear glasses and a **scarf**.

A: 난 예술가처럼 보이고 싶어.

B: 안경 쓰고 스카프(머플러)를 매 봐.

옷이 낡다

be worn out이라고 말한다.

A: You need new jeans. They**'re** all **worn out**.

B: No, it's vintage. It's in right now.

A: 너 청바지 새로 사야겠다. 다 낡았어.

B: 아니, 이건 빈티지 스타일이야. 요새 유행이잖아.

▋와이셔츠

남자 〈와이셔츠〉는 dress shirt 또는 button-down/button-up shirt라고 한다. 참고로, '여성용 정장 셔츠'는 blouse이다.

Why do dry cleaners charge more for **blouses** than **dress shirts**?

왜 세탁소에서는 남자 셔츠보다 여자 블라우스에 돈을 더 받지?

▋윗도리

〈윗도리〉는 shirt라고 하는데, 듣는 사람이 어떤 종류의 윗도리인지 알 수 있게 구체적으로 말하는 것이 좋다.

A: Mom, if you're going shopping today, could you get me a **shirt**?

B: What kind of **shirt** do you want?

A: A plain white **t-shirt**.

A: 엄마, 오늘 쇼핑 가실 거면 저 셔츠 하나만 사 주세요.

B: 어떤 윗도리를 원해?

A: 무늬 없는 하얀 티셔츠요.

참고로, '윗도리를 집어넣다'는 tuck in *one's* shirt이다.

Tuck in your **shirt** before you go in for the interview.

면접 보러 들어가기 전에 윗도리 집어 넣어.

▋지퍼

zipper. 옷이나 가방 등의 지퍼를 올릴 때는 zip up, 내릴 때는 unzip을 쓴다.

The zipper on my bag is broken.

Zip up your jacket. It's cold.

내 가방의 지퍼가 고장 났어.

점퍼의 지퍼 올려. 춥다.

보통, '바지 지퍼'를 fly(지퍼를 가리는 부분)라고 한다.

Your **fly**'s open.

Zip up your **fly**.

Unzip your **fly**.

네 지퍼 열렸어.

(바지) 지퍼 올려.

(바지) 지퍼 내려.

▌청바지

jeans에서 s를 빼면 안 된다. -s가 없으면 그냥 '청색 면으로 된 천'을 뜻한다.

I heard you're not supposed to wash your **jeans**.	어디서 들었는데, 청바지는 빨면 안 된대.
Jean jackets are back in fashion in Korea.	한국에서는 청자켓이 다시 유행이야.

▌츄리닝

영국에서 쓰는 말인 trainers에서 파생된 단어다. 미국에서는 〈츄리닝〉을 종류별로 나눠 아래처럼 부른다.

track suit	track pants	track jacket	gym shorts, running shorts
츄리닝(투피스)	긴 바지	츄리닝 잠바	반바지

CHAPTER 7

사물·시설·장소

노트북 (컴퓨터)

미국에서는 〈노트북 (컴퓨터)〉을 notebook이라고 하면 아무도 못 알아듣는다. 미국 사람들에게 notebook은 '공책'이다.

laptop 노트북 컴퓨터	**desktop** 데스크톱 컴퓨터

담배 꽁초

〈담배 꽁초〉는 cigarette butt이다.

Why do smokers never throw away their **cigarette butts** in the trash can?	담배 피우는 사람들은 왜 담배 꽁초를 쓰레기통에 안 버리는 거야?

때/때를 밀다/때수건/샤워타월

영어로 〈때〉는 dead skin(cells), 〈때를 밀다〉는 exfoliate이다. 하지만 〈때를 밀다〉라는 표현이 있다고 해서 미국 사람들도 한국 사람과 비슷한 방식으로 때를 밀거라 생각하면 오산이다. 미국에서는 때를 밀 때 때수건으로 온몸을 벅벅 미는 것이 아니라 바디 워시를 몸에 발라 손으로 문지르거나 부드러운 loofah(미국에서 쓰는 샤워타월)를 쓴다. 〈샤워타월〉과 〈때수건〉을 영어로는 둘 다 loofah라고 부르는데, loofah는 동그랗고, 아기 얼굴에 쓸 수 있을 만큼 부드럽기 때문에 한국 사람들은 loofah로 밀어 봤자 얼마나 때가 나오겠냐고 할 것이다.

I need to **exfoliate**. I can feel the **dead skin** on my body, but I need a new **loofah**.	나 때 밀어야 돼. 피부에 때가 낀 게 느껴져. 그런데 때수건은 새로 사야 돼.

▌러닝머신

〈러닝머신〉은 콩글리시다. 영어로는 treadmill로, 19세기에 영국에서 만들어진 발로 밟아 돌리는 고문기구였던 '트레드밀(고문바퀴)'에서 유래했다.

A: What exercises do you do at the gym?

B: I run on the **treadmill**.

A: 헬스장에 가서 무슨 운동을 해?

B: 난 러닝머신에서 뛰어.

▌인형

인형의 종류는 크게 두 가지로 나뉜다. 안에 솜이 들어 있는 봉제 동물 인형은 stuffed animal이고, 솜이 없으면 doll이다.

I used to play with my sister's **Barbie dolls** when I was a little boy.

난 어렸을 때 누나의 바비 인형을 가지고 놀곤 했다.

I bought some **stuffed animals** for my daughter's birthday.

난 딸의 생일 선물로 봉제 동물 인형을 몇 개 샀다.

▌일회용

영어로 〈일회용〉을 나타내는 표현은 disposable로, '쓰고 버릴 수 있는'이라는 뜻이다.

I hate **disposable** chopsticks.

난 일회용 젓가락이 너무 싫어.

▌카펫

한국에서 〈카펫〉이라고 부르는 것을 미국에서는 rug라고 말한다. carpet은 바닥에 붙어 있는 것이다.

A: There's a scratch on the floor.

B: Just put a **rug** over it.

A: 바닥에 흠집이 났네.

B: 위에다 카펫을 깔아.

▌ (대형)마트/백화점

한국의 이마트(E-mart) 또는 홈플러스(Homeplus)와 같은 〈(대형)마트〉를 supermarket이라고 하는데, 보통은 마트 이름으로 부른다. supermarket보다 작은 곳이 grocery store이다. 〈백화점〉은 department store라고 해도 맞지만, 미국에서는 보통 mall이라고 한다.

Your dad and I are going to **E-mart/the supermarket**. Do you want to come?	아빠랑 엄마는 이마트(마트) 간다. 너도 같이 갈래?
Run to the **grocery store** and get a can of tuna.	마트에 빨리 가서 참치캔 하나 사 와.
I get tired as soon as I enter a **mall**.	나는 백화점에만 들어가면 피곤해져.

▌ 고정문

미국에는 〈고정문〉이라는 개념이 없다. 하지만 한국에서는 잠근 한쪽 문에 한글로 〈고정문〉, 영어로는 fixed door라고 써서 붙여둔 것을 볼 수 있다. 외국인이 fixed door가 무엇인지 물어보면 그때 설명해 주면 된다.

A: What's a "fixed door?"	A: '고정문'이 뭐야?
B: **It's one of the double doors that is kept locked**.	B: 두 개의 문 중에 잠겨 있는 하나를 말해.
A: Why do they keep one door locked?	A: 왜 한쪽 문을 잠가 놔?
B: Uh…	B: 어….

구멍가게

아주 작은 〈구멍가게〉를 영어로는 mom-and-pop shop이라고 한다. pop은 shop과 라임이 맞기 때문에 쓴 것이다.

I buy most of my groceries at a **mom-and-pop shop**.	나는 주로 구멍가게에서 장을 봐.

참고로, '아주 작은 규모의 식당'은 hole-in-the-wall이라고 부른다. 이것은 영국에서 채무자가 갇힌 감옥 벽에 동네 사람들이 돈이나 음식 등을 넣어 줄 작은 구멍을 뚫었던 것에서부터 유래한 말이다.

There's a great **hole-in-the-wall** sushi restaurant I know.	내가 아는 진짜 맛있는 아주 작은 초밥집이 있어.

노래방/PC방

〈노래방〉은 일본어 그대로 karaoke라고 하는 게 일반적이고, 〈PC방〉은 internet cafe라고 한다. 한국에서는 수많은 "방"이 생겼다가 없어지는데, 그러한 "방"을 한국어 그대로 부르고 무엇을 하는 곳인지 보충 설명해 주자.

A: Where do you want to go?	A: 넌 어디 가고 싶어?
B: How about **karaoke**?	B: 노래방은 어때?
Internet cafes aren't as common in America as they are in Korea.	미국에는 PC방이 한국만큼 흔하지가 않아.

드레스룸

요즘 한국의 아파트를 보면 평수가 넓지 않아도 드레스룸이 갖춰진 것을 흔히 볼 수 있다. 〈드레스룸〉의 알맞은 영어 표현은 dressing room이다. 미국의 경우, 옷을 갈아입는 방인 dressing room은 엄청나게 큰 집이나 공연장, 방송국 스튜디오 같은 곳에나 있다.

A: Where are you performing?	A: 너 어디서 공연해?
B: At a rundown bar with a stage. It's so bad that my **dressing room** is a supply closet.	B: 무대가 있는 거지 소굴 같은 바에서. 얼마나 후진지, 드레스룸이 비품 창고야.

∎ 방충망

〈방충망〉은 screen이라고 부른다.

There's a tear in your **window screen**.

A lot of houses in America have **screen doors**.

창가 방충망에 찢어진 데가 있어.

미국의 많은 집에는 문에 방충망이 있어.

참고로, 지하철 승강장의 '스크린 도어'는 영어로 platform screen door라고 한다. 여기에서의 platform은 '승강장'이란 뜻이다.

Having **platform screen doors** is much safe.

승강장에 스크린 도어가 있는 게 훨씬 더 안전해.

∎ 베란다

미국의 주택에는 〈베란다〉가 없다. veranda라는 단어 자체가 미국에서는 생소하다. veranda는 집의 구조로 봤을 때 바깥과 바로 마주하는 곳으로, 미국 사람들은 이런 공간을 front porch/back porch라고 부른다. 한국의 주거 디자인에 익숙하지 않은 외국인과 대화할 때 이 이야기가 나오면 베란다의 기능이 다른 방과 어떻게 다른지 설명하자.

A: What's a **veranda** in Korea?

B: It's a separate space from the rest of the house. It's indoors but kind of feels like outdoors, and there's no insulation or heating. People use the veranda for things they can't do in the house, like hanging up the laundry.

A: Why can't you hang up the laundry in the house?

B: You can, but it's better to do it in the **veranda** because there are big windows there, and so the clothes dry more quickly.

A: 베란다가 한국에서는 어떤 거야?

B: 집 안과는 분리된 공간이야. 실내지만 실외 같은 곳이지. 단열이 되지 않고 난방도 안 돼. 보통 집 안에서 못하는 걸 베란다에서 해. 예를 들면, 빨래를 널어놓는 공간으로 써.

A: 집 안에서 빨래를 왜 못 널어?

B: 할 수는 있는데 베란다에서 하는 게 더 낫지. 베란다 창문이 크니까 옷이 더 빨리 말라.

참고로, 한국에서 말하는 "베란다"는 정식 건축 개념으로 보면 '발코니'다. 발코니는 아파트 같은 공동주택에서 주거공간을 넓히기 위해 건물 외벽에 조금 더 튀어나오게 만든 공간이다. 원래 베란다는 공동주택에서 '아래층이 위층보다 면적이 넓어서 아래층 지붕에 생기는 남는 면적의 공간'을 뜻하는 말이다.

▎ 보일러

일반적으로 어떤 종류의 난방장치든지 다 heater라고 한다. heater는 켜거나 끌 수 있고 (turn on/off), 온도를 몇 도까지 높이거나 낮출 수도 있다(turn up/down to ... degree).

- A: I'm a little cold. Let's turn the **heater** on.

  B: No, it's too expensive. Put on a hoodie.

  A: 나 살짝 추워. 보일러 켜자.

  B: 안 돼, 너무 돈이 많이 들어. 후드티를 입어.

- Oh my God, it's like a sauna in here. **Turn the heater down to 18 degrees.**˙

  * p.210 '도(°)' 참고

  맙소사, 여기 사우나 같아. 보일러 온도를 18도로 내려.

▎ 온돌

ondol이라고 말하고 heated floors라고 부가 설명을 하자. 한국 조상들이 처음 만든 것이라고 외국인에게 소개하면서 작동 원리를 간단히 설명하면 좋을 것이다.

- A: Winters in Korea are bitter cold, but at least there's **ondol**.

  B: What's that?

  A: **Heated floors.**

  A: 한국의 겨울은 혹독하게 춥지만 그래도 한국엔 온돌이 있지.

  B: 그게 뭐야?

  A: 따뜻하게 데운 바닥을 말해.

▎ 전문점

〈전문점〉은 specialty store이다. 하지만 어떤 전문점인지 구체적으로 말할 때는 '물품 +shop/store'라고 한다. shop과 store는 판매하는 물품이 다르긴 하지만 명확한 규칙은 없기 때문에 미국 사람들이 쓰는 것을 듣고 기억하는 것밖에는 방법이 없다.

- A: I want to open a **specialty store**.

  B: Selling what?

  A: I don't know yet.

  A: 난 전문점을 하나 차리고 싶어.

  B: 뭘 판매할 건데?

  A: 아직 모르겠어.

- A: What does your mom do?

  B: She runs a **cheese shop**. / She runs a **stationery store**.

  A: 너의 어머니께서는 무슨 일을 하셔?

  B: 치즈 전문점을 운영하셔. / 문구점을 운영하셔.

전문점이 '체인점'이면 specialty store가 아니라 가게 이름을 말하면 된다.

Go to **Himart** if you need electronics.

전자제품이 필요하면 하이마트에 가.

참고로, '특정 음식 전문 식당'은 흔히 '음식+place'라고 한다. 종종 뒤에 'They specialize in+식자재/요리.'라고 부연 설명한다.

Let's go to this **barbecue place. They specialize in Hanwoo.**	우리 이 고깃집에 가자. 여긴 한우 전문점이야.

캠핑카

미국에서는 recreational vehicle(레저 차량)을 줄여서 RV라고 부른다.

Let's go to California, rent an **RV**, and take a road trip across the country.	우리 캘리포니아에 가서 캠핑카를 빌리고, 국토 횡단 여행을 하자.

콘센트

outlet 또는 socket이라고 한다.

Is there an **outlet** where I can charge my phone?	제 전화기를 충전할 수 있는 콘센트가 있을까요?

참고로, '멀티 탭'은 power strip이다.

I need a **power strip** for all my appliances.	내가 가진 가정용 기기를 다 꽂을 멀티 탭이 필요해.

펜션

〈펜션〉은 미국보다는 유럽, 북아프리카, 중동에서 흔히 볼 수 있다. 미국에 있는 숙박시설 중 펜션과 가장 비슷한 유형은 guesthouse 또는 hostel이다. 차이가 있다면, 펜션은 단체 손님을 위한 곳이며 주방이 있다는 점이다.

A: I'm going to Gangwon-do with 20 of my college friends.

B: Really? Where are you staying?

A: At a **pension**.

B: What's a **pension**?

A: It's like a guesthouse but where you can rent out the whole place. And it has a kitchen so we can cook there, too.

B: Oh, we don't have those in the States. Sounds like fun!

A: 나 대학교 친구들 20명과 같이 강원도에 가.

B: 진짜? 어디서 머무를 거야?

A: 펜션에서.

B: 펜션이 뭐야?

A: 게스트 하우스하고 비슷한데, 집 전체를 빌릴 수 있고 주방이 있어서 밥도 해 먹을 수 있어.

B: 와, 미국에는 그런 거 없는데. 재미있겠다!

학원

한국에서 말하는 〈학원〉을 미국에서는 cram school이라고 부른다. cram은 '벼락치기로 공부하다'라는 뜻이기 때문에 cram school은 '벼락치기로 공부하는 학교'라고 해석할 수 있다. 하지만 한국에는 학원이 도처에 있고 한국에서 활동하는 영어 원어민 강사도 많기 때문에, 한국에서 사는 외국인과 이야기할 때는 한국 발음 그대로 hagwon이라고 불러도 대부분 알아들을 것이다. (→ p.351 '한우' 참고)

I'm studying English at a **hagwon**.

난 학원에서 영어를 공부해.

Many students study for their college entrance exams at **cram schools**.

많은 학생이 학원에서 대학교 입학 시험 공부를 한다.

참고로, 학교가 아니라 '악기나 운동 등을 배우는 학원에서 레슨(수업) 받는 것'은 take lessons라고 말한다.

I used to **take piano lessons** when I was little.

난 어렸을 때 피아노 학원에 다녔어.

Where do you think is a good place for my son to **take Taekwondo lessons**?

우리 아들 태권도 학원은 어디로 보내는 게 좋을까?

CHAPTER 8

일상 활동

▎ 꿀잠 자다

'꿀잠'을 직역해서 honey sleep이라고 하면 미국 사람은 아예 이해하지 못할 것이다. 〈꿀잠 자다〉는 그냥 sleep well이라고 하자.

A: How did you sleep?

B: I **slept** so **well**! I wish I could always sleep with the air conditioner on.

A: 잘 잤어?

B: 완전 꿀잠 잤어! 항상 에어컨을 틀고 잘 수 있으면 좋겠다.

참고로, 잠에 깊게 들지 못해 부족한 잠인 '선잠'은 catnap이다.

I took a **catnap** on my couch.

난 소파에서 선잠을 잤어.

▎ 늦잠 자다

영어에는 두 종류의 〈늦잠 자다〉가 있다. 하나는 늦게까지 푹 자서 매우 기분이 좋아지는 sleep in, 다른 하나는 예기치 않게 늦게 깨서 스트레스를 받는 oversleep 또는 wake up late이다.

▪ I like to **sleep in** on weekends.

난 주말에 늦잠 자는 걸 좋아해.

▪ A: Why are you late to work today?

B: I **overslept**. / I **woke up late**.

A: 오늘 왜 출근이 늦어?

B: 실수로 늦잠 잤어.

▎ 대청소를 하다

big clean이 아니라 deep clean이라고 한다.

A: What are you doing this weekend?

B: I have to **deep clean** my house.

A: Why?

B: I have guests coming over next week.

A: 이번 주말에 뭐 해?

B: 집 대청소를 해야 돼.

A: 왜?

B: 다음 주에 손님이 와.

참고로, '방바닥을 쓸다', '걸레질하다(걸레로 훔치다)', '창문 틀을 닦다', '청소기를 밀다', '가스렌지를 청소하다' 등 청소 방법은 여러 가지다. 이 모든 표현을 외우는 것은 무리다. 그냥 clean(청소하다)이라고만 해도 된다.

A: I **cleaned** a lot today.

A: 나 오늘 청소 많이 했어.

B: What did you clean?

B: 어디어디 청소했는데?

A: I **cleaned the floors, the windows, the window sills, the kitchen burner**...

A: 바닥을 청소하고, 창문, 창문 틀, 가스렌지….

B: That's a lot. How did you clean the floors?

B: 많이 했네. 바닥 청소는 어떻게 했어?

A: First I swept, then vacuumed, and then cleaned it with a rag.

A: 우선은 쓸고, 청소기 밀고, 그다음엔 걸레질도 했지.

B: Wow, you deserve a break.

B: 와, 너 좀 쉬어야겠다.

▌빨래하다/빨래를 널다/빨래를 걷다/빨래를 개다

do the laundry(빨래하다)를 한 후에 hang up the laundry(빨래를 널다)한다. 옷이 마르면 take down the laundry(빨래를 걷다)하고, 이어서 fold the laundry(빨래를 개다)한다.

A: Did you **take down the laundry**?

A: 빨래 걷었어?

B: Oh, I forgot!

B: 이런, 잊고 있었다!

A: Do it right now and **fold the laundry**, too.

A: 바로 해. 그리고 빨래도 개 줘.

▌심부름 하다/볼일 보다

'심부름'을 뜻하는 errand는 항상 동사 run 또는 send와 같이 쓴다. run an errand는 〈심부름 하다/볼일 보다〉라는 뜻의 표현이고, send *someone* on an errand는 '(누구를) 심부름을 보내다/심부름시키다'라는 뜻의 표현이다.

Son, I need you to **run an errand** for me.

아들, 심부름 좀 해 줘.

I need to **run errands** all day.

난 온종일 볼일을 봐야 해.

I **sent** him **on an errand**.

내가 걔한테 심부름시켰어.

그러나 '생리 현상으로 화장실을 쓰는 것'를 완곡하게 말하는 의미의 〈볼일 보다〉는 흔히 use the restroom이라고 한다.

I need to **use the restroom**. I'll be right back.	볼일을 봐야 돼서. 곧바로 돌아오게.

참고로, 간단하게 '소변(작은 볼일)'은 number one, '대변(큰 볼일)'은 number two이다. 같이 쓰는 동사는 go이다.

A: I need to use the restroom.	A: 나 화장실 가야 돼.
B: **Number 1** or **number 2**?	B: 큰 거, 작은 거?
A: Why are you asking me that?	A: 그건 왜 물어?
B: If you're going to **go number 2**, I'm going to take a look around the Apple store.	B: 큰 거면 난 애플 스토어에서 구경 좀 하고 있으려고.

또한 '쉬'는 pee/pee-pee, '응가'는 poo/poo-poo라고도 한다. 주로 아이들과 말할 때 쓰지만, 어른이 쓰기도 한다.

Mommy, I need to go **pee-pee**!	엄마, 나 쉬해야 돼요!
Call mommy when you're done with your **poo-poo**.	응가 다 하면 엄마 부르렴.

옷을 말리다/옷이 마르다

〈옷을 말리다〉는 dry the clothes, 〈옷이 마르다〉는 the clothes are dry. 미국이나 유럽뿐 아니라 요즘은 한국 가정에도 대부분 건조기가 있는데 dry the clothes에는 '건조기에 말리다'라는 뜻이 포함되어 있다. '건조기에 돌려서 말리다'라고 확실히 말해야 하는 상황이라면 dry the clothes in the dryer라고 말하자.

A: **Dry the clothes** outside.	A: 옷을 밖에서 말려.
B: Why? I'll just **dry** them **in the dryer**.	B: 왜? 건조기에 돌려서 말리면 되잖아.
The clothes aren't dry yet.	옷이 아직 다 안 말랐어.

▌장을 보다

장을 볼 때 주로 식료품을 산다. 그래서 〈장을 보다〉는 go grocery shopping이라고 한다.

We're out of food. Let's **go grocery shopping**.

먹을 게 떨어졌어. 장 보러 가자.

가끔 미국 사람들은 장 보러 가는 것을 go food shopping이라고 말한다.

A: How often do you **go food shopping**?

B: Usually once or twice a week.

A: 너 얼마나 자주 장 보러 가?

B: 보통 일주일에 한두 번.

▌채널을 돌리다

TV를 볼 때 다른 프로로 채널을 돌리는 것은 change the channel이다.

Why are you watching this crap? **Change the channel**.

왜 이런 쓰레기 같은 걸 보고 있어? 채널 돌려.

▌ 1차/2차

한국어의 '~차'를 영어로 round라고 하면 의미가 통한다. 예를 들어, 〈1차〉는 round 1, 〈2차〉는 round 2이다.

Where do you want to go for round 2? 　　　2차는 어딜 갈까?

만약 듣는 사람이 이해를 못 하면 어디로 갈지 장소를 구체적으로 말하자.

Let's go to karaoke after dinner. 　　　저녁 먹고 2차로 노래방에 가자.

▌ 모임

비즈니스 회의와 같은 공적인 모임이 아니라 가벼운 사적 모임은 meeting보다는 get-together라고 표현한다.

The mothers have a get-together at a cafe once a month. 　　　엄마들끼리 한 달에 한 번 카페에서 모임을 가져.

참고로, get together는 동사처럼 쓸 수 있다. 이때의 뜻은 '모이다'이다.

The mothers get together at a Korean style bar once a month. 　　　엄마들끼리 한 달에 한 번 호프집에서 모여.

▌ 사회생활

한국에서 말하는 〈사회생활〉에는 여러 의미가 담겨 있기 때문에 각 의미에 맞게 영어로 표현해야 한다.

● 업무 경력

I don't have any work experience because I only graduated from college last month. 　　　지난달에 대학교를 졸업해서 난 아직 사회생활을 하지 못했어(근무 경력이 없어).

● 사람 사이의 상호작용과 그 경험

이때는 '사교적인', '붙임성 있는'이라는 뜻의 sociable을 쓴다. sociable한 사람은 다른 사람을 만나고 같이 시간 보내는 것을 좋아한다.

He's very **sociable**, so he has a lot of friends.	쟤는 무척 사교적이라서 친구가 많아.
People who are **socially awkward** have a hard time making friends.	사회생활을 못 하는(사회성이 부족한) 사람은 친구 사귀기가 쉽지 않다.

'사회생활'이라는 말을 그대로 직역하여 social life라고 말할 수도 있다. 그렇지만 이 표현을 사용할 때는 주의할 점이 있다. 일 중독인 사람은 social life가 전혀 없는 것이다. social life가 있는 사람은 나가서 놀기도 하고, 친구들도 만나고, 새로운 인간관계를 형성하기도 한다.

I've been so busy lately that I have no **social life**.	요새 너무 바빠서 친구 만날 시간이 없어.

상의하달

리더십 유형 중 하나. '위에서 밑으로 전달하는 방식'이므로 top-down이라고 한다. 반대말은 bottom-up이다.

A: Do you like your job?	A: 직장은 마음에 들어?
B: No, everything is too **top-down**.	B: 아니, 모든 게 너무 상의하달식이야.
A: That's why you should work at a start-up. My CEO likes the **bottom-up** approach.	A: 그래서 스타트업에서 일하는 게 좋아. 우리 CEO는 하의상달 방식을 좋아해.

송년회/신년회/송별회/환영회

party 앞에 무슨 파티인지 나타내면 된다.

송년회	신년회	송별회	환영회
end-of-the-year party	beginning-of-the-year party	farewell party	welcome party

A: I have dinner with my coworkers tonight.	A: 나 오늘 동료들과 저녁을 먹어.
B: What's the occasion?	B: 무슨 특별한 일이 있어?
A: We're having **an end-of-the-year party**.	A: 오늘 송년회야.

알바(아르바이트)

'알바'와 '파트타임 일(part-time job)'은 같은 의미가 아니다. 〈알바〉는 '임시로' 일하는 것을 뜻한다. 일일이 설명하지 않아도 A가 일하는 '장소'를 언급했을 때 그곳이 정식 직장이 아니라는 것을 다른 사람들이 알 수 있는 곳이면 사람들은 A가 그곳에서 알바를 하고 있다고 이해한다. part-time job은 일하는 장소가 아니라 일하는 '시간'에 초점이 맞춰져 있다(미국에서는 보통 일주일에 30시간 이하다). 따라서 삼성이라는 회사와 7-Eleven이라는 편의점에서 동시에 part-time으로 일할 수 있다. '임시로 일하는 경우'에만 part-time job을 '알바'와 동의어로 쓸 수 있다.

I'm working as a **waiter** at a Korean barbecue.	나는 한국식 고깃집에서 알바로 서빙해. (임시로 일하고 있어.)
I work **part-time** at a convenience store.	나 편의점에서 알바해.
I work **part-time** at Samsung as a technician.	나는 삼성에서 파트타임 기사로 일해.

---

part-time의 반대말은 full-time이다(미국에서는 일주일에 최소 40시간 일하는 직업을 뜻한다). 그러나 보통 full-time이라는 말을 따로 쓰지 않는다. 맥락을 보면 충분히 full-time이라는 것을 짐작할 수 있기 때문이다.

I work at Samsung.* I used to work **part-time** as an intern at Samsung. Now I work there full-time.	난 삼성에서 일해. 난 예전에 인턴으로 삼성에서 파트타임 일을 했는데, 이제는 정규직이 되었어.

* 삼성에 정규직으로 고용되어 일하는 상황이면 굳이 I work full-time at Samsung.이라고 말하지 않는다.

연차를 내다

영어에는 한 단어로 '연차'를 나타내는 말이 없다. 하루, 이틀 '짧게' 연차를 내고 쉴 때 take ... off라는 표현을 쓴다. 물론 길게 쉴 때도 이 표현을 쓸 수 있다.

I **took** the day **off**.	나 오늘 연차야.
I **took** March **off**.	난 3월에 쉬어. (3월 한 달 휴가야.)

그냥 쉬는 게 아니라 특별한 이유가 있어서 회사를 '오래' 쉴 때는 be on ~ leave를 쓴다.

She**'s on** maternity **leave**.	그녀는 출산 휴가 중이다.
He**'s on** paternity **leave**.	그는 육아 휴직 중이다.
I**'m on sick leave**.	나는 병가를 냈어.

참고로, take time off라는 표현도 있다. '일시적으로 일을 쉬는' 것을 뜻하지만, 이 표현만 으로는 유급 휴가인지 무급 휴가인지는 알 수 없다.

I need to **take** some **time off** to seriously think about my future.	나의 미래를 진지하게 고민하기 위해서 난 좀 쉬어야 돼.

집들이하다

'집들이'는 housewarming party, 〈집들이하다〉는 throw a housewarming party이다.

I'm **throwing a housewarming party** this weekend. Are you free to come?	나 이번 주말에 집들이할 건데, 시간 돼?
A: What should you bring as a gift to a **housewarming party** in the States?	A: 미국에서 집들이할 때 선물은 뭘 가지고 가는 게 좋아?
B: Nothing specific. Just something practical.	B: 특별히 정해진 건 없고, 그냥 실용적인 거면 돼.

출근/퇴근

한국어의 '출퇴근'에 해당하는 딱 떨어지는 단어가 영어에는 없다. 영어로는 아래 예문처럼 표현한다.

A: **What time do you go to work**?	A: 너 몇 시 출근이야?
B: I **start work at** 9. / I **leave for work at** 9.	B: 난 9시부터 근무 시작이야. / 난 9시에 집에서 출발해.
A: **What time do you get off work**?	A: 너 몇 시 퇴근이야?
B: I **finish work at** 6.	B: 난 6시에 일이 끝나.
Are you working tomorrow?	너 내일 출근해?
It's time to go home.	이제 퇴근 시간입니다.

▌ 1+1(원 플러스 원)

Buy 1, get 1 free. 즉, '하나 사면 하나는 공짜'라는 뜻이다. 같은 방식으로, '2+1'은 Buy 2, get 1 free.라고 한다.

There's a **buy 1**, **get 1 free** deal
at the shoe store!

그 신발 가게에서 1+1 행사를 해!

▌ 단골

규칙적으로 자주 온다는 뜻이므로, regular를 쓰면 된다. (→ p.262 '서비스' 참고)

I'm a **regular** here.

난 여기 단골이야.

▌ 더치페이하다

go Dutch 또는 split the bill이라고 한다. go Dutch는 '본인이 주문한 만큼만 돈을 내는 것'이고, split the bill은 '모두 다 같은 액수로 내는 것(1/n)'이다. 이러한 차이가 있지만, 보통은 구분하지 않고 쓴다. 하지만 헷갈릴 수 있기 때문에 확실하게 설명하는 게 좋다. 외국인과 함께 식사하면 보통은 각자 자기가 시킨 것에 대해서만 돈을 낸다.

Let's **go Dutch** tonight.

오늘 저녁은 더치페이하자.

A: Who paid for lunch?

B: We **split the bill**.

A: Did you guys all pay the same amount
or only pay for yours?

B: The former.

A: 점심값을 누가 냈어?

B: 더치페이했어. (각자 냈어.)

A: 돈을 1/n 해서 냈어, 아니면 각자 먹은
것을 계산했어?

B: 전자지. (1/n 했어.)

A: Let's pay for dinner and go to the next place.

B: We're **splitting the bill**, right? Everyone pays twenty thousand won.

A: Actually, let's just pay for what we ordered. Mine cost ten thousand won, and I didn't drink.

A: 이거 계산하고 2차 가자.

B: 더치페이 하는 거지? 모두 2만원씩 내.

A: 있잖아, 각자 자기가 주문한 대로 내자. 내가 시킨 건 만 원짜리였고, 난 술도 안 마셨어.

▌ 매력(셀링) 포인트

'제품'의 〈매력(셀링) 포인트〉는 영어로도 selling point이다.

A: What's the **selling point** of this book?

B: This book simply and concisely clarifies words and expressions used in everyday language that other books don't cover and the dictionary inadequately explains.

A: 이 책의 매력 포인트가 뭐야?

B: 이 책은 다른 책에서 다루지 않거나 사전에서 불충분하게 설명하는 일상 언어에서 쓰는 단어와 표현을 쉽고 간단하게 설명해.

selling point는 사람에게 쓸 수 없다는 것을 기억하자. 그러므로 '사람'의 〈매력 포인트〉를 짚고 싶으면 그 사람의 어떤 점이 좋은지 설명하자.

What I like most about my boyfriend **is that** he's funny.

내 남친의 매력 포인트는 말을 웃기게 하는 점이야. (내 남친이 마음에 드는 건 말을 웃기게 한다는 점이야.)

▌ 바가지 씌우다

rip off를 쓴다. (→ p.141 '사기꾼' 참고)

The store owner **ripped** me **off**.
I was ripped off.

가게 주인이 나한테 바가지 씌웠어.
나 바가지 썼어.

▎블랙 컨슈머

한국어 그대로 black consumer라고 하면 '흑인 소비자'라는 뜻의 말이 된다. 올바른 표현은 customer from hell, 직역하면 '지옥에서 온 손님'이다.

Hey! You work in a customer service call center. Do you have any stories of **customers from hell**?	어! 너 고객 서비스센터에서 일하지? 블랙 컨슈머에 대한 이야기 좀 있어?

▎사주다

buy *something* for *someone*으로 쓴다.

I **bought** shoes **for** my mom.	엄마에게 신발을 사드렸어.

참고로, 실제 대화에서는 buy *something* for *someone*이라고 안 하고 아래 대화처럼 말하기도 한다. 이때의 I bought my mom shoes.를 '엄마에게서 엄마가 신을 신발을 샀다'라고 이해하는 사람은 없을 것이다. 당연히 '엄마를 위해 신발을 샀다'라는 뜻이다.

A: My mom and I went shopping together.	A: 엄마하고 같이 쇼핑하고 왔어.
B: What did you buy?	B: 뭐 샀어?
A: I **bought** my mom shoes.	A: 엄마에게 신발을 사드렸어.

▎서비스

공짜로 〈서비스〉를 받은 사실을 말할 때는 for free라는 표현을 쓴다. 식당이나 가게에서 직접 공짜 서비스를 주면서 하는 말은 on the house이다.

I come here so often that the owner always gives me extra meat **for free**.	내가 이 식당에 자주 와서 사장님이 항상 고기를 서비스로 더 주셔.
The salad is **on the house**. Enjoy!	샐러드는 서비스입니다. 맛있게 드세요!

아이 쇼핑하러 가다

'아이 쇼핑'은 콩글리시다. 〈아이 쇼핑하러 가다〉는 go window shopping이라고 한다.

A: Do you want to go to the mall with me?

B: What do you need to get?

A: Nothing, I just want to **go window shopping**.

A: 나랑 같이 쇼핑몰에 갈래?

B: 뭘 사야 하는데?

A: 없어. 그냥 아이 쇼핑하러 가고 싶어.

중고거래를 하다

〈중고거래를 하다〉는 '중고 물건을 사다/팔다'로 번역해서 말하면 된다.

- You should check 중고나라. A lot of people **sell** their **used goods** on that site.

  중고나라에서 찾아봐. 그 사이트에서 중고 물건을 파는 사람이 많아.

- A: I'm finally gonna move into my own place soon.

  B: Good for you! I guess you have a lot of shopping to do.

  A: Yeah, but I'm gonna **buy** most of the **things used** since I need to spend a lot of money on the rent.

  A: 나 드디어 자취를 시작할 거야.
  (나 드디어 내 집으로 조만간 이사할 거야.)

  B: 잘됐네! 그럼 살 게 많겠다.

  A: 응, 그런데 대부분은 중고로 살 거야. 세가 많이 나가거든.

일부러 전화를 안 받다

일부러 전화를 받지 않는 것을 screen a call이라고 한다. screen에는 '방충망'이라는 뜻과 함께 '차단하다'란 뜻이 있다. 그러므로 왜 screen a call이라고 표현하는지 이해할 수 있을 것이다. 즉, 받기 싫은 전화는 걸러내는 것이다.

A: He never answers his phone.

B: Yeah, he **screens my calls**, too.

A: 쟤는 전화 받는 법이 없어.

B: 맞아, 내 전화도 무시하더라고.

전화를 끊다

hang up the phone. 그러나 이 말을 통화 중인 상대에게 직접 쓰지는 않는다. 상대방에게 전화를 끊어야 된다고 말하려면 I need to go.를 쓰자.

Hang up the phone![*]

전화 끊어!

A: Hey, sorry, **I need to go**.

B: Oh, ok. Talk to you later!

A: 야, 미안한데, 나 전화 끊어야 돼.

B: 어, 그래. 다음에 통화하자.

[*] 밥 먹어야 되는데 친구와의 통화에 정신 팔린 자녀에게 엄마가 소리치는 상황 등에 이렇게 말할 수 있다.

참고로, hang up on은 대부분 '화가 나서 통화하는 중에 끊는' 것을 말한다.

No matter how angry you get, never **hang up on** someone.

아무리 화가 나더라도 통화 중에 끊지 마.

▌전화를 바꾸다

두 가지 방식으로 표현한다. 하나는 put *someone* on the phone, 다른 하나는 let *A* talk to *B*이다. 차이점은 전자는 '명령', 후자는 '부탁'이다.

This is your mother. **Put** your brother **on the phone**.	네 엄마다. 형 바꿔.
Let me **talk to mom**.	엄마 바꿔 줄래?

▌전화를 이쪽에서 걸다/다시 전화하다

call back 또는 return a (phone) call을 쓴다. 둘 다 '부재중 전화가 와서 전화를 건 사람에게 전화를 해 주는' 것을 뜻한다. return a (phone) call이 call back보다 격식을 차린 표현이다.

- A: Oh, I got a missed call from my mom.　A: 어, 엄마한테 부재중 전화 왔네.

  B: Are you going to **call** her **back**?　B: 다시 전화할 거야?

- The company under criminal investigation did not **return** any of the journalist's (phone) **calls**.

  범죄 혐의로 조사를 받고 있는 그 회사는 기자의 전화 요청에 일절 응하지 않았다.

▌전화하다/전화를 받다

〈전화하다〉는 call, 〈전화를 받다〉는 answer the phone이다.

- A: Why didn't you **answer the phone**?　A: 너 왜 전화 안 받았어?

  B: When did you **call**? I didn't get your call.　B: 언제 전화했어? 너한테서 전화 온 적 없는데.

▌통화 중이다

〈통화 중이다〉의 한 가지 의미는 전화를 걸었는데 '상대편 전화기에서 통화 중이라는 신호만 계속 들리고 전화를 받지 않는다'라는 것으로, 이때 쓰는 표현은 The line's busy.이다. 때때로 전화 받는 사람인 '너'의 소유격 your를 the 대신 쓰기도 한다.

The line's busy. I'll try again later. 　통화 중이야. 이따가 다시 전화해 볼게.

I tried calling you, but **your line was busy**. 　너한테 계속 전화했는데, 통화 중이더라.

다른 또 하나의 의미는 '내가 누군가와 전화 통화를 하고 있다'라는 것이다. 이 경우, be on the phone이라고 한다. 그런데 be on the phone의 원래 뜻은 '전화기를 다양한 목적으로 쓴다'라는 것이다. 즉, 통화뿐 아니라 인터넷 검색, 게임 등 전화기로 할 수 있는 다양한 활동을 한다는 것을 두루뭉술하게 말할 때 쓰는 표현이다. 따라서 be on the phone은 상황에 맞게 해석해야 한다.

A: Let's eat!

B: One second, mom. **I'm on the phone** with my boss.

A: I think you're addicted to your smartphone.

B: Yeah, **I'm on my phone** from when I wake up until I go to bed.*

A: 밥 먹자!

B: 엄마, 잠시만요. 지금 상사랑 통화 중이에요.

A: 넌 스마트폰에 중독된 거 같아.

B: 그런 것 같아. 아침에 일어나서부터 잠들 때까지 계속 스마트폰을 붙들고 있어.

* 이때도 '내 전화기'이므로 the 대신 my를 쓸 수 있다.

┃ 검색하다

영어권 나라에서는 구글이 매우 지배적인 위치에 있어서 google(첫 글자를 소문자 g로 쓴다)이라는 단어가 아예 〈검색하다〉라는 동사로 쓰이고 있다. '구글이 아닌' 다른 사이트에서 검색하는 것은 look *something* up online이라고 한다.

Google it.	검색해 봐. (구글링해 봐.)
Look it **up online**.	검색해 봐.

┃ 단체 채팅(방)

일반적으로 group chat이라고 한다. 동사로 쓰기도 한다. (→ p.287 '단톡(방)' 참고)

Oh my God, I have 300 unread messages in my **group chat**.

대박, 나 단체 채팅방에 안 읽은 메시지가 300개나 있어.

Group chat us if you can hang out with us next weekend.

다음 주 주말에 우리하고 같이 놀 수 있으면 단체방에 채팅해.

┃ 몰카(몰래카메라)

〈몰카〉는 spy camera/cam이고, '몰카를 찍다'는 secretly take a picture라고 한다.

■ I bought a **spy cam** to install in my kitchen. I think my roommate's eating all my food.

주방에 설치하려고 몰래 카메라를 샀어. 내 룸메이트가 내 음식을 다 먹어 치우는 거 같아.

A: Hey, your phone doesn't make the shutter sound when you take a picture.

A: 어? 네 전화기는 사진 찍을 때 소리가 안 나네?

B: Yeah, I got this phone in the States. I can use it to **secretly take pictures**.

B: 응, 미국에서 이 전화기를 샀어. 몰카 찍을 때 쓸 수 있어.

A: Pervert!

A: 너 변태야?

B: Not like that. I like candid photos of my friends having a good time.*

B: 그런 게 아니고, 난 친구들이 놀 때 포즈나 별다른 연출을 하지 않는 자연스러운 사진 찍는 걸 좋아하거든.

---

* candid는 '자연스러운', '솔직한'이라는 뜻이다. 따라서 candid photo는 '있는 모습 그대로를 찍은 사진'이다.

▍무음/진동

〈진동〉은 '진동', '진동하다'라는 뜻의 vibrate, 〈무음〉은 '조용한', '침묵을 지키는'이라는 뜻의 silent를 쓴다.

Take your phone off **vibrate/silent**.
네 전화의 진동/무음 모드 꺼.

Put your phone on **vibrate** or **silent**.
전화기를 진동이나 무음으로 해 주세요.

▍복사해서 붙이다

copy and paste. '복사하다'는 copy, '붙이다'는 paste이다.

Copy and paste it.
복붙해. (복사해서 붙여.)

▍셀카

selfie. 요즘은 한국 사람들도 많이 SNS에 〈셀카〉를 영어 단어 그대로 selfie라고 쓰는 추세다. 참고로, '셀카봉'은 selfie stick이다.

Stop taking **selfies**! Give me your **selfie stick**.
셀카 좀 그만 찍어! 네 셀카봉 내 놔.

▍오타

〈오타〉는 typo이다.

I made a **typo**, and it cost the company two thousand dollars.
내가 낸 오타 때문에 회사가 2천 달러 손해를 봤어.

Google "funny **typos**."＊
'웃긴 오타'라고 검색해 봐.

＊p.267 '검색하다' 참고

이모티콘/이모지

〈이모티콘〉은 문자, 기호, 숫자를 써서 만든 그림 문자(예: :-))이고, 〈이모지(emoji)〉는 그래픽으로 만든 그림 문자(예: ☺)이다. 둘 다 같은 의미로 쓰이지만, 현재는 이모지 사용량이 emoticon을 앞지르고 있다.

A: Did you know that Koreans smile with their eyes and Americans smile with their mouth?

A: 한국인은 눈으로 웃고 미국 사람들은 입으로 웃는다는 거 알고 있었어?

B: Really? Do you have an example?

B: 그래? 예를 들자면?

A: Yeah, look at the **emoticons** for a smiley face. We use ^^, but they use :).*

A: 응, 웃는 얼굴 이모티콘을 봐. 우리는 ^^을 쓰지만 그들은 :)을 쓰잖아.

B: Interesting!

B: 신기하네!

I know how much you like **emojis**, but please use words when you have something important to tell me.

네가 이모지 쓰는 걸 엄청 좋아하는 건 아는데, 중요한 말은 제발 단어를 써서 말해 줘.

* ^^는 "carrot eyes"로, :)은 "a colon and a paranthesis"라고 읽는다. 하지만 이것을 말로 하는 경우는 거의 없다.

참고로, 이모지 ♥는 love가 아니라 "heart"라고 읽는다. 즉, I ♥ NY은 I love New York. 이 아니라 I heart New York.이다.

홈페이지

〈홈페이지〉는 website이다. 영어로 homepage는 사이트의 '메인 페이지'다.

A: The dog water fountain broke again.

A: 우리 강아지 음수대가 또 고장 났어.

B: Go check their **website** for their number.

B: 홈페이지에서 회사 전화번호를 찾아봐.

A: I can't find it. Korean websites are so cluttered.

A: 못 찾겠어. 한국 홈페이지는 너무 복잡해.

B: Go back to the **homepage** and scroll to the bottom of the page.

B: 그 회사 사이트의 메인 페이지로 돌아가서 맨 밑으로 스크롤을 내려 봐.

CHAPTER 9

SNS

▍ SNS

영어로는 social media이다. 한국어에 익숙하지 않은 외국인한테 SNS라고 말하면 분명히 못 알아들을 것이다. 'SNS를 하다'는 use 대신 be on을 쓴다.

A: **Are** you **on social media**?	A: SNS하는 거 있으세요?
B: Yeah, **I'm on** Instagram.	B: 네, 전 인스타그램 해요.
A: Cool, me too. I'll follow you.	A: 그래요? 저도 있는데. 팔로우 할게요.

▍ SNS에서 파워 있는 사람

〈SNS에서 파워 있는 사람〉은 clout가 있는 사람이다. clout는 '영향력'이라는 뜻이다.

He has a lot of **clout**.	그는 SNS에서 파워 있는 사람이야.
100,000 likes in 24 hours? **#clout**	24시간 안에 '좋아요'가 10만 개라고? #clout

참고로, 자신도 유명해지고 싶어서 'SNS에서 파워 있는 사람'을 따라다니며 아부 떠는 사람'을 clout chaser라고 한다.

A: Ever since I reached a hundred thousand followers on Instagram, a lot of people have been really nice to me.	A: 인스타그램에서 팔로워가 10만 명이 되고 나서부터 많은 사람이 나한테 엄청 잘해 줘.
B: They're **clout chasers**. Don't pay any attention to them.	B: 너한테 아부 떠는 사람들이야. 그런 사람들은 무시해.

▌ SNS의 계정 이름

〈SNS의 계정 이름〉을 handle이라고 한다. 상대방의 계정 이름을 물을 때 What's your handle? 또는 What's your Instagram?이라는 표현을 쓴다.

▫ What's your **handle**? 너의 SNS 계정 이름이 뭐야?

▫ A: Are you on Instagram? A: 인스타그램 하세요?

    B: Yeah, **what's your Instagram**? B: 네, 당신의 인스타그램 계정 이름은 뭐죠?

▌ 구독하다/팔로우하다/친추하다

follow/friend/subscribe이다. 플랫폼에 따라 쓰는 단어가 다르다.

● 대부분의 SNS

follow 팔로우하다	**unfollow** 언팔하다	**follower** 팔로워

A: Wow, you have a lot of **followers** on Instagram!

B: Thanks! What's your Instagram? I'll **follow** you.

A: Cool. You know, I used to have a lot more **followers** but recently people **have been unfollowing** me... I don't know why.

A: 와! 인스타그램 팔로워가 많네!

B: 좀 있어. 네 인스타그램 이름은 뭐야? 팔로우할게.

A: 좋아. 있잖아, 난 원래 팔로워가 훨씬 더 많았는데 사람들이 요새 날 언팔해. 도통 그 이유를 모르겠어.

● 페이스북

friend 친추하다, 친구 맺다	**unfriend** (친구) 차단하다, 친구 삭제하다	**friends** 친구

I **friended** my favorite actor, but he **hasn't friended** me back.

My ex **unfriended** me. Damn, I should've done it first.

내가 제일 좋아하는 배우를 친구 요청했 는데, 그가 수락하지 않았어.

전 여친이 날 친구 삭제했어. 젠장, 내가 먼저 했어야 했는데.

● 유튜브

subscribe 구독하다*	**unsubscribe** 구독을 끊다**	**subscribers** 구독자***

A: Every time a YouTuber says 'Please **subscribe** to my channel,' it makes me want to not subscribe.

B: I know what you mean. Like, they're so desperate for **subscribers**.

A: I wonder if they get depressed if people start **unsubscribing**.

Dude, take a look at this video. It's about how to get a lot of **subscribers**, but barely anyone has subscribed to his channel.

*, **, *** 유튜브뿐 아니라 신문, 잡지와도 관련된 표현이다.

A: 유튜버가 '구독 눌러 주세요'라고 말할 때마다 구독 안 하고 싶어.

B: 나도 그래. 구독자 모으려고 구걸하는 게 눈에 보여.

A: 사람들이 구독을 끊기 시작하면 저들은 낙담할까?

친구야, 이 동영상 좀 봐. 구독자를 많이 모으는 방법에 관한 내용인데 이 사람 채널을 구독한 사람이 거의 없어.

끝까지 보시오

반전이 동영상 끝에 나오므로 끝까지 보라고 알려줄 때 watch till the end라는 말을 쓴다.

[Title of a video]
Idiot driver changing lanes without looking. **Watch till the end**.

[동영상 제목]
멍청한 운전자의 노룩 차선 변경. 끝까지 보세요.

댓글/댓글을 달다

명사, 동사 모두 comment이다.

Jesus, ninety percent of the people who write **comments** are idiots.

I only check Facebook to see the **comments**.

젠장, 댓글 쓰는 사람 90%는 다 바보야.

난 댓글 보려고 페이스북을 해.

SNS나 커뮤니티 게시판에서 댓글로 악플을 달며 다투다가 실제로 만나서 싸우는 경우도 있다. 소위 말하는 '현피 뜨다'라는 것인데, 영어로는 이런 표현이 따로 없기 때문에 풀어서 설명하는 게 좋다.

These two guys had an argument online. And it got so heated that they **met up in person and fought**.	온라인에서 두 사람 사이에 말다툼이 있었는데, 그게 너무 격해져서 둘이 실제로 만나서 싸웠다.

▌ 디엠(개인 메시지)/디엠을 보내다

〈디엠(개인 메시지)〉 또는 〈디엠을 보내다〉는 direct message, 줄여서 DM이라고 쓰는데 거의 항상 동사로 쓴다.

A: How are things with that girl you met?	A: 전에 만난 여자랑은 어떻게 되어 가고 있어?
B: We**'ve been DMing** each other.	B: 서로 디엠하고 있어.

▌ 온라인상에서 뜨다

go viral. 바이러스가 확 퍼지는 것처럼 영상이나 사진 등이 SNS상에서 빠르게 퍼질 때 쓰는 말이다.

If just one of my videos **goes viral**, I'll be set.	동영상 하나만 뜨면 잘 풀릴 텐데.

▌ 인플루언서

social media influencer. 〈인플루언서〉는 '영향력 있는 사람'이라는 뜻으로, SNS에서는 직접 콘텐츠를 만들어 올리고, 팔로워가 많은 사람을 뜻한다. 인플루언서가 십 대나 젊은 층에 끼치는 영향력이 커지면서, 요즘은 인플루언서에게도 스폰서가 붙고, 유명 연예인 못지않은 대우를 받는다.

A lot of companies hire **social media influencers** to market their products.	많은 회사가 인플루언서들을 고용해서 자사 제품을 홍보한다.

좋아요

〈좋아요〉는 like이며, 명사 또는 동사로 쓸 수 있다.

Oh my God! My picture got a hundred **likes** in an hour!	세상에! 한 시간 만에 내 사진에 '좋아요' 가 백 개야!
Oh my God! ITZY **liked** my picture!	세상에! ITZY(있지)가 내 사진에 '좋아요' 를 눌렀어!

짤방/움짤

meme. 원래 meme(밈)은 '유전자가 아니라 모방 등을 통해 다음 세대로 전달되는 비유전적 문화 요소'라는 뜻의 단어인데, 지금은 〈짤방〉, 〈움짤〉처럼 웃긴 캡션을 단 사진 또는 gif를 말할 때 쓴다(짤방: 잘림 방지용 사진/움짤: 움직이는 그림이나 사진, 동영상). 미국에서 가장 유명한 짤방은 아기가 주먹을 불끈 쥐고 공중에 잽을 날리듯이 위로 흔드는 사진이다.

A: Have you ever seen the fist pump baby **meme** before?	A: 아기가 주먹 쥐고 위로 잽 날리는 짤방 본 적 있어?
B: Of course! I heard the family made a lot of money off it.	B: 당연하지! 그 아기 가족이 그걸로 떼돈을 벌었대.

짧게 자기 소개하는 곳

SNS상에서 〈짧게 자기 소개하는 곳〉을 bio라고 한다. biography(전기)의 줄임말로, 흔히 본인에게 영감을 주는 인용문 등을 여기에 쓴다. "바이오"라고 발음한다.

[Caption to a post]	[포스트에 캡션]
Link in **bio**	bio에 링크

▌태그하다/태그를 지우다

일반적으로 SNS에 올린 글, 사진, 동영상 등이 누구에 관한 것인지 알리고자 할 때 tag하고, 태그가 되어 있는 것을 삭제할 때 untag한다. (→ p.277 '해시태그' 참고)

Hey, what's your problem? I always **tag** you in my pictures, but you never **tag** me. Are you embarrassed of me or something?	야, 뭐가 문제야? 난 항상 사진에 너를 태그하는데 왜 너는 날 태그 안 해? 내가 창피하기라도 해?
Could you **untag** me in the picture? I don't want my bae to see it.*	사진에서 내 태그 지워 줄래? 내 애인이 안 봤으면 좋겠어.

* bae '사랑하는 사람', '연인'이라는 뜻의 슬랭으로, babe에서 파생된 말이라는 설과 Before Anyone Else(누구보다 우선)의 줄임말이라는 설이 있다.

▌피드(프로필)

feed/profile. 어느 SNS든 들어가면 보이는 첫 화면을 〈피드〉 또는 〈프로필〉이라고 한다. feed는 newsfeed를 줄인 말이다.

- [Both A and B are on Facebook]
  A: Did you see the picture I tagged you in?
  B: Not yet, but I think I saw it on my **feed**.

  [A와 B 둘 다 페이스북을 한다]
  A: 내가 너 태그한 사진 봤어?
  B: 아니, 아직. 그런데 내 뉴스피드에서 그 사진을 본 것 같아.

- [Both A and B are on Instagram]
  A: Did you see what he uploaded?
  B: No.
  A: Go to his **profile**.

  [A와 B 둘 다 인스타그램을 한다]
  A: 걔가 올린 거 봤어?
  B: 아니.
  A: 걔 프로필 봐봐.

▌해시태그

hashtag(#). 지금은 hashtag라고 하지만, 과거에는 pound sign(#)이라고 했다. 미국에서 흔히 쓰는 해시태그를 살펴보자.

#bae 2000년대 초반에 생긴 단어다. 뜻은 〈애인〉이며, 해시태그로 쓸 때는 '애인으로 사귈 만큼 예쁘다/잘생겼다/사진이 잘나왔다'라는 의미다. 실제 애인 사진에 댓글을 쓸 때 사용하기도 한다. "배이"라고 발음한다.

Wow, you look gorgeous **#bae**	와, 자기 예쁘다 #훈녀

#famous 장난으로 쓸 수도 있는 해시태그다. 예를 들어, 자기가 올린 포스트나 남이 올린 것 중 '좋아요'가 많이 없는 포스트에 #famous를 쓸 수 있다.

10 likes! Nice! **#famous**	'좋아요'가 10개나 있네! #famous

'좋아요'가 많은 포스트에 #famous를 쓰면 진짜로 칭찬하는 것이다.

Wow, you got so many likes **#famous**	'좋아요'가 많네 #famous

#followme #팔로우미. 유튜브의 '구독 눌러 주세요'와 같다. 팔로워를 많이 모으고 싶은 사람들이 쓰는 해시태그다.

First meal in Busan **#followme**	부산에서의 첫 끼 #팔로우

#followforfollow #맞팔. 성경에 나오는 구절 an eye for an eye(눈에는 눈)와 같은 구조로, '내가 너를 팔로우하면 너도 나를 팔로우해달라'라는 뜻이다. #likeforlike를 쓰기도 한다.

[A comment on a post]	[포스트 댓글]
Nice pic! **#followforfollow**	사진 좋아요! #맞팔

#mood #공감. 공감할 수 있는 상황에서 사용한다. 즉, '나도 그래'라는 뜻이다.

I hate Mondays **#mood**	월요일이 싫다 #공감

#nofilter '필터 없이 인물의 사진을 찍었다'라는 의미로, 잘 나온 사진에 #nofilter라고 해시태그를 달면 자랑하는 것이다.

A: Wow you look super pretty in your newest pic/post.	A: 최근에 올린 사진/포스트에 너 진짜 예쁘게 나왔다.
B: Thanks **#nofilter**	B: 고마워 #무보정

#TBT/#FBF #회상 또는 #과거를 떠올리게 하는 것. #Throwback Thursday/#Flashback Friday로도 쓴다.

[Caption to a post of an old picture]	[옛날 사진의 포스팅 캡션]
This picture I found of me in middle school **#TBT**	중학생 때 찍은 내 사진 #추억

대문자나 소문자 둘 다 쓰는데, 여기에서는 전부 대문자로 표기했다.

▌ FOMO

Fear Of Missing Out의 줄임말. '다른 곳에서 다른 사람들이 재미있게 놀고 있는 것에 소외감이나 섭섭함을 느낌'이라는 뜻의 약자다. SNS를 보면서 자기가 하는 것과 다른 사람들이 하는 걸 비교할 때 자주 쓴다.

[Texting]

A: Hey, sorry I'm replying so late. I was out drinking.

B: Really?

B: With who?

B: Why didn't anyone call me?

B: Where'd you go?

A: **FOMO**. We didn't call you because we knew you were sick.

[문자 하는 중]

A: 답장이 늦어서 미안해. 어제 술 모임이 있었어.

B: 진짜?

B: 누구랑?

B: 왜 아무도 나한테 연락 안 했어?

B: 어디서 술 마셨어?

A: 너 빼고 놀아서 섭섭했구나? 네가 아프다는 걸 알아서 연락을 안 했어.

▌ IDK

I Don't Know(잘 몰라)의 줄임말.

IDK what you're talking about.

네가 무슨 말을 하는 건지 모르겠어.

▌ IMO

In My Opinion(내 의견으로는)의 줄임말. IMO는 내 의견에 반대하지 말라는 방어적인 느낌을 전달한다. '근거는 빈약하지만 내 의견이니 반박하지 마라. 어차피 누가 뭐라 해도 안 들을 것이다'의 감정이 담겨 있다고 볼 수 있다. 물론, 심각하지 않은 가벼운 주제를 말할 때 쓰는 IMO에는 그 정도의 느낌은 없다.

- The first *Harry Potter* movie was the best **IMO**.

  내 생각에는 그 영화 시리즈의 첫 편인 《해리 포터》가 최고였어.

- A: **IMO** Bong Joon-ho's movies are overrated.

  B: Why do you think that?

  A: It's just my opinion.

  A: 봉준호 감독의 영화는 과대평가된 것 같아.

  B: 왜 그렇게 생각해?

  A: 그냥 내 생각이 그래.

OMG

Oh My God(맙소사)의 줄임말.

OMG, your video went viral!

와! 네 동영상 확 떴다!

SMH

Shaking My Head(고개를 절레절레 흔들기)의 줄임말. 보통 문장 끝에 쓴다.

OMG, you unfriended me? I thought we were friends. **SMH**

야, 너 나 친삭했어? 난 널 친구라고 생각했는데. 절레절레.

TBH

To Be Honest(솔직히 말해서)의 줄임말. 문장 앞뒤에 쓸 수 있다.

TBH that dress is really ugly. /
I think that dress is really ugly **TBH**.

솔직히 말해서, 그 원피스 너무 안 예뻐.

THOT

That Ho Over There(저쪽의 잡년)의 줄임말. 안 좋은 말이지만, 매우 흔히 쓰는 슬랭이므로 알아두자. Ho는 여성을 비하해서 쓰는 단어 whore를 줄여쓴 말이다.

She only posts pictures of her in a bikini. What a **thot**.

걔는 자기 비키니 입은 사진만 올리더라. 완전 걸레야.

스토리

'24시간 후에 없어지는 포스트'인 〈스토리〉는 영어로도 story다.

I feel like a celebrity when I post **stories**. I get the feeling everyone wants to know what I'm doing.

스토리를 포스트하면 내가 연예인이 된 것 같은 느낌이 들어. 사람들이 내가 뭘 하는지 궁금해하는 것 같아.

인스타(그램)

〈인스타그램〉을 줄여서 IG(아이쥐) 또는 Insta(인스타)라고 한다.

A: Do you have pictures from your vacation?

B: Yeah, check my **IG/Insta**.

A: 너 휴가 갔다가 찍은 사진 있어?

B: 응, 내 인스타 봐 봐.

포스트(하다)/업로드(하다)

'사진 등을 올리다', 또는 '올린 사진'을 의미하는 〈포스트(하다)/업로드(하다)〉는 post/ upload이다. post와 upload는 둘 다 동사와 명사로 쓸 수 있다.

A: Why don't you have any **posts** on your Insta?

B: I don't know how to **post** pictures.

A: Do you want me to show you how to **upload** them?

A: 너 왜 인스타에 아무것도 안 올렸어?

B: 사진을 어떻게 올리는지 몰라.

A: 사진을 어떻게 올리는지 내가 보여 줄까?

▌ 동영상

유튜브에는 워낙 다양한 종류의 동영상이 올라온다. 대표적인 유형 몇 개를 소개하겠다.

ASMR autonomous sensory meridian response(자율감각 쾌락반응)의 줄임말. 몸과 신경을 이완시키는 속삭임이나 소리를 들려주는 동영상이다.

ASMR creeps me out.　　　　　　　　　　　ASMR은 날 소름 돋게 해.

challenge　챌린지 영상. 유튜브에 challenge라는 제목으로 올라온 동영상들을 보면 어려운 일뿐만 아니라 웃기거나 이상한 짓을 하는 것을 찍어서 올린 것이다. 챌린지 영상의 종류는 정말 다양한데, 그중에서도 가장 유명한 것 두 가지를 꼽는다면 cinnamon challenge와 ice bucket challenge이다. cinnamon challenge는 '물 없이 시나몬 가루한 숟가락을 60초 이내 먹는 도전'을 찍은 동영상이다. 성공하기가 거의 불가능하며, 도전자들이 시작과 동시에 모두 다 뱉는 모습이 웃기다. ice bucket challenge는 '미국의 ALS Association(루게릭병 협회)에서 루게릭병 환자를 위한 모금활동의 일환으로 시작한 챌린지'로, 도전자는 돈을 기부하는 대신 양동이에 가득 찬 얼음물을 몸에 들이붓는다.

A: There's this new YouTube **challenge** where you eat a spoonful of cinnamon without any water.

B: That doesn't sound so hard.

A: Actually, it is. Watch and you'll see what I mean.

A: I don't understand how doing the **ice bucket challenge** makes money for ALS.

B: I don't, either. I'm pretty sure most people are doing it for the views.

A: 유튜브에 새로운 챌린지가 떴는데, 물 없이 시나몬 가루를 한 숟갈 먹는 거야.

B: 별로 어렵지 않을 것 같은데.

A: 생각보다 어려워. 보면 내 말이 무슨 뜻인지 알게 될걸.

A: 찬물을 몸에 붓는 아이스 버킷 챌린지가 어떻게 루게릭병 치료 연구에 돈이 되는지 모르겠어.

B: 나도 이해가 안 가. 대부분 조회수 때문에 하는 것 같아.

collab 콜라보 영상. 한국에서는 '합방'이라고도 부르는데, collab은 collaboration의 줄임말로, 유튜브 인기 크리에이터들이 같이 협력하여 찍은 동영상을 뜻한다. collab은 '콜라보하다'라는 뜻의 동사로도 쓸 수 있다.

A: Watch this video with me.

B: Hey, aren't these two guys YouTube famous?

A: Yeah, it's a **collab**.

B: Oh, do they **collab** together often?

A: Don't think so. It's my first time seeing them working together.

A: 이 동영상 같이 보자.

B: 어, 이 둘 좀 유명한 유튜버 아니야?

A: 응, 둘이서 찍은 콜라보 영상이야.

B: 둘이 자주 콜라보해?

A: 아닐걸. 둘이 같이 하는 거 처음 봐.

fail video 한국어로 딱 떨어지게 번역할 수 있는 말이 없다. 굳이 번역하자면 '세상에서 가장 멍청한 사람들 동영상' 정도가 되겠다.

Have you ever noticed how most people in **fail videos** are guys?

〈세상에서 가장 바보 같은 사람들〉 동영상에 나오는 사람들 대부분은 남자인 것 같지?

gaming channel 유튜브 등 인터넷 플랫폼에서 '프로들이 경기하는 게임을 해설하면서 방송하는 채널'을 gaming channel이라고 한다. 참고로, 인터넷 플랫폼에서 '본인이 게임 하는 것을 방송하는 사람'을 game streamer라고 하는데, game streamer는 프로든 아마추어 선수든 아무나 할 수 있다.

A: My friend started a **gaming channel**.

B: But there are so many of them out there already...

A: True, but it's not a well-known game, so I guess he's trying to find a niche market.

A: 내 친구가 게임 채널을 시작했어.

B: 그런 채널은 이미 너무 많지 않나?

A: 그렇긴 한데, 잘 알려진 게임이 아니라서 틈새 시장을 찾으려고 하는 것 같아.

mukbang 한국어 '먹방'은 이제 전 세계에서 통하는 말이 되었다. 2015년부터 미국에서 한국의 먹방 동영상이 크게 관심을 끌면서, 이제 미국인을 포함해 전 세계의 많은 사람이 먹방 동영상을 찍어서 유튜브에 올리고 있다.

A: I'm so hungry! But I'm on a diet.

B: You should try watching **mukbang**. You can vicariously enjoy it through them.*

A: 나 너무 배고파! 그런데 난 다이어트 중이야.

B: 먹방 동영상을 보는 게 어때? 보면서 대리 만족을 느낄 수 있잖아.

* p.62 '대리 만족' 참고

pranks 장난 몰카. 동영상 제목은 prank video로 나온다. 말할 때는 '누구를 prank했다'고 한다.

Japanese **prank** videos are the best. | 일본 장난 몰카 동영상이 최고야.

reaction 리액션 영상. 동영상을 보는 사람의 반응을 찍은 동영상. 보통, 제목을 'reaction to+대상' 또는 'reacting to+대상'으로 쓴다.

[Title of a video]
Reacting to K-pop music videos | [동영상 제목]
K-pop 뮤직 비디오 리액션 영상

review 리뷰 영상. 유튜브에서 가장 인기 있는 동영상 가운데 하나는 제품을 체험해 보고 평가하는 리뷰 영상이다.

[Title of a video]
Tesla Model 3 **Review** | [동영상 제목]
테슬라 Model 3 리뷰

shopping spree and haul 쇼핑 하울 영상. 주로 고가의 제품을 마구 사들인 뒤 포장을 개봉하는 과정을 보여 주는 동영상이다. 영어로는 shopping spree/haul 또는 shopping spree and haul이다.

I didn't know women liked shopping so much until I watched a **shopping spree and haul** video. | 난 하울 동영상을 보기 전에는 여자들이 얼마나 쇼핑을 좋아하는지 몰랐어.

unboxing video 언박싱 영상. 신제품 또는 구하기 힘든 제품을 산 뒤 제품이 든 상자를 개봉하는 과정을 찍은 동영상이다.

A: Why are you watching an **unboxing video** of the new iPhone? | A: 너 왜 새로 나온 아이폰 개봉기 동영상을 보고 있어?

B: Because I can't afford it, duh! Why else would I watch it?* | B: 살 돈이 없으니까 그렇지. (돈이 있었으면 샀지) 왜 보고 있겠어?

*duh는 상대방이 너무 뻔한 말을 할 때 장난치듯 대꾸하는 표현이다.

video podcast 동영상으로 만든 팟캐스트. 영어로 video podcasts, vidcasts 또는 vodcasts라고 한다.

I prefer **video podcasts** to regular **podcasts** because the visuals help me remember the things they talk about. | 난 일반 팟캐스트보다 비디오 팟캐스트가 더 좋아. 시각자료가 있어서 말한 내용을 더 잘 기억할 수 있거든.

vlog 브이로그. vlog는 video와 blog를 합쳐서 만든 말이다. 일기를 쓰듯이, 소소한 일상 생활을 비디오로 찍어 인터넷에 올리는 콘텐츠를 뜻한다.

I want to start a **vlog**, but I don't know what to talk about. | 브이로그를 시작하고 싶은데, 거기서 무슨 말을 해야 할지 모르겠어.

▌ 멘션하다

mention. '태그'와 같은 뜻인데, 유튜브에서는 mention이라고 한다. 하지만 대화에서는
shout out이라는 표현을 더 자주 쓴다.

A: How did you get so many subscribers
so quickly?

B: Some famous YouTuber **mentioned** me. /
Some famous YouTuber **shouted** me **out**.

A: 그 많은 구독자 수가 어떻게 그렇게
빨리 늘었어?

B: 어떤 유명한 유튜버가 나를 멘션했어.

▌ 유튜브 채널

〈유튜브 채널〉은 '어떤 사람이 올린 모든 동영상을 다 볼 수 있는 곳'으로, 영어로도
YouTube channel이다.

A: There's this video I want to watch again,
but I couldn't find it on his **YouTube
channel**.

B: Maybe he took it down.

A: 다시 보고 싶은 동영상이 있는데, 그
사람의 유튜브 채널에서 못 찾았어.

B: 내렸나 보네.

▌ 조회수

views. 유튜브는 '좋아요' 숫자보다 조회수가 더 중요하다. 가수 싸이의 뮤직비디오 〈강남
스타일〉의 '좋아요' 개수에는 별 관심이 없었지만, 조회수가 10억이 넘었다는 것은 큰 뉴
스가 되었다.

A: Hey, remember that video we uploaded on
YouTube last year?

B: The video of our dog howling?

A: Yeah, guess how many **views** it has.

B: Ugh, just tell me.

A: Two thousand! I wonder how they found it.

A: 야, 우리가 작년에 유튜브에 올린
동영상 기억나?

B: 우리 강아지 하울링 동영상?

A: 응, 조회수가 얼마나 되는지 맞춰 봐.

B: 아, 그냥 말해.

A: 2천이야! 사람들이 그 동영상을 대체
어떻게 찾았을까?

컴필레이션

compilation. '모음'이라는 뜻으로, 같은 내용의 동영상을 편집해 모아 놓은 동영상이다.

[Title of a video]

Women driving fail **compilation**

[동영상 제목]

김여사들 레전드 운전 영상 모음

06 카카오톡

미국에서는 카카오톡을 쓰지 않기 때문에 한국에서 쓰는 카카오톡 관련된 단어를 그대로 쓸 수는 없다. 다른 방식으로 표현해야 한다.

^^

영어권 사람들은 '입'으로 웃고 한국 사람들은 '눈'으로 웃는다는 것을 이모티콘이나 이모지를 보면 알 수 있다. 한국 사람들은 웃을 때 ^^를 쓰지만 영어권 사람들은 :) 또는 ☺를 사용한다. (→ p.269 '이모티콘/이모지' 참고)

I had a great time tonight! **:)**　　　　　　　　　오늘 밤에 너무 좋았어~^^

~

한국 사람들은 카톡 메시지를 보낼 때 〈물결 모양(~)〉을 자주 쓴다. 미국 사람들은 ~ 대신 느낌표(!)를 쓴다.

Thank you so much for your help**!**　　　　　　도와줘서 넘 고마워~
Night**!**　　　　　　　　　　　　　　　　　잘 자~

단톡(방)

group chat. 참고로, '단체 메시지'는 group message이다. (→ p.267 '단체 채팅(방)' 참고)

- I'll set up a **group chat**.　　　　　　　　내가 단톡방을 만들게. (우리 단톡하자.)

- I sent you a **group message**. Did you get it?　네게 단체 메시지 보냈는데, 받았어?

- A: Why are you getting so many texts?　　　　A: 문자가 왜 이렇게 많이 오는 거야?
  B: It's a **group chat**.　　　　　　　　　　B: 단톡방이라서 그래.

ㅇㅇ

〈ㅇㅇ(응)〉을 영어로 나타내고 싶을 때 쓰는 가장 흔한 표현은 okay, yup, K, kk(케이케이)이다. kk는 웃음소리가 아니라 okay, okay의 줄임말이다.

A: I get off work at 3:30.

B: **K**, I'll let you know by then.

A: **kk**

A: 나 3시 반에 퇴근해.

B: ㅇㅇ, 그때까지 알려줄게.

A: ㅇㅇ

ㅋㅋㅋ/ㅎㅎㅎ

영어로 lol, haha를 쓴다. 둘 다 의미 차이는 없는데, lol은 젊은 사람들이 주로 쓴다. 〈ㅋㅋㅋ〉가 상황에 따라 다양한 의미를 가지는 것처럼 lol과 haha도 마찬가지다. lol과 haha가 상황에 따라 어떤 의미를 드러내는지 아래 표에서 확인하자.

	답장에 썼을 때	내가 먼저 보낸 문자에 썼을 때
LOL	실제로 웃고 있지 않지만 상대방이 농담을 했다는 것을 인정한다	방금 내가 한 말은 농담이었다
lol	안 웃기고, 대화를 끝내겠다	안 좋은 말을 했다는 것을 인정하지만 무시해라
HAHA	웃긴 했지만 실제로는 안 웃었다	웃지 않는다는 걸 알지만 웃긴 것처럼 봐 달라
haha	실제로 웃었다 (haha가 길수록 더 크게 웃었다는 것을 나타냄. 이때는 말 끝에 느낌표를 붙임)	

He got wasted. **LOL**

A: If we're single until 40, let's get married.

B: **LOL**

I made a big scene because the waiter forgot the soju. **lol**

A: They messed up my order at Starbucks.

B: **lol**

A: I'm gonna quit my job and go to Hawaii.

B: **HAHA** you're too broke.*

재 술을 너무 많이 마셔서 떡이 됐어. ㅎㅎ

A: 우리가 40살까지 솔로면, 둘이 결혼하자.

B: ㅎㅎㅎ

종업원이 소주를 까먹고 안 가지고 와서 내가 난리 쳤어. ㅎ

A: 스타벅스에서 내가 주문한 게 아닌 엉뚱한 걸 줬어.

B: ㅎㅎ

A: 나 일 그만두고 하와이에 갈래.

B: ㅎㅎ 너 돈 없잖아.

- I ate a whole fried chicken. **HAHA**

- A: When I'm pregnant, I'm gonna eat, diarrhea, and be bitchy all day.

  B: That sounds like me now.

  A: **Hahahahahaha**

나 혼자 치킨 한 마리를 다 먹었어 ㅜㅜ.

A: 난 임신하면 하루 종일 밥 먹고, 싸고, 사람들한테 싸가지 없게 굴 거야.

B: 지금 내가 딱 그런데.

A: ㅎㅎㅎㅎㅎㅎㅎㅎㅎㅎㅎ

* broke는 '빈털터리의', '무일푼의'라는 뜻이다.

참고로, I'm dead.는 '웃겨 죽겠다'라는 뜻의 표현이다.

A: That was so funny.

B: I know, **I'm dead**.

A: 아까 너무 웃겼어.

B: 내 말이. 웃겨 죽겠어.

▌ 카톡하다

text. text는 '문자', '카톡'이라는 뜻의 명사뿐 아니라 '문자를 보내다'라는 뜻의 동사로도 쓸 수 있다. 휴대전화 '문자'를 뜻하는 text message에서 text 대신 Kakao를 넣어서 Kakao message(카톡)라는 말도 자주 쓴다.

Text me when you get home.

Sorry! I just saw your **text**.

Hey, you got a **Kakao message**.

집에 도착하면 카톡해 줘.

미안! 방금 네 카톡(문자)을 봤어.

야, 너 카톡 왔어.

▌ ㅜㅜ/ㅠㅠ

우는 이모지(😢)로 표현한다.

I can't make it today. I'm sick. 😢

나 오늘 못 만나. 몸이 안 좋아 ㅜㅜ

그런데 너무 웃겨서 우는 이모지(😂)와 헷갈려서 쓰면 안 된다.

I can't stop laughing! 😂

웃겨 미치겠네 ㅋㅋㅋㅋㅋ

답글을 달다

reply. 명사로도 쓸 수 있지만, 보통은 동사로만 쓴다.

BTS **replied** to my tweet!   BTS가 내 트위터에 답글을 달았어!

리트윗/리트윗하다

retweet. '다른 사람의 트윗을 공유하다'라는 뜻으로, 줄임말은 RT이다.

She briefly became famous because some celebrity **retweeted** her.   어떤 연예인이 걔를 리트윗해서 잠깐 유명해졌어.

좋아요

favorite. 페이스북의 '좋아요'와 같다. 다른 사람이 올린 사진이나 링크 등이 마음에 든다고 표시하는 것으로, 동사와 명사로 쓰인다.

A: I don't get it. My tweets get a lot of **favorites** but not retweets.

B: You should ask your followers to **favorite** and retweet them.

A: 이해가 안 돼. 내 트윗은 '좋아요'가 많은데 리트윗은 별로 없어.

B: 네 팔로워들한테 '좋아요'를 누르고 리트윗 해달라고 해.

트렌드/트렌딩

'트위터에서 인기 있는 해시태그'가 trend(트렌드)이고, 트위터에서 무엇이 '뜨고 있다'를 말할 때 trending(트렌딩)한다고 말한다.

My hashtag is **trending**! I'm gonna be famous!

What's **trending** on Twitter these days?

내 해시태그가 뜨고 있어! 나 이러다 유명해질 것 같아!

요새 트위터에선 뭐가 뜨고 있어?

▌트윗/트윗하다

tweet을 쓰면 된다.

I follow Trump for his **tweets**.

Even politicians **tweet** now.

트럼프의 트윗을 보려고 그를 팔로우 해.

이제는 정치가들도 트위터를 하잖아.

대부분의 미국 사람들은 페이스북이 있지만, 자주 사용하지는 않는다. 보통 친구들끼리 동영상에 태그를 붙일 때 쓴다.

▌(페이스북) 포크

poke. '찌르다'라는 뜻의 단어이다. '페이스북 유저끼리 인스턴트 메시지를 주고받는 애플리케이션'이지만, 이 앱을 사용하는 사람은 거의 없다.

Oh my God! Somebody **poked** me. Who even does that anymore?	어머, 누가 날 포크했어. 아직도 이걸 쓰는 사람이 있나?

▌메시지

message. 명사뿐만 아니라 '메시지를 보내다'라는 뜻의 동사로도 쓴다.

Did you get the **message** about his birthday party?	걔의 생일 파티에 관한 메시지 받았어?
I'**ll message** him about the birthday party.	내가 걔한테 생일 파티 관련 메시지를 보낼게.

▌업데이트

페이스북의 〈업데이트〉는 status update이다.

Did you see his **status update**? He's getting married!	걔 소식 업데이트된 거 봤어? 걔 결혼한대!

▌페이지

페이스북 〈페이지〉는 page이다.

I just checked the restaurant's Facebook **page**. It looks good!

방금 이 식당의 페이스북(페이스북 페이지)을 봤는데, 좋아 보여!

▌프로필 페이지

timeline. 페이스북의 〈프로필 페이지〉를 timeline(타임라인)이라고 부른다. 페이스북 안에서 한 사람의 활동을 전부 볼 수 있는 곳이다.

It says on his **Timeline** that he's on vacation.

타임라인을 보니까, 걔 지금 휴가 중이래.

CHAPTER 10

대중문화

▌ (TV 프로그램) 코너

한국 사람들이 말하는 티비 프로그램 속 〈코너〉는 콩글리시다. 올바른 영어 표현은 sketch로, corner는 '모서리'라는 뜻이다.

What's your favorite **sketch** on the show?　　그 프로에서 네가 제일 좋아하는 코너는 뭐야?

▌ 개봉하다

launch나 release는 일상 대화에서 쓰기에는 너무 딱딱하다. come out을 쓰자.

The movie that I've been looking forward to all year is **coming out** tomorrow.　　내가 일년 동안 기다린 영화가 내일 개봉해.

▌ 반전

영화나 드라마, 만화, 소설의 예상치 못한 〈반전〉을 twist라고 한다.

A: How does the movie end?　　A: 영화가 어떻게 끝나?

B: I don't want to tell you, but there's a **twist**.　　B: 말 안 할래. 그런데 반전이 있어.

▌ 반짝스타/반짝 뜨고 사람들의 기억 속에 묻힌 노래

one-hit wonder. hit은 '유행한 것'을 의미하고 wonder는 '경이로움'이라는 뜻으로, one-hit wonder는 〈반짝스타〉였던 가수나 그러한 노래를 의미한다.

Psy was a **one-hit wonder** in the U.S.　　미국에서 싸이는 반짝스타였다.

Psy's *Gangnam Style* was a **one-hit wonder** in the U.S.　　싸이의 〈강남 스타일〉이 미국에서 반짝 인기를 끌었다.

▌ 시사회

영화를 개봉하기 전에 기자나 업계 관련자 등을 초청해서 먼저 보는 〈시사회〉를 premiere (프리미어)라고 부른다. premiere는 영화의 '개봉', 연극의 '초연'을 뜻하기도 한다.

I was invited to the movie **premiere**.　　　나 그 영화 시사회에 초대받았어.

▌ 영화에 출연하다

"영화에 누가 출연했어(나왔어)?"라고 물을 때 전치사 in을 써서 Who's in the movie?라고 하면 된다.

A: **Who's in the movie**?

B: No one famous.

A: 영화에 누가 나왔어?

B: 유명한 배우는 안 나왔어.

▌ 웹툰

〈웹툰〉은 web comics의 콩글리시다.

A: What is that?

B: **Web comics**.

A: 그거 뭐야?

B: 웹툰.

▌ 유행(트렌드)

생각보다 영어로 표현하기가 간단하지 않다. '유행'은 craze나 fad 또는 trend로 표현할 수 있다. craze와 fad는 동의어로, '갑자기 나타났는데 수명이 짧은' 것을 의미한다. trend는 비교적 '점진적이고 오래가는' 것을 뜻한다. 다시 말해 craze와 fad는 단기적인 현상, trend는 장기적인 현상을 나타낸다.

There was a dance **craze** that had started in Busan.

부산에서 유행이 시작된 춤이 있었다.

Fads come and go.

유행은 갑자기 생겼다가 없어진다.

Skinny jeans are a fashion **trend** that refuses to die.

스키니 진은 끈질기게 살아남는 패션 트렌드다.

'유행하다'는 popular 또는 trendy를 사용해 말할 수 있다. popular는 많은 사람이 좋아해서 '인기가 많은' 것이다. trendy는 '최근 유행하는' 것을 말할 때 쓰는데, 꼭 많은 사람이 좋아하지 않을 수도 있다. 아래 두 번째 예문은 긍정적인 의미, 마지막 예문은 부정적인 의미다.

This song is very **popular** these days.	요새 이 노래가 핫해(유행해).
Apple products are **popular** because they are perceived as being **trendy**.	애플 제품이 인기 있는 이유는 그 제품들이 최신 유행이라고 인식되기 때문이야. 〈긍정적 의미〉
It's **trendy** now but wait two months. You'll regret it.	지금은 유행이지만 두 달만 기다려 봐. 너 후회할걸. 〈부정적 의미〉

재방송

run에 '연극, 영화의 연속 공연', '(TV프로그램의) 방영'이라는 뜻이 있다. 〈재방송〉은 rerun이다.

A: Why are they playing *SNL* on a Tuesday?	A: 왜 SNL(Saturday Night Live)을 화요일에 방송하는 거야?
B: It's a **rerun**, dummy.	B: 바보야, 재방송이야.

팝 뮤직

pop music은 popular music의 줄임말로, '그 시기에 인기가 있는 음악', 즉 '대중가요(음악)'라는 뜻이다.

A: K-pop is the center of **pop music** in Asia.	A: K-pop은 아시아에서 팝 뮤직의 중심이야.
B: Right, but American **pop music** is still the center of **pop music** in the world.	B: 그렇지, 하지만 미국의 팝 뮤직이 여전히 전 세계 팝 뮤직 시장의 중심이지.

CHAPTER 11

스포츠·게임

01 스포츠·게임 1

P2_Ch11_01

▎개인 종목 스포츠(개인전)/단체 종목 스포츠(단체전)

〈개인 종목 스포츠(개인전)〉는 individual sport, 〈단체 종목 스포츠(단체전)〉는 team sport 이다.

I prefer **individual sports** to **team sports**.   전 단체 종목 스포츠보다 개인 종목 스포츠를 선호해요.

▎경기장

〈경기장〉을 뜻하는 영어 단어는 많다.

경기장 종류	경기장의 특징	관련 스포츠
course	넓음	골프
court	아스팔트, 콘크리트 등	농구, 배구, 테니스
field	잔디	미식 축구, 야구, 축구
rink	얼음	모든 스케이팅, 하키, 권투(예외)
stadium	경기장 (종합운동장)	넓은 공간이 필요한 모든 스포츠
track	원을 그리며 달리는 곳	경마, 달리기, 자동차 경주

- There's a new basketball **court** at the park.   공원에 농구장이 새로 생겼어.

- A: Do you want to go to a baseball game this weekend?   A: 이번 주말에 야구 경기 (보러) 갈래?

  B: Sure, where is it?   B: 좋지, 어디?

  A: It's at the baseball **stadium** by Jamsil Sports Complex station.   A: 잠실 종합운동장역 근처에 있는 야구 경기장에서 해.

공격/수비

〈공격〉은 offense, 〈수비〉는 defense라고 하는 것이 일반적이다. 아래 표에 정리된 offense와 defense의 파생어도 살펴보자.

명사	동사	형용사
offense 공격(수) defense 수비(수) offensive 공격	offend 불쾌하게 하다 defend 방어하다	offensive 공격적인 defensive 방어적인
[스포츠/전쟁]	[스포츠/전쟁/사람의 성격, 행동]	[사람의 성격, 행동]

[Talking about a sports game]

A: Their **defense** is better than their **offense**.

B: Yeah, they can't win like that.

The best **defense** is a good **offense**.

[스포츠 경기에 대해 말하는 중]

A: 저 팀은 공격보다 수비가 나아.

B: 그러게. 저렇게 하면 못 이기지.

효과적인 공격이 최고의 방어(수비)다.

---

offend는 '상대방을 기분 상하게(불쾌하게) 하다'라는 뜻이며, offensive는 그런 행동, 말, 성격 등을 나타낼 때 쓰는 단어다. offensive는 형용사 또는 명사로 쓰는데, 명사로 사용할 때의 charm offensive(아부와 친근감을 통해 상대방의 동의와 지지를 받으려 꾀하는 활동)와 같은 표현은 자주 쓰는 것이므로 기억해 두자.

Everyone **gets offended** by everything these days.

요새는 사람들이 일어나는 모든 일에 기분 나빠한다.

Someone always finds something **offensive**.

불쾌하게 여길 거리를 찾는 사람이 꼭 있어.

The best way for you to get promoted is to launch a **charm offensive**. Make your boss like you more than your competitors.

네가 승진하기 제일 좋은 방법은 아부 공격을 개시하는 거야. 상사가 너의 경쟁자보다 너를 더 좋아하게 하는 거지.

defend는 나라, 도시 또는 사람을 '보호하다'라고 할 때 쓰는 동사다.

The Battle of Pusan Perimeter was South Korea's last chance in **defending** itself.

부산 교두보 전투는 남한이 나라를 방어할 수 있는 마지막 기회였다.

A: Why are you learning Taekwondo all of a sudden?

B: To be able to **defend** myself.

A: 너 왜 갑자기 태권도를 배우는 거야?

B: 나 자신을 보호할 수 있기 위해서.

defend에는 '변호하다'라는 뜻도 있다.

I found a great lawyer to **defend** me.

날 변호할 훌륭한 변호사를 찾았어.

Why **am I defending** myself? You're the one in the wrong.

잘못은 네가 했는데 왜 내가 변명하고(나 자신을 변호하고) 있는 거지?

형용사형인 defensive는 '수비적인', '방어적인'의 뜻으로, 사람의 방어적인 성격이나 행동을 나타낼 때 쓴다.

A: He got really **defensive** when I asked him about his work.

A: 그 사람에게 직업에 관해 물어보니까 엄청 방어적이 되던데.

B: Oh, you didn't know? He's sensitive about not making much money.

B: 너 몰랐어? 그 사람은 자기가 돈을 많이 못 번다는 사실에 대해 예민해.

He's playing very **defensively**.[*]

저 선수는 굉장히 수비적으로 경기한다.

* defensively는 defensive의 부사형이다.

던지다/잡다

throw(던지다)와 catch(잡다)는 둘 다 동사, 명사로 쓸 수 있다.

A: **Throw** me my wallet.

A: 내 지갑 좀 던져 줘.

B: Okay, **catch**! ... Nice **catch**!

B: 그래, 잘 잡아! ... 나이스 캐치!

참고로, throw와 catch가 사용되는 구동사 중 정말 자주 쓰는 표현을 아래에 정리했다.

throw away 버리다

Don't **throw away** your leftovers. Save them for later.

남은 음식 버리지 말고 나중에 먹게 보관해 놔.

throw/have a party 파티를 열다(누가 파티를 준비했는지 강조할 때는 throw를 쓴다)

My coworkers **threw a farewell party** for me.

동료들이 나를 위해 송별회를 열어 줬어.

A: Let's **have a surprise party** for Anne.

A: 우리 앤을 위해 서프라이즈 파티를 하자.

B: But wouldn't she suspect it since her birthday is next week?

B: 그런데 다음 주가 걔 생일인데 의심하지 않을까?

A: Oh, right. Even if she does, I'm sure she'll act surprised for us.

A: 어, 그렇겠다. 설령 의심한다고 해도 우리를 위해 놀란 척해 줄 거야.

catch a cold 감기 걸리다

A: Don't come near me. **I caught a cold**.

B: Oh, then why didn't you tell me before? We could've rescheduled.

A: Oh yeah... I didn't think of that.

A: 내 근처로 오지 마. 나 감기 걸렸어.

B: 야, 그럼 왜 미리 얘기 안 했어? 일정을 다시 잡아도 됐는데.

A: 아, 그렇네…. 그 생각을 못했다.

catch/grab *one's* attention ~의 관심을 사로잡다

A: Is that a new skirt?

B: Yeah. I just got it.

A: I thought you were trying to save up money.

B: I was, but it **caught** my **attention**, and I had to buy it.

A: 그 치마 새 거야?

B: 응, 최근에 샀어.

A: 너 돈 모으려고 노력하는 줄 알았는데.

B: 그렇긴 한데, 이 치마가 내 눈을 사로잡아서 살 수밖에 없었어.

play catch 캐치볼하다

A: I'm bored. Let's do something.

B: How about going to the park?

A: What do you want to do there?

B: We can **play catch** and stuff.

A: 나 심심해. 뭐라도 하자.

B: 공원에 가는 건 어때?

A: 넌 거기서 뭐하고 싶은데?

B: 캐치볼 같은 걸 하는 거지.

▍비기다

〈비기다〉는 영어로 tie이다. tie는 동사(비기다), 명사(무승부)로 쓰인다.

A: Who **won** the game last night?

B: They **tied**. / It was a **tie**.

A: 어젯밤에 경기 누가 이겼어?

B: 비겼어. / 동점이었어. (무승부였어.)

삼세판(3판 양승/3판 2선승)

best of three. 영어에서는 끝의 숫자가 '몇 번째 판'인지를 나타낸다. 그중 과반을 이기면 승리한다.

Men's tennis is **best of five** while women's tennis is **best of three**.	테니스에서 남자 경기는 5세트에서 3세트를 이겨야 하고, 여자 경기는 3세트에서 2세트를 이겨야 한다.

꼭 스포츠뿐만 아니라 '가위, 바위, 보'도 삼세판일 수 있다.

A: I want Chinese for dinner.	A: 나 저녁에 중식 먹을래.
B: I'm not in the mood for Chinese. How about Indian?	B: 난 중식은 별로야. 인도 음식은 어때?
A: Let's settle it by 'rock, paper, scissors.'	A: 가위, 바위, 보로 정하자.
B: Ok! **Best of three**.	B: 좋아! 삼세판이야.

참고로, 〈삼세판(3판 양승/3판 2선승)〉 관련해서 알아두어야 할 표현이 있다. 바로 win by two(2점 차로 이기다)이다. 테니스나 탁구처럼 2점 차이가 나야 이기는 스포츠가 있는데, 그런 경기에 win by two나 win by a two point margin이라는 표현을 쓴다. 스포츠뿐만 아니라 아무 게임에나 쓸 수 있다.

A: I think it's your turn to pay for dinner.	A: 이번엔 네가 저녁 값을 낼 차례인 거 같은데.
B: Uh, I don't think so! I remember paying last.	B: 어, 아닐걸! 마지막으로 낸 게 나인 걸로 기억하는데.
A: Let's flip a coin. Heads, I pay. Tails, you pay.	A: 동전 던지기를 하자. 앞면이면 내가 내고, 뒷면이면 네가 내.
B: Let's do best of three, but you have to **win by two**.	B: 좋아, 삼세판으로 하되 두 번 이겨야 하는 거로 하자.

서브/슛/패스/투구(피치)

아래 표의 단어들은 모두 동사와 명사로 쓸 수 있다. 하나 예외는 shoot으로, 명사형은 shot이다.

단어	뜻	적용되는 스포츠
pass	패스	손이나 발로 공을 들거나 옮길 수 있는 스포츠: 농구, 축구 (O) / 배구 (X)
pitch	투구(피치)	야구, 크리켓
shoot	슛	공을 골문에 넣는 스포츠: 농구, 축구 (O) / 배구, 야구 (X)
serve	서브	배구, 탁구, 테니스

[Things people shout at the TV while watching a match]

[TV에서 경기를 보며 사람들이 외치는 표현]

Pass the ball, you idiot!

패스해, 이 멍청아!

What kind of a **pass** was that?

패스하는 게 뭐 저래?

Oh, it's him! I thought he couldn't **pitch** because he hurt his shoulder.

어, 저 선수네! 어깨를 다쳐서 공을 못 던질 줄 알았는데.

That last **pitch** was so fast!

저 마지막 피치(투구/공)는 엄청 빨랐어!

Shoot it now! What is he waiting for?

슛 하라고! 쟤 뭘 기다리는 거야?

Actually, that was a pretty good **shot**.

어, 생각보다 슛이 좋았다.

I like the way he looks when he **serves**.

난 저 사람의 서브하는 모습이 좋더라.

Whoa, that was a bad **serve**.

진짜 별로인 서브였어.

참고로, '패스'와 관련해 유용한 표현을 한두 가지 더 알아두자. '패스를 잘 안 하는 사람'을 가리켜 ball hog라고 하고, '공을 독차지하다'는 hog a ball이라고 한다. 보통 농구에서 쓰는 말이지만, 패스가 중요한 모든 스포츠에 쓸 수 있다.

A: He needs to learn how to pass the ball.

A: 저 선수는 패스하는 걸 좀 배워야 돼.

B: He's always been a **ball hog**.

B: 쟤는 항상 패스를 안 해.

A: Seriously, I don't think there's been a game when he didn't **hog the ball**.

A: 그러게. 쟤가 공을 독차지하지 않은 경기가 없었던 거 같아.

스포츠맨 정신

한국에서는 보통 '스포츠맨 정신이 있다/없다'라고 말한다. 이것은 영어로 with good/bad sportsmanship이다.

A: I like players **with good sportsmanship**.

B: Does anyone like anyone **with bad sportsmanship**?

A: Well, some athletes are so good that we overlook it.

A: 난 스포츠맨 정신이 있는 선수가 좋아.

B: 스포츠맨 정신이 없는 사람을 누가 좋아해?

A: 어떤 선수들은 운동을 너무 잘하니까 (스포츠맨 정신이 없어도) 넘어가 주잖아.

심판

영어에는 referee, judge, umpire라는 세 종류의 〈심판〉이 있다. judge는 다이빙 또는 피겨 스케이팅 등에 있는, 개인적으로 판단을 해서 점수를 매기는 심판이다. referee는 점수를 매기는 것보다 경기 중에 규칙을 운영하는 심판이다. umpire는 referee와 역할이 거의 같은데, 규칙을 운영하고 분쟁을 중재하는 심판을 말한다. 아래 목록의 스포츠에 어떤 심판이 들어가는지 확인해 보자.

	judge	referee	umpire
다이빙 / 피겨 스케이팅	O		
농구 / 축구 / 배구 / 미식 축구		O	
테니스 / 야구			O

I think the **umpire**'s wrong.

난 심판이 판단을 잘못한 것 같아.

▌아마추어/프로페셔널

〈아마추어〉와 〈프로페셔널〉은 '운동'과 관련해서 쓸 때와 '그 외의 상황'에 쓸 때 의미가 다르다.

	운동 관련	운동 외
amateur	비전문가	미숙한, 비전문적인
professional	전문가	능숙한, 전문적인

The Olympics didn't use to allow **professional** athletes to compete — only **amateurs**.

전에는 올림픽에서 프로 운동선수들은 참가하지 못하게 했어. 오직 아마추어들만 허락했지.

A: We need to get someone to fix our toilet.

B: How about my friend? He's good at fixing things like that.

A: I would prefer a **professional** to do it.

B: Well, just because someone's a **professional** doesn't mean he's good.

A: 우리 집 변기 고치게 누구 불러야겠다.

B: 내 친구는 어때? 걔가 그런 거 잘 고쳐.

A: 난 전문가가 했으면 좋겠어.

B: 그런데 꼭 전문가라고 잘하는 건 아니잖아.

위 대화의 마지막 문장에서 professional이라는 단어의 의미를 짐작할 수 있다. 업으로 한다고 해서 꼭 뛰어나게 잘하는 건 아닐 수 있고, 진짜 잘하지만 그것이 본업이 아닐 수도 있다. 본래의 업으로 삼고 있든 그렇지 않든, 자격증이 있든 없든 간에 '탁월한 전문가'는 expert라고 한다.

A: My dog is out of control. I need a dog trainer, but they're so expensive.

B: I know someone who can help you. He's an **expert** at it.

A: Is he a **professional** dog trainer?

B: No, but he's good and has a lot of experience.

A: 우리 집 개를 통제하지 못하겠어. 개 훈련사가 필요한데, 돈이 너무 많이 들어.

B: 내가 널 도울 수 있는 사람을 알아. 그 사람은 그 방면의 전문가야.

A: 그 사람 전문 개 훈련사야?

B: 그렇진 않은데, 잘하고 경험이 많아.

역전(승)하다

〈역전(승)하다〉는 come from behind 또는 make a comeback으로 말한다. 참고로, '스포츠 경기 초반에 잘 못하다가 나중에 갑자기 잘하게 된' 것은 turn things around라고 한다. 그러나 turn things around로는 해당 선수나 팀이 승리를 했는지는 정확히 알 수 없다. 반면, make a comeback이나 come from behind는 결국 승리한 것을 뜻한다.

[Watching the second half of a soccer match]

[축구 경기 후반전을 보는 중]

A: Korea really **turned things around** in the second half.

A: 후반전에 (한국 팀이 잘하기 시작해서) 경기 흐름이 바뀌었어.

B: Yeah, if they keep this up, they might **make a comeback**!

B: 응, 계속 이렇게 나가면 우리 팀이 역전할 수 있겠다!

아무도 승리할 것이라 예상하지 못한 팀이 경기를 이기거나 다 이긴 경기를 져서 '반전'이 일어났다고 할 때 쓰는 말은 upset이다.

Korea beating Spain in the 2002 World Cup was a huge **upset**.

2002 월드컵에서 한국이 스페인을 이긴 것은 큰 반전이었다.

역전패당하다

영어로는 blow a ... lead다. '...' 부분에 몇 점 차이로 이기고 있었는지 숫자를 넣으면 된다. 앞에 나온 come from behind(역전승하다)로 그 의미를 전달할 수도 있다.

My team **blew a 10 point lead**.

우리 팀이 10점 차이로 이기다가 역전패를 당했어.

The other team **came from behind**.

상대팀이 역전해서 이겼어.
(상대팀에게 역전패 당했어.)

우승후보

유력한 〈우승후보〉는 favorite이다. 이길 확률이 높은 팀 또는 선수는 a favorite, 두 팀/선수 중에 하나는 the favorite이다.

Germany was a **favorite** in the 2018 World Cup, but they failed spectacularly.

2018 월드컵에서 독일이 유력한 우승후보였지만 처참히 떨어졌다.

▎운동선수

경쟁 상대가 있는 스포츠의 전문 〈운동선수〉를 athlete라고 한다. athlete의 파생어도 중요하므로 함께 알아두자.

athlete	**athletic**	**athleticism**	**athletics**
운동 선수, 육상 경기 선수	몸이 탄탄한, 육상(경기)의	운동 실력(기량), 활동성	운동 경기, 육상 경기

He's so **athletic** that he could be an **athlete**.	쟤는 워낙 몸이 좋아서 운동 선수가 될 수 있을 것 같아.
His **athleticism** led him to a career in **athletics**.	그는 운동 실력 덕에 직업 육상 선수가 되었다.

▎응원하다

cheer on이나 cheer for를 쓰면 된다.

I heard on the news that the Hanwha Eagles had installed robots that would **cheer on** their team because fans weren't coming to the games.	뉴스에서 들었는데, 팬들이 경기를 보러 안 와서 한화 이글스는 팀을 응원하는 로봇을 설치했대.

'응원하다'와 관련해서 cheerleader(치어리더)라는 단어도 알아두자.

The **cheerleaders** in Korean baseball games are amazing!	한국 야구 경기의 치어리더들이 진짜 대박이야!

참고로, cheer up은 상대방에게 기분을 풀거나 힘내라고 격려할 때 쓰는 말이다.

Cheer up! Everything will work out.	기분 풀어! 다 잘 풀릴 거야.
I know what will **cheer** you **up**. Let's get sushi! My treat.	너의 기분이 풀리게 내가 초밥을 쏠게!

이기다/지다

〈이기다〉는 win 또는 beat, 〈지다〉는 lose다. 'A에게 지다'는 lose to A이다.

France **won** the 2018 World Cup.	프랑스가 2018 월드컵에서 이겼다.
France **won**.	프랑스가 이겼다.
France **beat** Croatia in the finals.	프랑스가 결승전에서 크로아티아를 이겼다.
Croatia **lost** to France in the finals.	결승전에서 크로아티아가 프랑스한테 졌다.

한국어의 '낙승', '압승', '박빙의 승부'처럼 영어에도 승패와 관련해 다양한 표현이 있다. 하지만 이러한 표현은 다 외우기에는 너무 많고, 말할 때 잘 안 쓰는 표현도 있기 때문에 win과 beat 정도만 알아도 충분하다. 그래도 아쉽다면 몇 가지만 더 알아두자. 크게 이기면 '상대방(팀)을 kill했다'라고 하는 게 가장 자연스럽다. '간신히' 이겼을 때는 '경기가 close했다' 또는 '이긴 팀이 barely 이겼다'고 한다.

A: Did you watch the game? It was so intense!	A: 너 그 경기 봤어? 심장이 쫄깃해지는 경기였어!
B: Yeah! They were neck and neck the whole time.*	B: 그렇게! 경기 내내 막상막하였어.
A: I really thought we would **kill** them.	A: 난 우리 팀이 압승할 거라 생각했었지.
B: Me, too. But we **barely won**. Oh well, it's still better than losing.	B: 나도 그리 생각했었어. 그런데 간신히 이겼네. 그래도 지는 것보다 낫지.

* neck and neck 막상막하의 승부

전반전/후반전/하프타임

〈하프타임〉은 축구처럼 경기가 전반전과 후반전으로 나뉘는 스포츠에서 중간에 갖는 '휴식 시간'을 뜻한다. 영어로 halftime이라 하고, 앞 타임인 〈전반전〉은 first half, 뒤 타임인 〈후반전〉은 second half라고 한다.

[Talking about a soccer game]

A: I can't believe our team scored 3 goals in the **second half**, especially when they didn't make a single goal in the **first half**.

B: Yeah, I guess the coach gave a really stirring speech in the locker room during **halftime**.*

A: I thought that only happened in movies.

[축구 경기에 관해 이야기하는 중]

A: 우리 팀이 어떻게 후반전에 세 골이나 넣었을까? 전반전에는 한 골도 못 넣었는데.

B: 그러게. 감독이 하프타임에 엄청나게 감동적인 연설을 했나 봐.

A: 그건 영화에서나 일어나는 일인 줄 알았는데.

* 미국에서는 흔히 '일반 코치'나 '감독'을 다 coach라고 부른다. 원래, 감독은 head coach이지만 head를 빼고 그냥 coach라고 할 때가 많다. 스포츠 종목 중 감독을 coach가 아니라 manager라고 부르는 것은 야구뿐이다.

참고로, 농구는 경기 시간을 둘로 나누지 않고 네 개의 quarter로 나눈다. 그 각각의 시간을 first quarter, second quarter, third quarter, fourth quarter라고 한다.

A: Why are there so many commercials during basketball games?

B: I think it's because they have four **quarters**, so there's more time to show them.

A: 왜 농구 경기에는 (TV) 광고가 이렇게 많은 거야?

B: 네 개 쿼터로 경기가 진행되다 보니 광고를 보여 줄 시간이 더 많아서 그런 것 같아.

홈그라운드 이점

소위 '홈팀 버프'라고도 하는 〈홈그라운드 이점〉을 home-field advantage라고 한다.

A: The Korean short track team didn't do as well in PyeongChang as I'd thought they would.

B: Why did you think they would do well?

A: Because they usually do, and they had the **home-field advantage**.

A: 한국 쇼트트랙 대표팀은 평창 올림픽 때 내가 예상했던 것만큼 잘하지는 않았어.

B: 그들이 왜 잘할 거라고 생각했는데?

A: 원래 잘하기도 하고, 이번에는 홈그라운드 이점도 있잖아.

CHAPTER 12

교통

▌ (교통수단을) 타다

일반적으로 '자가용이 아닌 다른 육상 교통수단'을 이용할 때는 동사 take를 쓴다. 예를 들면, take the bus, take the subway, take a taxi 등. bus와 subway는 도시마다 통일된 하나의 시스템으로 운영되기 때문에 the를 쓰고, taxi는 시스템보다 '개별적인 차 한 대'로 보기 때문에 관사 a를 쓴다.

I didn't **take** the bus here.	난 여기 올 때 버스 안 탔어.
I usually **take** the subway to and from work.	난 보통 지하철을 타고 출퇴근해.
I **took a taxi** because I was late.	늦어서 난 택시 탔어.

가끔 take와 get on을 헷갈려서 쓰는 사람들을 본다. 그 이유는 둘 다 '타다'로 번역하기 때문이다. 하지만 get on은 교통수단을 타는 '행동' 자체를 강조해서 의미한다(승차). 목적지에 도착하면 기차에서 get off한다(하차).

I couldn't **take** the subway because there was an accident.	사고가 나서 지하철을 못 탔어(이용하지 못했어).
I couldn't **get on** the train because there were too many people.	열차에 사람이 너무 많아서 아예 타지(승차하지) 못했어.

참고로, get on/off할 수 있는 것은 '자동차를 제외하고' 모두 가능하다. 교통수단 '안'에 들어가는 거니까 원래는 다 in을 쓰는 게 맞지만 습관적으로 '큰 것'을 탈 때는 on, '작은 것'을 탈 때는 in을 쓴다.

Ring the bell if you want to **get off** (the bus) at the next stop.	다음 (버스) 정류장에서 내리고 싶으면 벨을 눌러.
It would be nice if people had the common sense to **get off the train** and then **get** back **on** instead of blocking the door.	사람들이 문을 막지 말고 잠깐 내렸다가 다시 열차에 타는 센스가 있으면 좋겠다.
Standing won't make you **get off the plane** any faster. We're in the last row!	일어서 있다고 비행기에서 더 빨리 내릴 수 있는 거 아니야. 우린 끝 좌석에 있잖아!
Don't **get off the boat** until it has stopped moving.	배가 멈출 때까지 내리지 마.
This **car** is so small that it's hard to **get in** and **out of** it.	차가 너무 작아서 타고 내리기가 힘들어.

▌ (기차/열차) 칸/(칸의) 문 번호

기차나 열차의 〈칸〉은 car라고 부른다. 칸의 〈문 번호〉는 door number이다.

A: I'm in the front **car**.

B: **Door number**?

A: 1–4.*

A: 나 맨 앞 칸에 있어.

B: 문 번호는?

A: 1–4.

* 한국어와 똑같은 방식으로 읽는다. One dash four.

▌ (차가) 끼어들다

차가 끼어들 때 cuts *someone* off라고 말한다.

The car behind me got into an accident when he tried to **cut me off**.

내 뒤차가 끼어들다가 사고가 났어.

▌ 골목/대로

alley(골목)와 main road(대로)는 길을 물어볼 때 알아두면 유용한 단어다.

Come out of exit two and take a left at the second **alley**. The cafe will be on your right.

Excuse me, I'm a little bit lost. Where is the **main road**?

2번 출구로 나와서 두 번째 골목에서 왼쪽으로 꺾어. 카페가 오른쪽에 있을 거야.

실례합니다. 제가 길을 잃었는데, 대로가 어디죠?

▌ 교통사고가 나다

be in a car accident이다. '교통사고를 내다'를 말할 때는 어떻게 사고를 냈는지 구체적으로 말하자.

I **was in a car accident** last year.

I **ran a red light and hit another car** in the intersection.

나 작년에 교통사고 났었어.

내가 빨간불을 무시하고 갔다가 교차로에서 다른 차를 들이박았어.

깜박이

〈깜박이〉는 turn signal인데, 일상에서는 blinkers라는 말을 더 자주 쓴다.

Use your **turn signals**!

깜빡이 좀 켜!

Oops, I've had my **blinkers** on for the last 10 minutes.

아이코, 깜빡이를 10분 동안 켜 놓고 있었네.

내비게이션

Global Positioning System(위성 위치 확인 시스템), 줄여서 GPS라고 부른다.

I have **GPS** in my car.

내 차에 내비게이션이 있어.

Use the **GPS** in your car.

네 차에 있는 내비게이션을 써.

차에 내비게이션이 없는데 길을 잃었으면 누군가에게 길을 물어서(ask for directions) 안내받을(get directions) 수 있다. 다른 사람이 '나에게' 길을 물어서 길을 알려 주면 그 사람에게 give directions한 것이다.

A: How did you find my house without your smartphone?

A: 너 스마트폰도 없이 어떻게 우리 집을 찾아왔어?

B: I **asked for directions** from your dad. / I **got directions** from your dad.

B: 너희 아버지께 오는 길을 물어봤어. / 네 아버지께서 오는 길을 알려 주셨어.

A: He **gave** you **directions**? He's usually really bad at that kind of stuff.

A: 아빠가 너한테 길을 알려 주셨다고? 보통 그런 거 진짜 못 하시는데.

대리운전

미국에는 이런 사업이 없어서 〈대리운전〉에 해당하는 말 자체가 없다. 억지로 직역하기보다는 대리운전이 무엇인지 설명을 하는 것이 더 낫다.

A: Let's call 대리운전.

A: 대리운전 부르자.

B: What's that?

B: 그게 뭐야?

A: It's when you're too drunk to drive, so you hire a driver to drive you and your car to your destination.

A: 술에 취했을 때 운전기사를 돈 주고 불러서 너 대신 차를 몰고 목적지까지 가 주는 거야.

참고로, '대리 출석', '대리 근무', '대리 시험'은 아래처럼 표현할 수 있다.

Can you sign in for me today? I'm really hungover.	오늘 내 대리 출석해 줄 수 있어? 나 숙취가 심해.
I substituted for my coworker because he was late.	내 동료가 늦어서 내가 그의 대리 근무를 했어.
I paid a really smart girl to take the test for me.	난 진짜 공부 잘하는 여자애에게 돈을 주고 대리 시험을 치게 했지.

▍대중교통

public transportation. 같이 쓰는 동사는 use 혹은 take이다.

I can't go anywhere without **public transportation**.	난 대중교통 없으면 아무 데도 못 가.
I **take public transportation** every day.	난 매일 대중교통을 이용해.

▍로터리

미국에는 교통이 번잡한 사거리에 원형으로 만들어 놓은 교차로인 로터리가 점점 늘고 있다. 〈로터리〉를 roundabout이라고 한다.

A: Have you ever heard of the Magic Roundabout in Swindon?[*]	A: 너 스윈던에 있는 Magic Roundabout이라는 로터리에 관해 들어봤어?
B: Is that the one with seven **roundabouts** in one?	B: 한 로터리 안에 로터리 일곱 개가 있는 거 말이야?
A: Yeah! I drove on it once, and it was scary!	A: 맞아! 나 거기서 한 번 운전해 봤는데, 무섭더라!

[*] Swindon(스윈던)은 영국 잉글랜드 윌트셔 주에 있는 인구 15만여 명의 도시다.

▮ 몇 시 비행기야?

상대방이 타는 비행기의 이륙 시간을 물어볼 때 쓰는 표현이다. What time's your flight?라고 한다.

A: I'm leaving for Singapore tomorrow.

B: **What time's your flight**?

A: 나 내일 싱가포르로 떠나.

B: 몇 시 비행기야?

그런데 flight(비행, 항공편)는 좀 특수한 단어다. 다른 교통수단은 '~편'을 의미하는 별다른 말이 없다. 예를 들어, "몇 시 버스야?"라고 물어볼 때는 What time does your bus leave?라고 한다.

A: **What times does your bus leave** tomorrow?

B: I'm not taking the bus. I'm taking the train.

A: Oh. **What time does your train leave** tomorrow?

B: It leaves at 9 in the morning so I have to leave the house at 8.

A: 너 내일 몇 시 버스야? (몇 시에 버스가 출발해?)

B: 버스 안 타고 기차를 탈 거야.

A: 그렇군. 내일 몇 시 기차인데? (몇 시에 기차가 출발해?)

B: 아침 9시 기차라서(9시에 출발해서) 집에서 8시에 출발해야 돼.

▮ 무단횡단을 하다

jaywalk라고 말한다.

A: If I get hit by a car while I**'m jaywalking**, can I still get money from them?

B: Hey, that's called insurance fraud.

A: 내가 무단횡단하다가 차에 부딪히면 그래도 돈을 받을 수 있을까?

B: 야, 그건 보험 사기야.

▌ 바짝 붙어 운전하다

접촉 사고가 일어날 만큼 앞차 바로 뒤에 바짝 붙어 달리는 것을 tailgate라고 한다.

He started **tailgating** the guy who cut him off.	그는 자기 앞에 끼어 들어온 사람 뒤를 바짝 따라 달리기 시작했어.

▌ 보행자

〈보행자〉는 pedestrian이다.

Don't deliverymen in Seoul know that sidewalks are for **pedestrians** and bicycles only?	서울의 배달원들은 보도가 보행자와 자전거(자전거 타는 사람)만을 위한 곳이라는 걸 모르나?

▌ 삼거리/사거리

〈사거리〉는 junction 또는 intersection, 〈삼거리〉는 three-way junction 혹은 three-way intersection이다. '오거리'는 five-way junction/intersection이다.

Let's meet at the cafe by the **three-way intersection**.	삼거리 쪽에 있는 카페에서 만나자.
I hate this **intersection**. Even when there are no cars, I have to wait the same amount of time as when there are cars.	난 이 사거리가 싫어. 차가 없을 때도 기다리는 시간이 차가 있을 때하고 똑같아.

표지판에 쓰인 JCT는 junction의 약자다.

속도위반하다(과속하다)

〈속도위반하다(과속하다)〉는 speed, 명사형인 '속도위반(과속)'은 speeding이다.

I got caught **speeding** yesterday.	나 어제 속도위반(과속)하다가 걸렸어.
I was pulled over for **speeding** on the highway.*	난 고속도로에서 속도위반(과속)으로 경찰한테 걸렸어.
I got pulled over for **speeding**.	속도위반 때문에 경찰이 내 차를 한쪽에 세우게 했다.

* 속도위반을 한 사람을 잡으면 경찰은 pull *someone* over(한쪽에 차를 대게 하다)한다. 걸리면 운전자에게 큰일이라서 대부분 수동태로 쓴다.

신호위반을 하다

run a red light이라는 표현을 쓴다.

You're completely at fault if you get into a car accident while **running a red light**.	신호위반하다가 교통사고가 나면 전적으로 네가 잘못한 거야.

약냉방 칸

미국의 지하철은 항상 덥고, 미국 사람들은 일반적으로 더위를 많이 타서 어딜 가든지 에어컨을 빵빵하게 틀어놓는다. 그러므로 미국 사람들과 대화할 때는 〈약냉방 칸〉이 무엇인지 구체적으로 설명하자. 하지만 설명을 들어도 그걸 왜 따로 구분해 두는지 이해하지 못하는 미국인이 많을 것이다.

A: What does 약냉방 칸 mean?	A: '약냉방 칸'이 무슨 뜻이야?
B: It means that **the air conditioning in this car isn't as strong as the other cars**.	B: 이 칸은 다른 칸보다 냉방이 약하다는 뜻이야.
A: Why do they have that?	A: 그런 게 왜 있어?
B: The regular air conditioning is too strong for some people.	B: 에어컨을 너무 세게 틀었다고 느끼는 사람들을 위해서지.
A: I don't get it. I'm always hot wherever I go in Korea.	A: 이해가 안 된다. 난 한국 어딜 가든 더운데.

▌ 육교/지하도

둘 다 -pass가 붙는다. 〈육교〉는 overpass, 〈지하도〉는 underpass이다.

To cross the street, we have to go through the **overpass** or the **underpass**.

길을 건너려면 육교 아니면 지하도를 통해서 가야 돼.

▌ 자동차로 (이동하다)

'차로 어디를 갔다'를 영어로 말할 때 by car를 쓰는 사람이 종종 있다. 물론, 틀린 표현은 아니지만, 미국에서는 동사 drive를 쓰는 것이 훨씬 더 일반적이다.

I went to the grocery store **by car**. / I **drove** to the grocery store.

나는 차를 타고 식료품점에 갔다.

아래 예문에서 볼 수 있듯, 영어에는 '(어떤 교통수단)을 이용하여'라는 뜻을 나타내는 다양한 표현이 있다. 저 표현들을 숙어처럼 외우는 사람도 많지만, 일상적으로 미국 사람들은 동사 하나로 해결한다. 그 예를 살펴보자.

I came here **on foot**.
→ I **walked** here.

나는 여기에 걸어서 왔다.

I go to my company **by subway**.
→ I **take** the subway to work.

나는 지하철을 타고 회사에 출근한다.

I went to Berlin **by plane**.
→ I **flew** to Berlin.

나는 비행기를 타고 베를린에 갔다.

▌ 정거장(정류장)

stop이라고 한다.

How many more **stops** are there?

몇 정거장 더 가야 돼?

Wait for me at the **bus stop**.

나를 버스 정류장에서 기다려 줘.

▌ 제한속도

the speed limit이다. 항상 정관사 the와 함께 쓴다.

A: What's **the speed limit** here?

B: 60 mph(miles per hour).

A: Oh, I'm way over **the speed limit**.

B: Yeah, I think that's a cop.* Slow down and stay within **the speed limit**.

*cop은 '경찰(관)'을 뜻하는 비격식적인 표현이다.

A: 여기 제한속도가 어떻게 돼?

B: 시속 60마일이야.

A: 어, 많이 넘었네.

B: 응, 저기 경찰이 있는 것 같아. 속도 줄이고 제한속도를 지켜.

▌ 차선

line이 아니라 lane이다.

Drivers in Seoul can't seem to pick a **lane**.

서울의 운전자들은 한 차선에서만 달리지 못하는 것 같아. (한 차선에만 진득하게 못 있는 것 같아.)

▌ 편도/왕복

〈편도〉는 one-way, 〈왕복〉은 round trip이다.

A: Tickets are only forty thousand won.

B: **One-way** or **round trip**?

A: **One-way**.

A: How much is a **one-way** ticket to Busan on KTX?

B: The **round trip** ticket is cheaper.

A: 표가 4만 원밖에 안 해.

B: 편도가? 아니면 왕복이?

A: 편도가.

A: 부산까지 KTX 편도표가 얼마야?

B: 왕복표가 더 싸.

▎ 환승하다

지하철을 '환승할' 때 환승역(transfer station)에서 transfer한다.

Don't **transfer** subways at Jamsil station. It's a nightmare.	잠실역에서 지하철 갈아타지 마. 악몽이야.

참고로, 한국에 처음 오거나 지하철을 한 번도 타 보지 않은 사람에게 강남역에서 지하철을 타고 삼성역까지 오는 과정을 설명해야 하는 상황이 발생했다고 가정해 보자. 어떻게 말하면 될까? 아래 순서에 따라 표현을 기억해 두자.

1. Go to Gangnam station exit 1.	강남역 1번 출구로 가.
2. Scan your transportation card at the turnstile.	(회전식) 개찰구에 교통카드를 찍어.
3. Go to door 4–3(four dash three).	4–3문 자리로 가.
4. Wait on the platform.	승강장에서 기다려.
5. Get on the train.	열차에 타.
6. Don't sit in the priority seats.	노약자 우대석에 앉지 마.
7. Get off at Samsung station on the third stop.	세 번째 정거장인 삼성역에서 내려.
8. Come out of exit 4.	4번 출구로 나와.
9. I'll be waiting outside.	내가 밖에서 기다리고 있을게.

▎ 횡단보도

〈횡단보도〉는 crosswalk이다.

A: I visited the Abbey Road **crosswalk** in London, and I took a selfie in the middle of the street.	A: 나는 런던에 가서 애비 로드 횡단보도 한가운데서 셀카를 찍었어.
B: The people who drive on that road must get so annoyed.	B: 그 도로에서 운전하는 사람들은 짜증 나겠다.
A: Oh, yeah, but I think they're used to it. They've been dealing with it for over fifty years.	A: 그렇겠지. 그런데 익숙할 거야. 50년 넘게 겪어 왔으니까.

CHAPTER 13

음식·요리

01 맛

▌(재료나 맛이) 빠지다

밥을 먹을 때 음식 맛이 충분히 나지 않고 뭐가 빠졌다고 느끼면 아래처럼 표현하자.

A: **Something's missing**, no?

B: Yeah, **something's definitely missing**.

A: 뭐가 빠진 것 같아, 안 그래?

B: 응, 분명히 뭔가 빠졌어.

▌간이 맞다/간이 세다/간이 약하다

'간' 또는 '양념'을 seasoning이라고 한다. 이것과 관련해 동사는 season(양념하다, 간을 하다), 형용사는 seasoned(조미한)이다. 한국에서 말하는 '(나물을) 무치다' 또한 영어로 season이라고 한다. season과 seasoned를 써서 다양하게 표현할 수 있다.

A: The roasted chicken at that restaurant is **well-seasoned**. That's what makes it so good.

B: Really? I've been there. I think they **overseason** it. /
I think it's **overseasoned**.

A: Oh, I like salty foods, so I usually feel other places **underseason** their roasted chicken. /
Oh, I like salty foods, so I usually feel it's **underseasoned** at other places.

A: 저 집 통닭구이가 간이 잘 맞아. 그래서 아주 맛있더라고.

B: 그래? 나도 가 본 적 있는데, 내 생각에 거기는 간이 센 것 같아.

A: 아, 난 짠 걸 좋아하는데, 다른 집들 통닭구이는 간이 약한 것 같아.

▌감칠맛

umami 또는 savory. 〈감칠맛〉은 오미 중 하나로, 나머지는 신맛, 쓴맛, 단맛, 짠맛이다. umami는 전문 용어이고, 일상에서는 흔히 '음식이 savory하다'라고 말한다.

I want to eat something **savory**.

감칠맛 나는 걸 먹고 싶어.

고소하다

사전을 보면 〈고소하다〉의 뜻을 '볶은 깨, 참기름 따위에서 나는 맛이나 냄새와 같다'라고 설명한다. 이 뜻에 따른다면 영어에는 이런 말이 없다고 봐야 한다. 어떤 사람들은 nutty(견과 맛이 나는)가 적절한 표현이라고 생각하지만, '고소하다'에 포함된 다양한 맛을 다 담아내지는 못한다. 그러므로 남은 선택지는 깨나 참기름과 직접 비교하는 것이다.

I like the taste of sesame oil in bibimbap.　　　 난 비빔밥의 고소한 맛이 좋아.

It smells like sesame seeds in here. I like it!　　 여기서 고소한 냄새가 나. 좋다!

느끼하다

greasy, oily, rich. rich를 제외한 나머지 단어에는 부정적인 의미가 있다. rich는 greasy 보다 완곡한 표현으로 긍정적인 느낌이 있다. 많은 사람이 중국 음식은 greasy 혹은 oily 하다고 말하고, 초콜릿과 크림소스는 rich하다고 말한다.

Fried chicken is **greasy**.　　　　　　　　　　치킨은 느끼해.

Sichuan food is too **oily** for me.　　　　　　　사천요리는 나한테는 너무 느끼해.

The broth in Japanese ramen is very **rich**.*　　일본 라면 국물은 느끼하면서 맛있어.

I enjoy a **rich** cream sauce with my pasta.　　난 기름진 크림소스 파스타 먹는 걸 좋아해.

This chocolate cake is very **rich**.　　　　　　이 초콜릿케이크에는 유지방이 많이 들어 있어.

* broth는 '걸쭉한 국물(수프)'이다. (→ p.340 '국물' 참고)

달다

〈달다〉를 나타내는 말은 sweet이다. 참고로, sweets는 사탕 등의 '단 음식'을 뜻하는 단어 다. have a sweet tooth(단 것을 좋아하다)라는 표현도 알아두자.

Actually, I don't like **sweet** foods. /　　　　실은, 나 단 거 안 좋아해.
Actually, I don't like **sweets**. /
Actually, I don't **have a sweet tooth**.

▌담백하다

지역마다 입맛이 다르다고 하는데, 서울에는 담백한 맛을 즐기는 사람이 많은 것 같다. 느끼하지 않고 깔끔하게 딱 떨어지는 맛인 〈담백하다〉를 영어로 말하고 싶을 때는 have a clean taste 또는 not overly seasoned(너무 양념이 많이 되지 않은, 너무 간이 세지 않은)이라고 말하자.

This soup **has a really clean taste**. It's **not overly seasoned**. It's perfect.	이 국은 정말 담백하다. 간도 너무 세지 않고 딱 좋아.

▌맵다

보통 양념이 많이 들어가서(세서) 매운 것은 spicy라고 한다. 엄밀히 말하면 〈맵다〉는 맛이 아니라 통각과 관련이 있는데, 화끈거리고 자극적이므로 피가 쏠리면서 hot(뜨거운, 매운)해지는 것이다.

I can't eat **spicy** food.	난 매운 거 못 먹어.

▌시다

〈시다〉는 sour이다. 발음에 주의하자. "사워"가 아니라 "사우어"처럼 발음한다.

I like my kimchi **sour**.	김치는 셔야지 맛있어.
I like **sour** kimchi.	난 신 김치가 좋아.

▌싱겁다

bland를 쓴다. 그런데 bland에는 부정적인 의미가 있다. 긍정적인 의미를 표현하려면 not salty라고 하자.

It's a little **bland**. It's missing something.	좀 싱겁다. 뭔가 빠졌어.
I like that it's **not salty**.	난 싱거운 게 좋아.

쓰다

〈쓰다〉는 bitter라고 한다.

This coffee is too **bitter**.　　　　　　　　　이 커피 너무 쓴데.

얼큰하다

〈얼큰하다〉를 영어로는 한 단어로 표현하지 못한다. spicy and refreshing이라고 말하자.

This kimchi jjigae is **spicy and refreshing**.　　　이 김치찌개는 얼큰하네요.

진하다

수프나 국은 thick하고, 커피는 strong하다. 참고로, 독한 술도 strong할 수 있다.

This soup is nice and **thick**!　　　　　　　이 국은 맛있고 진해!

Espresso is too **strong** for me.　　　　　　나한테 에스프레소는 너무 진해.

This drink is too **strong** for me.　　　　　이 술은 나한테 너무 독해.

짜다

음식이 〈짜다〉고 할 때 salty를 쓴다.

I can't eat this. It's too **salty**.　　　　　이거 못 먹겠어. 너무 짜.

▌ 짭짤하다

'적당히 짜다'라는 뜻의 〈짭짤하다〉는 nice and salty 혹은 salty but in a good way라고 말한다. 특정 상황에서 듣는 사람이 salty를 좋은 의미로 들을 것이 확실하다면 but in a good way까지는 말하지 않아도 된다.

These fries are **nice and salty**.
여기 감자튀김 짭짤하다.

A: This soup is **salty**.
A: 이 찌개 좀 짭짤해(짜다).

B: Maybe I put in too much salt.
B: 내가 소금을 너무 많이 넣었나 봐.

A: Oh no, I meant **salty in a good way**.
A: 아니, 좋은 의미로 짭짤하다고.

▌ 톡 쏘는 맛이 있다

tangy로 표현하자.

Tartar sauce has a **tangy** flavor to it.
타르타르 소스는 톡 쏘는 맛이 있어.

▎ **딱딱해지다**

오래된 빵은 stale해진다.

Do you want some of this bread? It's **stale** but still okay to eat.

이 빵 좀 먹을래? 좀 오래돼서 딱딱해졌지만 먹을 수는 있어.

▎ **바삭바삭하다/아삭아삭하다**

crunchy 또는 crispy. 의미상 차이는 없지만, 관용적으로 각 단어는 함께 붙여서 쓰이는 특정 음식이 있다.

crispy fried chicken
바삭바삭한 치킨

crunchy potato chips
바삭바삭한 감자 칩

crispy apples
아삭아삭한 사과

▎ **연하다**

soft 또는 tender. 특히 tender는 고기의 육질을 나타낼 때 쓴다.

This baguette must be fresh out of the oven. It's so **soft**!

이 바게트 갓 구운 건가 봐. 완전 부드러워!

How do you get the chicken so **tender**?

닭고기 육질을 어떻게 이렇게 연하게 만들어?

▎ **즙이 풍부하다**

juicy는 '즙(물기)이 많다'라는 뜻이다. 과일에서 고기까지 다 juicy할 수 있다.

I like my steak thick and **juicy**.
난 두껍고 육즙이 많은 스테이크가 좋아.

The **juicier** the peach the better.
복숭아는 과즙이 많을수록 좋아.

질기다

고기가 질길 때 tough하다고 한다.

I think you overcooked the meat. It's so **tough** that I can't chew it.

너 고기를 너무 익힌 것 같아. 너무 질겨서 못 씹겠어.

쫀득하다

gooey(부드럽고 쫄깃거리는). gooey는 항상 좋은 의미로 쓴다.

Look how **gooey** the cheese is. This is going to be good!

치즈가 얼마나 쫀득한지 봐 봐. 아주 맛있을 거야!

쫄깃쫄깃하다

chewy라고 표현하자.

Naengmyeon noodles are **chewy**.

냉면 면발은 쫄깃쫄깃하다.

촉촉하다

moist. 대체로 케이크 류의 빵이 부드럽고 〈촉촉하다〉라고 좋은 의미로 말할 때 쓰는 단어다.

A: Would you like some cake? I baked it myself.

B: Sure! Your cakes are always so **moist**.

A: 케이크 먹을래? 내가 직접 만들었어.

B: 응! 네가 만든 케이크는 항상 촉촉하고 맛있어.

크림처럼 부드럽다

크림 파스타처럼 버터와 우유가 많이 들어가서 부드러운 식감을 말할 때 creamy를 쓴다.

I like **creamy** foods. I think that's why I'm fat.

난 크림 같은 부드러운 음식을 좋아해. 그래서 살이 찐 것 같아.

퍽퍽하다

dry는 어떤 음식에든 쓸 수 있는데, 절대로 좋은 뜻이 아니다.

Don't get steak well-done. It's too **dry**.

스테이크를 웰던으로 굽지 마. 너무 퍽퍽해(육즙이 너무 없어).

This peach is hard as rock. And **dry**, too.

이 복숭아는 돌같이 딱딱해. 게다가 말라버렸어.

03 조리 방식

❙ 고기를 재다

고기뿐만 아니라 채소도 marinade(양념장)에 marinate할 수 있다.

A: This kalbi is delicious! What do you put in the **marinade**?

B: That's a secret, but I always **marinate** it for at least 2 days.

A: 이 갈비 진짜 맛있다! 양념에 뭘 넣어?

B: 그건 비밀이야. 근데 최소한 이틀은 고기를 재어 놔.

참고로, 고기를 재서 '숙성시키는(age)' 방법에는 두 가지가 있다. 하나는 dry-aged이고 다른 하나는 wet-aged이다. wet-aged는 진공 포장해서 숙성시키는 방법이고, dry-aged는 통풍이 잘되고 일정한 온도와 습도가 유지되는 곳에서 숙성시키는 것이다. 이 차이를 모르는 사람이 대부분이기 때문에 그냥 aged라고만 해도 된다.

A: What's so special about this steak house?

B: The beef **is aged** for a long time.

A: **Dry-aged** or **wet-aged**?

B: Uh, I'm not sure. But I heard **dry aging** is much more expensive, so probably **wet-aged**.

A: 이 스테이트 집만의 장점은 뭐야?

B: 소고기를 오랫동안 숙성시켜.

A: 드라이 에이징이야, 웻에이징이야?

B: 음, 그건 잘 모르겠네. 그런데 드라이 에이징 방식이 훨씬 돈이 많이 든다고 들어서, 아마 웻에이징일걸?

❙ 굽다

영어에는 굽는 방식이 네 가지 있다. 바로 bake, barbecue, grill, roast이다.

bake 보통 오븐 안에서 빵을 굽는 방식이다.

barbecue 약한 불에 뚜껑을 닫고 오랫동안 굽는 방식이다. 한국에서 barbecue를 제대로 하는 곳은 드물다.

grill 한국 사람들이 고기를 굽는다고 할 때 가장 많이 생각하는 방식으로, 집이나 식당에서 고기를 이렇게 굽는다.

roast 오븐 안에서 굽는 것일 수도 있고, 꼬치를 구울 때처럼 불과 고기 사이에 공간을 두고 굽는 것도 포함한다.

I love the smell of freshly **baked** cookies.	갓 구운 쿠키 냄새가 너무 좋아.
She **baked** me a cake for my birthday.	그녀는 나를 위해서 생일 케이크를 구워 줬어.
Texans love to **barbecue**.	텍사스 사람들은 바비큐하는 것을 좋아해.
Let's **grill** some pork belly for dinner tonight.	오늘 저녁 메뉴로 삼겹살 구워 먹자.
Roasting a chicken is surprisingly simple.	닭을 굽는 건 놀라울 정도로 단순해.
Xinjiang restaurants almost always serve **roasted** lamb skewers.	(중국) 신장의 식당들은 거의 항상 구운 양꼬치를 판매한다.

▌ 김치를 담그다

요즘 한식이 세계적으로 주목받고 있다지만 아직 미국에서는 김치가 비교적 낯선 음식이어서 한인 교민이 아닌 미국 사람이 집에서 김치를 담그는 것은 굉장히 이례적인 일이다 (이 때문에 미셸 오바마가 백악관 밭에서 키운 배추로 김치를 담근 것은 놀라운 일이었다). 〈김치를 담그다〉는 간단히 make kimchi라고 하면 된다.

A: This kimchi is delicious! Where did you get it?	A: 이 김치 진짜 맛있네요! 어디서 샀어요?
B: I **made it** at home.	B: 집에서 담갔어요.
A: Would you mind if I came over for your next kimjang?*	A: 혹시 다음에 김장하실 때 제가 와도 괜찮을까요?

* '김장'을 gimjang이라고 표기하기도 한다.

▌ 끓이다/삶다

어떤 음식이든 boil 혹은 simmer(은근히 끓이다)할 수 있다. 한국어와 다르게 영어에는 〈끓다〉와 〈삶다〉의 차이를 나타내는 단어가 없다.

Never put tea leaves in **boiling** water.	끓는 물에 차 잎을 넣으면 절대로 안 된다.
Boiled eggs make a good snack.	삶은 계란은 간식으로 먹기 딱 좋아.
Bring the soup to a **boil**, and let it **simmer** for 2 hours.	국이 끓기 시작하면 (불을 약하게 조절하여) 2시간 동안 은근히 끓이세요.

녹이다(해동하다)

한국에서는 〈녹이다〉와 〈해동하다〉를 같은 의미로 쓴다. 하지만 영어로는 개념에 따라 쓰는 말이 다르다. '얼음 등 고체류가 액체 상태로 변하는' 것은 melt이고, 냉동실에 있는 '얼린 고기를 꺼내서 해동하는' 것은 thaw/defrost이다.

The ice **is melting**.	얼음이 녹고 있어.
I like sandwiches where the cheese **is melted**.	난 치즈를 녹인 샌드위치가 좋아.
Let the meat **thaw** completely before cooking it.	요리하기 전에 고기를 완전히 해동시켜.
Make sure the meat **is thawed** completely before cooking it.	요리를 시작하기 전에 고기를 완전히 해동해야 돼.

데우다/익히다

열을 가해서 데우거나 익히는 것을 heat up이라고 한다.

Start **heating up** the vegetables now so that they'll be ready for dinner.	저녁 시간에 맞춰 준비가 다 되도록 채소를 지금부터 익혀라.
Let's just **heat up** leftovers for breakfast.	아침으로 남은 음식을 데워 먹자.

데치다

시금치 및 각종 채소를 데칠 때 blanch라는 말을 쓴다.

The easiest way to peel tomato skin is to **blanch** the tomato first.	토마토 껍질을 까는 제일 쉬운 방법은 먼저 토마토를 데치는 거야.

발효되다/발효시키다

김치, 술, 간장 등을 발효시키는 것은 ferment이다.

The longer you let the kimchi **ferment**, the stronger the taste will be.	김치는 오래 발효시킬수록 맛이 더욱 깊어져.

▌ 볶다/부치다/튀기다

일반적으로는 모두 fry라고 한다. 그렇지만 조리법을 구체적으로 나누어 말할 수도 있다.

● 볶다

stir fry 중국에서 흔히 쓰는 조리 방식. 넓고 우묵한 냄비(wok)에 재료를 센 불에 재빨리 볶는 것이다.

sauté sauté와 stir fry는 별 차이가 없다. 방식은 같은데 sauté는 납작한 팬에서 볶거나 튀긴다.

I think South East Asian cuisines have the best **stir fried** noodles.	볶음면은 동남아시아 게 제일 맛있는 것 같아.
Sauté the vegetables until they are evenly cooked.	채소가 고르게 익을 때까지 볶으세요.

그런데 stir fry라고 하지 않고 관용적으로 fry라고 할 때가 많다. 그래서 '볶음밥'은 fried rice이다.

● 부치다

pan fry 기름을 많이 넣지 않고, 부치는 동안 손을 거의 대지 않는 방식이다. 보통 전을 부칠 때 pan fry한다.

Don't move until you finish **pan frying** all the jeon.	전을 다 부칠 때까지 딴 데 가지 마.

● 튀기다

deep fry 일반적인 '튀기다'

lightly fry 살짝 튀기다

People in the American South **deep fry** everything.	미국 남부 쪽 사람들은 모든 것을 튀긴다.
Lightly fry the tofu.	두부를 살짝 튀겨.

군이 deep fry라고 하지 않고 그냥 fry라고 할 때가 많다.

▌소를 채우다(넣다)

요리할 때 안에 들어가는 '재료'나 '소'를 stuffing이라고 한다. 그리고 〈소를 채우다(넣다)〉는 stuff이다.

▨ One of my favorite Thanksgiving dishes is turkey **stuffing**.	내가 제일 좋아하는 추수감사절 요리 가운데 하나는 칠면조 안에 넣은 소야.
▨ **Stuff** the chicken with rice, ginseng, garlic, and jujube.	찹쌀, 인삼, 마늘, 대추를 닭 속에 채우세요.
▨ A: What's 오이소박이?	A: 오이소박이가 뭐야?
B: It's **stuffed** cucumbers.	B: 각종 소를 넣은 오이야.

▌찌다

무조건 steam으로 표현한다.

No dumplings taste better than **steamed** Shanghai dumplings.	상해 찐만두보다 더 맛있는 만두는 없어.

▌훈제하다

훈제하면 고기나 생선이 smoked된다.

When you go to a seafood buffet, the first thing you should get is the **smoked** salmon.	해산물 뷔페에 가서 제일 먼저 먹어 봐야 하는 것은 훈제연어야.

▌ (양이 많아서) 든든하다

일반적으로, 한국 음식은 양을 푸짐하게 주기 때문에 heavy(양이 많아서 든든한)하다면, 일본 음식은 상대적으로 light(양이 적어서 가벼운)하다.

A: What do you want for dinner?

B: Something **heavy**. I'm really hungry.

A: 저녁 뭐 먹을래?

B: 든든한 거. 너무 배고파.

참고로, '소화하기 힘든' 음식도 heavy하다고 한다.

You shouldn't have pizza so late at night. It's too **heavy**.

밤늦게 피자 먹지 마. 소화하기 힘들잖아.
(소화가 잘 안 되잖아.)

▌ (음식이) 당기다

음식이 당기는 것을 crave(갈망하다)로 표현한다.

Why do I always **crave** fried chicken right before bedtime?

나는 왜 잘 시간만 되면 치킨이 당기지?

참고로, 사람은 음식뿐 아니라 돈이나 남의 관심, 성적 욕망도 crave할 수 있다.

Children **crave** attention.

아이들은 관심을 갈망한다.

▌ 1인분/2인분

a serving of/an order of를 쓴다. 따라서 '삼겹살 1인분'은 a serving of pork belly/an order of pork belly이고 '삼겹살 2인분'은 2 servings of pork belly/2 orders of pork belly이다.

A: What should we get?

B: Let's get **two servings of** pork belly and **a serving of** pork neck first and see if we need to order more.

A: Okay! Excuse me, we're ready to order.

A: 뭐 먹을까?

B: 삼겹살 2인분하고 목살 1인분 먼저 시키고 더 시켜야 할지 보자.

A: 그래! 저기요, 주문할게요.

▌골라 먹다

영어로는 한 단어로 〈골라 먹다〉의 뉘앙스를 그대로 나타낼 수가 없다. 뭐만 골라서 먹는 지를 구체적으로 말하자.

He **only eats** the side dishes with meat in them.

쟤는 고기가 들어간 반찬만 골라 먹어.

Stop **eating all the good parts** by yourself.

너 혼자 맛있는 부분만 골라 먹지 마.

▌국물

broth 혹은 soup이다.

The most important part of Japanese ramen is the **broth**.

일본 라면에서 제일 중요한 건 국물이야.

A: This **kimchi soup** is delicious!*

A: 이 김치찌개 완전 맛있다!

B: Yeah, the **soup** is the best part.*

B: 응, 국물이 끝내주네.

* soup은 '국물'뿐 아니라 '국, 찌개, 탕, 전골'까지 나타내는 단어다.

▌국수가 불다

영어로는 적당한 표현이 없다. 면이 부는 과정을 설명하자.

Eat the pho now before **the noodles soak up the broth**.

면이 불기(면이 국물을 빨아들이기) 전에 베트남 쌀국수를 빨리 먹어.

▌김이 빠지다

탄산음료의 김이 빠진 상태를 말할 때 flat이라는 단어를 쓴다.

Throw that Pepsi away. It's **flat**.

그 펩시콜라 버려. 김빠졌어.

그런데 비유적인 의미의 〈김빠지다〉를 말하고자 한다면 '실망스러운 결과'를 설명하자.

Why would you say that? I was all ready to go on the trip, **but now I don't want to go**.

왜 그런 말을 해? 여행 갈 준비를 다 했는데 (네가 그런 말을 하니까) 김빠졌잖아.

▌남은 음식

먹고 남은 음식을 leftovers라고 한다. leftovers는 항상 복수형으로 쓴다.

A: What are you having for dinner?

B: **Leftovers**.

A: 너 저녁에 뭐 먹을 거야?

B: 남은 거 먹을 거야.

▌대식가

살이 많이 찌거나 과식하는 부정적인 이미지의 〈대식가〉는 glutton이라고 부르지만, 밥을 엄청 많이 먹는 데도 날씬한 사람에 관해 이야기할 때는 '주어+eat a lot/so much'라고 한다.

A: I hate going to buffets.

B: Why?

A: Because I turn into a **glutton**.

A: 난 뷔페 가는 게 싫어.

B: 왜?

A: 가면 대식가로 변하거든.

A: How do you **eat so much** and stay so thin?

B: I think I have a fast metabolism. And I jog every day.

A: 넌 어쩜 그렇게 많이 먹는데도 살이 안 쪄?

B: 난 신진대사가 빠른 거 같아. 게다가 매일 조깅도 하고.

▌도시락

원래는 boxed lunch라고 불렸는데, 요새는 bento box를 훨씬 자주 쓴다. '도시락'이라는 뜻의 일본어 bento를 붙여서 만든 표현이다.

I think **bento boxes/boxed lunches** are perfect for picnics.

내 생각에 소풍 갈 때는 도시락이 최고야.

일반적으로 도시락은 점심에 먹으므로 I packed my own lunch(난 점심을 싸 왔다)라고도 말한다.

A: What are you having for lunch today?

B: I **packed my own lunch**.

A: 오늘 점심 뭐 먹을 거야?

B: 난 점심을 싸 왔어.

▍맛집

한국 사람은 보통 '맛있다'를 영어로 말할 때 delicious라고 한다. 하지만 웬만큼 훌륭한 요리가 아니면 delicious는 쓰기 적당하지 않다. good으로 충분하다. 정말 아주 기가 막히게 맛있을 때나 훌륭한 요리사가 정성 들여 만들어 준 요리를 먹을 때와 같은 경우에 delicious를 쓰는 것이 어울린다. 그러므로 〈맛집〉을 영어로 말하고 싶다면 그 식당의 음식이나 식당 자체가 good이라고 하면 된다.

This place is really good. / **The food is really good here.**	이 집 맛집이야.

▍메뉴

식당에서 파는 요리를 전부 정리해 놓은 '메뉴판'과 식당에서 제공하는 '모든 요리 종류'를 둘 다 menu라고 한다. 어느 식당이든 menu는 하나인데, 그 이상일 경우는 세트 메뉴가 있을 때다.

- May I have the **menu**, please?
  메뉴판 좀 주세요.

- A: We have three **set menus** for lunch.
  Which would you like to have?
  A: 점심때는 세트 메뉴가 세 가지 있습니다. 뭐를 드시겠어요?

  B: I'll have **the set menu A**, please.
  B: A세트 주세요.

참고로, '메뉴가 많다/적다'는 big/small menu로 표현한다.

This restaurant has a **big menu**.
이 식당은 메뉴가 많아.

▌ 몇 번 먹어 봐야 맛을 아는 음식

몇 번을 먹어 봐야 맛이 느껴지는 음식을 가리켜 acquired taste라고 한다.

Cilantro is an **acquired taste** for most Koreans.

대부분의 한국 사람에게 고수는 몇 번 먹어 봐야 그 맛을 알 수 있는 식재료이다.

▌ 미식가

〈미식가〉는 gourmet이지만, 자기 자신을 gourmet이라고 칭하면 자랑하는 듯이 들린다. a bit of a gourmet이라고 하는 편이 남들 듣기에 좋다.

A: The food here is delicious! How did you find this place?

B: You know, I'm **a bit of a gourmet**.

A: 여기 음식 진짜 맛있다! 여기는 어떻게 알고 왔어?

B: 나 미식가잖아.

▌ 반찬

side dishes. 외국 사람들은 처음 한국 식당에 가면 side dishes의 개수에 놀란다.

The good thing about this restaurant is that their **side dishes** always change.

이 식당이 하나 좋은 건 반찬이 항상 바뀐다는 점이야.

▌ 밥맛이 떨어지다

밥 먹고 싶은 마음이 없어질 때는 lose *one's* appetite를 쓴다.

All this talk of the murder is making me **lose** my **appetite**.

그 살인 사건에 관해서 얘기하니까 밥맛이 떨어져.

343

모욕적인 의미의 〈밥맛이 떨어지다〉를 말하고자 할 때는 밥맛 떨어지게 하는 사람을 bitch라고 부르면 된다.

Why is she being such a **bitch**?   밥맛 떨어지는 애야. (쟤는 왜 저렇게 싸가지가 없어?)

밥을 말아 먹다

밥을 말아 먹는 행위를 구체적으로 설명하면 된다.

The best way to enjoy seolleongtang is to **add the rice into the soup**.   설렁탕을 제일 맛있게 먹는 방법은 밥을 말아 먹는 거야(밥을 탕에다 넣는 거야).

배달/포장

〈배달〉은 delivery이고, '배달하다'는 deliver이다. 〈포장〉은 take out 혹은 to go이다.

Do you guys **deliver**?   배달 가능한가요?

I really don't want to cook tonight. Let's just get **delivery**.   오늘 밤엔 정말 밥하기 싫어. 그냥 배달을 시키자.

Do you guys do **take out**?   포장 가능한가요?

I'll have that **to go**, please.   그거 포장할게요.

부스러기

보통 빵이나 케이크, 과자 등에서 나오는 〈부스러기〉를 crumbs라고 한다.

Be careful not to get **crumbs** on the floor.   부스러기가 바닥에 안 떨어지게 조심해.

breadcrumbs는 '빵 부스러기' 또는 '빵가루'이다.

My new toaster has a tray that catches all the **breadcrumbs**.   내가 새로 산 토스터에는 빵 부스러기를 모으는 쟁반이 있어.

All you need to make donkatsu is flour, egg, and **breadcrumbs**.   돈가스를 만드는 데에 필요한 재료는 밀가루, 계란, 빵가루 정도다.

▌비린내

〈비린내〉를 흔히 fishy smell이라고 한다.

There's a strong **fishy smell** coming from our neighbor's place.

옆집에서 비린내가 많이 나.

▌빵

일반적으로 〈빵〉은 bread라고 부른다. 특별히 '단 빵'을 가리킬 때 pastry를 쓰기도 하는데, pastry는 얇게 겹겹이 쌓아 만든 파이나 케이크를 말한다.

I prefer **bread** over rice when I eat steak.

나는 스테이크를 먹을 때 쌀밥보다 빵을 선호해.

Let's get dessert at a **pastry** shop.

디저트는 빵집에서 먹자.

▌소프트아이스크림/하드 (아이스크림)

부르는 명칭이 한국어와 영어가 다르다. 〈소프트아이스크림〉은 soft serve, 〈하드 (아이스크림)〉는 ice cream bar나 popsicle이라고 한다.

A: What's the difference between an **ice cream bar** and a **popsicle**?

A: Ice cream bar와 popsicle의 차이가 뭐야?

B: Popsicles don't have any ice cream in them. It's mostly water, sugar, and artificial flavoring.

B: popsicle에는 아이스크림이 안 들어가. 주재료는 물, 설탕, 그리고 인공감미료야.

McDonald's **soft serve** is the best.

맥도날드의 소프트아이스크림이 제일 맛있어.

▌속이 든든하다

영어로는 '배 속'이 든든한 것이 아니라 meal(식사)이 filling(든든하다)한 것이다.

I want something that's good and **filling**.

맛있으면서도 속이 든든해지는 걸 먹고 싶어.

식다

음식이 식어서 좋은 상황일 수가 있고 안 좋은 상황이 될 수도 있다. 좋은 의미를 전달하고 싶으면 cool down, 안 좋은 의미일 때는 get cold를 쓰자.

The soup is too hot. I'll wait until it **cools down** a bit.	국이 너무 뜨거워. 조금 식을 때까지 기다릴래.
Eat before the food **gets cold**.	음식이 식기 전에 먹어.

야식

〈야식〉은 midnight snack이라고 한다.

My husband caught me having a **midnight snack**.	야식 먹다가 남편한테 걸렸어.

▌ 요리법

특히 '한 나라의 요리법'을 말할 때 쓰는 단어는 cuisine이다.

Japanese cuisine is light and mild while
Korean cuisine is heavy and spicy.

일본 요리가 가볍고 순한 데 반해
한국 요리는 맛이 진하고 맵다.

▌ 유통 기한

expiration date로, 약상자나 식품 포장지에 Exp. date라고 쓰인 것이 바로 〈유통 기한〉
이다. 음식의 유통 기한이 지났으면 '음식＋be expired'라고 말한다.

When is the **expiration date**?

유통 기한이 언제야?

The milk **is expired**.

그 우유는 유통 기한이 지났어.

참고로, 유통 기한은 제품을 소비자에게 판매할 수 있게 허용된 기한이다. 따라서 음식의
유통 기한이 조금 지났다고 하여 먹을 수 없는 것이 아니다. 한국은 제품을 먹어서 안전에
이상이 없는 최종 기한을 명시한 '소비 기한(best by date)'을 적용하고 있다.

A: This canned tuna is expired.

A: 이 참치 통조림 유통 기한이 지났어.

B: No, that's the "**best by date**."

B: 아냐, 그건 '소비 기한'이야.

입맛

'먹는 것'에 대한 〈입맛〉은 appetite이다.

A: I lose my **appetite** when I'm depressed.

B: Lucky you. My **appetite** increases when I'm depressed.

A: 난 우울하면 입맛이 떨어져.

B: 좋겠다. 난 우울할 때 입맛이 돌아.

〈입맛〉이 '좋아하거나 즐기는 기호나 취향'을 뜻할 때는 to one's liking을 쓴다. like와 큰 의미 차이는 없지만 조금 더 고급스러운 느낌이 들고, 듣기에도 좋은 표현이다.

A: How do you like this one?

B: It's too busy.

A: No problem, let's keep looking. I'm sure we can find something **to** your **liking**.

A: 이건 어떠세요?

B: 너무 화려해요.

A: 네, 좀 더 찾아볼까요? 손님 입맛에 맞는 걸 찾을 수 있을 거예요.

대신 쓸 수 있는 단어는 taste이다. taste에는 '미각'뿐 아니라 '기호', '취향'이라는 뜻도 있다. 'have+good/bad/expensive+taste'로 쓴다.

She **has good taste** in clothes.

He **has bad taste** in music.

She **has expensive taste**.

쟤는 옷을 잘 골라.

쟤는 음악 취향이 별로야.

쟤는 비싼 걸 좋아해.

참고로, taste에는 '(음식의) 맛', '~맛이 나다'라는 의미도 있다.

It looks pretty, but it doesn't **taste** good.

I like the **taste** but not the texture.

보기에는 좋은데 맛은 별로야.

맛은 좋은데 그 식감이 별로야.

입이 심심하다

직역해서 My mouth is bored.라고 하면 다소 야하게 들릴 수 있으므로 조심해서 사용해야 한다. 영어에는 딱 떨어지는 표현이 없다. 그러므로 상황을 구체적으로 말하자.

I want to eat something.

I want a snack.

I want to munch on something.[*]

입이 심심해. (나 뭐 먹고 싶어.)

입이 심심해. (나 간식 먹고 싶어.)

입이 심심해. (나 뭔가를 막 먹고 싶어.)

* munch는 뭔가를 '우적우적 먹는다'라는 뜻의 동사다.

▌잘못 먹다

무언가 안 좋은 것을 먹었을 때는 eat something bad라고 말하면 된다.

I have a stomachache. I think I **ate something bad**.	나 배가 아파. 뭘 잘못 먹었나 봐.

누군가가 의외의 일을 했을 때 그 사람에게 농담으로 "너 뭐 잘못 먹었냐?"라고 물어볼 때가 있다. 이때 쓰는 영어 표현은 What's going on with you today?이다.

What's going on with you today? You're cleaning!	너 뭐 잘못 먹었냐? 웬일로 네가 청소를 다 하네!

▌주식

'끼니마다 주로 먹는 음식'이라는 뜻인 〈주식〉은 영어로 staple이다.

A: I don't eat rice or bread.	A: 난 쌀밥하고 빵을 안 먹어.
B: Then what do you eat as a **staple**?	B: 그럼 주식으로 뭐를 먹어?

▌치킨

chicken의 뜻은 '닭', '닭고기'이다. 그러므로 I like chicken.이라고 하면 '난 닭고기를 좋아해'라는 뜻이다. 한국에서 말하는 〈치킨〉은 fried chicken이므로 '난 치킨을 좋아해'는 I like fried chicken.이라고 말하면 된다.

I didn't know **fried chicken** was so popular in Korea.	난 한국에서 치킨이 이렇게 인기가 많은지 몰랐어.

치킨과 영혼의 단짝인 맥주의 조합 '치맥'은 영어로 뭐라고 할까? fried chicken and beer라고 말한다. (→ p.355 '소맥/치맥' 참고)

▌커피를 타다

일반 사람들은 make coffee하지만, 바리스타는 brew coffee한다.

I'm going to **make** some **coffee**. You want some?	커피 탈 건데, 너도 마실래?
Today's special is freshly **brewed Dutch Coffee**.	오늘의 스페셜은 갓 내린 더치 커피입니다.

▌콜라/사이다

미국은 지역마다 〈콜라〉를 부르는 명칭이 다르다. 남부에서는 coke('코카콜라'를 지칭) 또는 cola, 동부와 서부에서는 soda, 중서부에서는 pop이라고 한다. 지역마다 명칭이 다르지만 겁먹을 필요는 없다. 미국의 식당에 가서 콜라를 주문하면 보통은 웨이터가 코카콜라와 펩시 중에 하나만 있다고 말한다. 그러므로 식당에서는 콜라를 coke, cola, soda, pop 등 어떻게 불러도 문제가 없을 것이다.

한국에서 〈사이다〉는 레몬 라임 맛이 나는 탄산음료인데, 이것을 cider라고 하면 안 된다. cider는 사과로 만든 알코올성 음료이기 때문이다. 미국에서 가장 유명한 사이다 브랜드는 Sprite와 7 Up이다. 둘 중 하나를 골라서 브랜드 이름으로 말하면 된다.

A: Can I get your drink orders?	A: 마실 것을 시키시겠어요?
B: I'll have a **coke**.	B: 저는 콜라 주세요.
C: And I'll have a **Sprite**, please.	C: 저는 사이다요.

▌키친타월

〈키친타월〉은 콩글리시다. 미국에서 쓰는 표현은 paper towel이다.

Hand me a **paper towel**.	키친타월 한 장 줘 봐.

파프리카/피망

둘 다 bell pepper라고 한다. 하지만 미국에서는 일반적으로 향신료로 쓰기 위해 'bell pepper를 간 가루'를 paprika라고 한다.

I like **bell peppers** because the colors make the dish pretty.	피망(파프리카)은 색깔 때문에 요리할 때 쓰기 좋아.
Paprika is perfect for cooking meat with.	파프리카(피망) 가루는 고기 요리할 때 딱 좋아.

한우

〈한우〉는 고유명사이므로 hanwoo라고 말한 뒤 Korean beef라는 설명을 덧붙이자. 예전에는 한국의 고유명사를 한국어 그대로 쓰는 것에 관한 자신감이 부족했다. 한국의 국가 브랜드가 좀 낮았던 것도 있고, 한국어 발음과 표기가 어려워서 한국어 고유명사를 그대로 쓰는 것이 별로 효과적이지 않다고 생각했던 것이다. 하지만 이제는 한국어 어휘를 그대로 세계에 소개할 때가 됐다. 이제 전 세계에 미치는 한국 경제와 문화의 영향력이 커졌기 때문에 자신감을 가져도 된다.

일본 사람들이 해외에서도 일본 소고기를 '와규'라고 부른 이후로 이제 wagyu는 일본어에서 유래한 영어 어휘 중 하나가 되었다. wagyu, bento, miso, ramen, sashimi, umami, karaoke, manga, anime, origami, samurai, tsunami, tofu, ginseng 등 일본에서 유래한 영어 단어는 아주 많다. 많은 일본 단어가 성공적으로 영어 어휘로 편입된 원인은 외래어를 쉽게 받아들이는 미국이라는 나라의 특성 때문이다. 현재 외래어가 영어의 80% 정도를 차지하는 것으로 추정된다.

그러므로 이제는 한국에만 있는 것들, 또는 한국에서 시작된 것은 억지로 영어로 풀어서 번역하지 말고 한국어 그대로 쓰자. 그런 단어들을 예를 들자면 hagwon, jokgu, ondol, jeonse, mukbang('먹방'은 이제 세계에서 보편적으로 통하는 단어가 되었다) 등이 있다. 한국의 영향력이 커질수록 더 많은 한국어 표현이 일상적인 영어 표현으로 녹아들게 될 것이다.

A: I want to take you to a barbecue place that serves **Hanwoo**.	A: 한우 고깃집에 너를 데리고 가고 싶어.
B: What's **Hanwoo**?	B: 한우가 뭐야?
A: It's Korean beef. The marbling in **Hanwoo** is excellent.	A: 한국의 소고기야. 마블링이 탁월해.

한입

〈한입〉은 bite이다. 그런데 bite는 '씹을 거리'가 있는 것을 가리킨다.

Just have a **bite**.

한입 먹어 봐.

'액체'를 한 모금 마셔 보라고 할 때는 sip을 쓴다.

Your cocktail looks really good. Let me have a **sip**.

네 칵테일이 맛있어 보이네. 한 모금만 마시자.

후루룩 소리를 내다

후루룩 소리를 내며 먹거나 마실 때 slurp라고 말한다.

Don't **slurp** your soup.

국 먹을 때 후루룩 소리 내지 마.

She **slurps** her coffee really loudly.

쟤는 엄청 크게 후루룩 소리를 내면서 커피를 마셔.

CHAPTER 14

술

▌ (누군가를) 술로 이기다

drink *someone* under the table. 상대방이 상 밑으로 쓰러질 정도까지 취해도 자신은 멀쩡할 때 의기양양하게 할 수 있는 말이다.

A: How much can you drink?

B: I'm sure I can **drink you under the table**.

A: Is that a challenge?

A: 너 주량이 얼마나 돼?

B: 너보다는 훨씬 더 셀걸?

A: 한 번 붙어 보자는 거야?

▌ 눈이 풀리다

술을 너무 많이 마시면 be/get glassy eyed(눈이 흐리멍덩한)가 된다.

I know when you're drunk because you **get glassy eyed**.

Your friend's really drunk. He**'s glassy eyed**.

넌 술 취하면 눈이 풀리니까 그걸 보고 네가 취했는지 알지.

네 친구 많이 취했다. 눈이 풀렸어.

▌ 도수

미국에서는 두 가지 방식으로 술의 〈도수〉를 나타낸다. 첫 번째는 한국처럼 percent(퍼센트)로 나타내는 것이고, 두 번째는 proof를 사용하는 것이다. 미국에서는 proof를 퍼센트의 두 배로 계산하는 것이 일반적이다. 예를 들어, 소주 한 병의 도수가 20%이면 proof로는 40 proof이다. 주의할 점은 영어권 나라마다 proof의 계산 방식이 다르다는 사실이다.

A: What **percent** alcohol is Chamisul?

B: 17.8%. / About 35 **proof**.

A: 참이슬 도수가 어떻게 돼?

B: 17.8%야.

▌ 소맥/치맥

〈소맥〉은 soju and beer, 〈치맥〉은 fried chicken and beer라고밖에 표현할 방법이 없다. 그러므로 한국어를 그대로 쓰고 구체적인 설명을 덧붙이는 것을 추천한다. (→ p.351 '한우' 참고)

A: Let's get **chi-maek**. I'm feeling a little hungry.

B: What's that?

A: It's **fried chicken and beer**. "Chi" is short for chicken and "maek" is short for "maekju," which means beer.

A: 치맥 먹자. 나 약간 출출해.

B: 그게 뭐야?

A: 치킨과 맥주야. '치'는 "치킨"의 줄임말이고 '맥'은 "맥주"의 줄임말이지.

A: I heard there's a new way of drinking **somaek**.

B: Is it something about the golden ratio?

A: Yeah! You add way more soju than beer in a shot glass, but it actually tastes sweet.

A: 소맥을 마시는 새로운 방법이 있대.

B: 혹시 소맥의 황금비율에 관한 거야?

A: 맞아! 잔에다 맥주보다 소주를 훨씬 더 많이 넣는데, 맛이 달아.

▌ 술 취하다

술에 취한 정도에 따라 예문처럼 말할 수 있다.

Of course I'm **sober**! I need to drive home.

당연히 맨정신이지! 난 차 운전해서 집에 가야 돼.

Maybe if I just **get tipsy**, it'll still be okay.

알딸딸하게 취한 정도라면 괜찮겠지.

I think I'm **drunk**.

나 술 취한 거 같아.

I need to sit down. I **have the spins**.

나 앉아야겠어. 너무 어지러워(빙빙 돌아).

How did he **get so wasted**?

쟤 어쩌다 저렇게 꽐라가 됐지?

drunk는 술을 많이 마시고 취한 '사람의 상태'를 나타내는 말로, 명사를 수식하기도 하지만 I'm drunk(나 술 취했어).처럼 문장의 보어로 많이 쓴다. 이와는 달리, drunken은 명사 앞에서만 쓰이고 술에 취한 '모든 것의 상태나 취중 행동'을 표현하는 단어다.

Two **drunk** men got into a **drunken** fight.

술 취한 남자 둘이 술김에 싸웠다.

술기운

영어에는 〈술기운〉이라는 말이 없다. 대신, '술에 취했다(drunk)'로 표현한다.

I was **drunk**, and I misspoke. 술기운에 내가 말을 잘못했어.

술기운이 올라오다

영어에는 딱 맞는 표현이 없다. 술기운이 올라오면 그 증상을 말하도록 하자. 정도에 따라 다음 예문처럼 말할 수 있다.

My face is getting red. 술기운이 올라와. (얼굴이 빨개지고 있어.)

I'm getting hot. 술기운이 올라오네. (몸이 뜨거워지고 있어.)

I think I'm going to throw up. 술기운이 올라온다. (나 토할 거 같아.)

술꾼/주당

boozer라고 한다. 그러나 알코올 중독이 심각한 사회 문제인 미국에서 이 단어는 그다지 호의적인 의미로 사용되지 않는다.

When did you become such a **boozer**? 너 언제 이렇게 술꾼이 됐냐?

부정적인 의미 없이, 단순히 '술이 세다', '술을 잘 마시다'라는 뜻으로 말하고 싶으면 heavy drinker라고 하자.

A: You should go to church with me. A: 나랑 같이 교회 가자.

B: I can't go to church because I'm always hungover on Sunday mornings. B: 난 일요일 아침마다 숙취 때문에 교회에 못 가.

A: Oh, I didn't know you were a **heavy drinker**. A: 아, 네가 술꾼인지는 몰랐어.

술버릇/술주정(주사)

〈술버릇〉, 〈술주정(주사)〉과 관련해 미국에서는 아래 같은 예문을 자주 쓴다.

What do you do when you're drunk?   네 술버릇은 뭐야?

He has a habit of starting fights when he is drunk.   그는 술에 취하면 싸우는 버릇이 있어.

〈술버릇〉을 drinking habit이라고 직역하면 안 된다. drinking habit은 술을 어떻게 마시는지, 즉 '술을 마시는 방법'을 뜻한다.

Drinking on an empty stomach is an unhealthy **drinking habit**.   빈속에 술을 마시는 것은 몸에 해로운 습관이다.

참고로, 술에 취했을 때 많이 하는 행동 중 하나인 '줄담배를 피우다'를 chain smoke라고 한다는 것도 알아두자.

A: What happened to the pack you bought last night?   A: 네가 어젯밤에 산 담배 어떻게 했어?

B: I smoked it all.   B: 내가 다 피웠어.

A: In one night?   A: 하룻밤에?

B: Yeah, I got drunk and **chain smoked** all night.   B: 응, 어제 술에 취해서 밤새 줄담배를 피웠어.

술에 얼음을 넣은 것/술에 얼음을 넣지 않은 것

술을 주문할 때 〈술에 얼음을 넣은 것〉으로 마시고 싶으면 on the rocks로 시키자. 반대로, 〈술에 얼음을 넣지 않은 것〉으로 주문하고 싶을 때는 neat를 쓰면 된다.

A: I'll have two whiskies, please.   A: 위스키 두 잔 주세요.

B: How would you like them?   B: 어떻게 드릴까요?

A: One **neat**, one **on the rocks**.   A: 하나는 얼음 없이, 하나는 얼음을 넣어서 주세요.

B: One whisky **neat**, one whisky **on the rocks** coming right up.   B: 위스키 한 잔은 얼음 없이, 한 잔은 얼음을 넣어서 바로 드리겠습니다.

술을 마시다

〈술을 마시다〉의 영어 표현을 drink alcohol이라고 생각하기 쉽다. 하지만 alcohol은 불필요하다. 왜냐하면 drink에는 이미 '술을 마시다'라는 뜻이 있기 때문이다.

A: Why do you look so tired?

B: I **drank** last night.

A: Do you want to get a **drink** tonight?

B: Of course.

A: 너 왜 그렇게 피곤해 보여?

B: 어젯밤에 술을 마셨어.

A: 오늘 저녁에 술 한잔할래?

B: 좋지.

술을 잘 마시다/술을 잘 못 마시다

〈술을 잘 마시다〉는 can hold *one's* liquor, 〈술을 잘 못 마시다〉는 can't hold *one's* liquor이다.

Don't worry. I **can hold** my **liquor**.

He **can't hold** his **liquor**.

걱정하지 마. 나 술 잘 마셔.

걔 술 못 마셔.

술을 킵하다

미국에서는 술집에 술을 킵하는 행위가 드물다. 왜냐하면 한 번에 술 한 병을 사는 것이 흔치 않아서다. a whiskey(위스키 한 잔), a shot of whiskey(위스키 한잔), a glass of wine(와인 한잔) 등 대부분은 한 잔씩 산다. 술 한 병을 통째로 판매하는 곳은 대개 클럽으로, 그런 곳에서는 손님들이 술 한 병을 다 마시는 경향이 있다. 따라서 외국 사람한테 〈술을 킵하다〉의 개념을 설명할 때 말고는 이 말을 영어로 쓸 일은 없다.

Korean: 이 술 킵해 주세요.

American: What does that mean?

Korean: It means **we can keep our bottle here for next time**.

한국인: 이 술 킵해 주세요.

미국인: 그게 무슨 뜻이야?

한국인: 다음에 오면 우리가 마시고 남은 술을 마저 마실 수 있게 가게에 남은 술을 보관해 놓는 거야.

▌ 술이 깨다

sober가 형용사일 때 뜻은 '맨정신의', '술 취하지 않은'이다. 동사일 때는 '정신이 들게 만들다'이다. 〈술이 깨다〉는 sober up이라는 표현을 쓴다.

You need to **sober up** before you can drive.　　너 운전하기 전에 술 깨야 돼.

▌ 술이 독하다

일반적으로 〈술이 독하다〉를 나타낼 때 형용사 strong을 쓴다. 하지만 '독한 술 한잔'은 stiff drink라고 말한다.

Soju is **stronger** than sake.　　소주가 일본 사케보다 독해.

After a long day at work, I like to have a **stiff drink**.　　난 직장에서 힘들게 일한 후에 독한 술 한잔하는 걸 좋아해.

▌ 술이 약하다/술이 세다

〈술이 약하다〉는 '술에 잘 취하는 사람'이라는 뜻의 lightweight로 표현한다.

A: Do you want another beer?　　A: 맥주 한 잔 더 하시겠어요?

B: Oh, no. I can't. I'm a **lightweight**.　　B: 어, 아니요. 전 술이 약해요.

〈술이 세다〉는 당연히 heavyweight일 거라고 생각하겠지만, 이상하게 미국 사람들은 아무도 그 표현을 쓰지 않는다. 흔히 can hold *one's* liquor이나 heavy drinker라는 표현을 쓴다.

▌ 술이 잘 넘어가다(들어가다)

go down well로 충분하다.

I drank last night too, but it**'s going down well**.	어젯밤에도 술을 마셨는데, 잘 넘어가네.

다만, 이 표현을 자주 쓰지는 않는다. 그러므로 아래 예문처럼 말하자. 같은 의미를 전달하는 데에 부족함이 없다.

The soju tastes especially good today!	오늘 소주가 특히 잘 넘어가는데! (오늘 소주가 특히 더 맛있네!)
I needed this!	술이 잘 들어가네! (난 술이 필요했어!)

▌ 술자리

영어에는 딱 들어맞는 표현이 없다. 누구와 술을 마셨는지 간단히 설명하자.

I talked a lot **with my coworkers while drinking**.	회사 사람들하고 술자리에서 말을 많이 했어. (술 마시면서 회사 사람들과 많은 이야기를 나눴어.)
A: How did you meet your friend? B: We met **while drinking with other friends**.	A: 그 친구는 어떻게 만났어? B: 다른 친구들하고 가졌던 술자리에서 만났어. (다른 친구들이랑 술 마시는 동안 만났어.)

어떤 때는 〈술자리〉가 '그곳의 분위기'를 의미할 때가 있다.

I don't like drinking, but I like **the mood when everybody's drinking**.	나는 술 마시는 건 별로 안 좋아하는데, 술자리(사람들과 술을 마실 때의 그 분위기)는 좋아해.

▌ 술친구

'친구'라는 뜻의 buddy를 붙여 drinking buddy라고 한다. 남녀 어느 쪽에 써도 이상하지 않다.

A: You need to stop drinking alone.

B: Why? What's wrong with it?

A: It's just sad. You need a **drinking buddy**.

A: 너 혼자서 술 마시는 거 그만둬.

B: 왜? 그게 뭐가 어때서?

A: 그냥 불쌍해 보여. 너에겐 술친구가 필요해.

▌ 안주

〈안주〉는 간단히 food라고 말하면 된다. 아니면 안주를 먹는 상황을 표현하자.

Let's order some **food**.

Americans don't always **eat while they drink**.

안주를 시키자.

미국 사람들은 술 마실 때 항상 안주를 먹지는 않아.

▌ 음주운전

drunk driving(음주운전)을 하다가 경찰에 걸리면 DUI 벌금 딱지를 받는다. '음주운전을 하다'는 drive drunk이다.

Drunk driving is dangerous.

A: I **drove** home **drunk** last night.

B: What?! You idiot!

A: I know... I got a DUI and I spent the night in jail.*

음주운전은 위험하다.

A: 나 어젯밤에 음주운전을 해서 집에 왔어.

B: 뭐라고? 이 멍청아!

A: 나도 알아…. 경찰에 걸려서 벌금을 낸 데다가 유치장에서 하룻밤을 보냈다고.

*DUI는 driving under the influence (of alcohol)의 줄임말로, '음주운전'이라는 뜻이다. get a DUI는 '음주운전하다가 경찰에 걸려서 벌금을 내다'라는 의미이다.

주량

영어에는 한 단어로 딱 떨어지는 표현이 없다. 대신, How much do you drink?라고 〈주량〉을 물어볼 수는 있다. 그러나 미국인은 보통 상대방의 주량을 잘 묻지 않기 때문에 이 질문을 받으면 당황할 수 있다.

A: I'm a drinker.

B: Oh! Then we should get a drink together.

A: **How much do you usually drink**?

B: Uh, a lot? No one's ever asked me that before. Is that a Korean thing?

A: I guess so. It's a pretty common question in Korea.

A: 난 술꾼이야.

B: 오, 그럼 같이 한잔하자.

A: 넌 주량이 어떻게 돼? (보통 얼마나 마셔?)

B: 음, 많이 마시는 편? 처음 받는 질문인데, 한국 사람들 특징인가?

A: 그런가 보네. 한국에서는 꽤 자주 하는 질문이야.

폭탄주

영어에서도 말 그대로 bomb shot이라고 부르지만, 조합한 술에 따라 부르는 이름이 바뀐다. 미국의 흔한 〈폭탄주〉 명칭을 알아보자.

boilermaker(보일러메이커) 위스키와 맥주

Irish car bomb(아이리시카밤) 샷잔에 아이리시위스키, 베일리스, 아이리시스타우트를 섞은 것

Jägerbomb(예거밤) 예거와 에너지 음료

sake bomb(사케밤) 사케와 맥주

My favorite **bomb shot** is a boilermaker.

난 폭탄주 중에서 보일러메이커를 제일 좋아해.

필름이 끊기다

필름이 끊기면 아무 기억이 나지 않는다. 그래서일까? 영어 표현도 black out이다.

I drank so much that I **blacked out**.

술을 너무 많이 마셔서 난 필름이 끊겼어.

해장 음식

〈해장 음식〉은 hangover food이다.

American:	What's your favorite **hangover food**?
Korean:	Bean sprout soup. What about you?
American:	Pizza.
Korean:	No wonder Americans are fat.

미국인: 제일 좋아하는 해장 음식이 뭐야?

한국인: 콩나물국밥. 너는?

미국인: 피자.

한국인: 미국 사람들이 살찌는 이유가
있구나.

참고로, '해장하다'는 get rid of a hangover이고, '해장술'은 hair of the dog다. hair of the dog는 hair of the dog that bit you(당신을 문 개의 털)에서 나온 말이다. 옛날에는 광견병에 걸린 개한테 물렸을 때 그 개의 털을 섞어서 만든 약을 먹으면 치료된다는 미신이 있었다. 즉, '술로 생긴 숙취는 술로 치료한다'는 의미의 표현이다.

A: What's the best way to **get rid of a hangover**?

B: Drinking a lot of water.

C: **Hair of the dog**.

A: Are you saying you want a **hair of the dog** now?

A: 해장에 제일 좋은 방법이 뭐야?

B: 물 많이 마시는 거.

C: 해장술.

A: 너 지금 해장술 한잔하자는 거야?

CHAPTER 15

죽음

감전사하다/감전사시키다

'전기로 사람을 감전시켜 죽이는 것'을 electrocute라고 한다. 그런데 '크게 감전 사고를 입히는 것'도 electrocute이다.

His son **was electrocuted** in a swimming pool.	그의 아들은 수영장 안에서 감전사했다.
Tasers **electrocute** but don't kill.	테이저 총은 전기 충격을 주지만 사람을 죽이지는 않아.

사형 방식으로 전기의자에서 감전사시키는 것은 흔히 아래 예문처럼 쓴다.

The man **was executed in the electric chair** without a wet sponge.	그 남자는 젖은 스펀지 없이 전기의자에서 감전사당했다.

과다출혈로 죽다

'피흘리다'라는 뜻의 동사 bleed를 쓴다. 수동형은 be bled.

He **bled to death** before the paramedics arrived.	구급요원들이 도착하기 전에 그는 과다출혈로 죽었다.
He **was bled to death**.	그는 과다출혈로 사망했다. 〈살해당한 것〉
The sadist made several cuts in his victim and **bled** him **to death**.	그 사디스트는 피해자의 몸에 여러 군데 자상을 내서 과다출혈로 죽게 했다.

교수형에 처하다(목을 매달다)/교수형을 당하다

교수형에 처하는 것은 hang, 교수형을 당하는 것은 be hanged이다.

The mob **hanged** the suspect from a tree.	군중은 그 용의자를 나무에 목을 매달아 교수형에 처했다.
Saddam Hussein **was hanged** for crimes against humanity.	사담 후세인은 그의 반인륜적 범죄 때문에 교수형을 당했다.

참고로, '목을 매달아 자살하는' 것은 hang *oneself*이다.

Robin Williams **hanged himself** from a bedroom door.	로빈 윌리엄스는 침실 방문에 목을 매어 자살했다.

굶어 죽다/굶겨 죽이다

〈굶어 죽다〉는 starve (to death), 누군가를 〈굶겨 죽이다〉는 starve *someone* to death이다.

The baby **starved to death** while her parents played a computer game.	부모가 컴퓨터 게임을 하고 있는 동안 아기는 굶어 죽었다.
The parents **starved** their baby **to death** while they played a computer game.	부모는 컴퓨터 게임을 하는 동안 아기를 굶겨 죽였다.

독을 마시고 죽다/독을 먹여 죽이다

동사 poison을 쓴다.

He committed suicide by **poisoning** himself.	그는 독을 먹고 자살했다.
He **poisoned** his neighbor's dog and killed him.	그는 옆집 개한테 독을 먹여서 죽였다.

맞아 죽다/때려죽이다

누군가에게 맞아서 죽을 때는 beat를 수동형으로 써서 be beaten to death, 누군가를 때려서 죽일 때는 beat *someone* to death를 쓴다.

A man **was beaten to death** by his neighbor.

한 남자가 옆집 사람한테 맞아 죽었다.

A former boxer **beat** his neighbor **to death** in the elevator.

전직 권투 선수가 엘리베이터에서 옆집 사람을 때려죽였다.

목 졸려 죽다/목 졸라 죽이다/질식사하다/질식사시키다/숨이 막혀 죽다

해당되는 단어는 choke, strangle, suffocate으로, 각 단어를 알맞게 쓸 줄 알아야 한다. 적절한 구분 기준은 아래 표의 내용을 참고하자.

suffocate	choke (to death)	strangle (to death)
비닐 봉지를 사람 머리에 씌워 죽이다, 불타는 건물 안에서 연기를 들이마셔 죽다	끈으로 목을 졸라 죽이다	끈이나 손으로 목을 졸라 죽이다

He **was** nearly **suffocated** by Michael's bodyguard.

그는 마이클의 경호원에게 질식사당할 뻔했다.

The bodyguard almost **suffocated** him by holding a pillow over his face.

그 경호원은 그의 얼굴을 베개로 눌러 거의 질식사시킬 뻔했다.

The man trapped in the burning building **suffocated** in the fumes.

화재가 난 빌딩 안에 갇힌 그 남자는 연기에 질식사했다.

The admiral **was choked to death**.

그 제독은 목이 졸려 죽었다.

Darth Vader **choked** the admiral **to death** by using the force.

다스 베이더는 포스로 제독의 목을 졸라 죽였다.

Luca **was strangled to death** with a cord.

루카는 끈으로 교살당했다.

He **strangled** Luca until he stopped moving.

그는 루카가 움직이지 않을 때까지 목을 졸랐다.

▌목말라 죽다

die of thirst이다.

He got lost in the desert and **died of thirst**. 그는 사막에서 길을 잃고 목말라 죽었다.

▌목에 걸려 죽다

'choke to death on+명사'로 표현한다.

Her father **choked to death on** a fish bone. 그녀의 아버지는 생선 가시가 목에 걸려 죽었다.

▌물에 빠져 죽다/익사당하다/익사시키다

〈물에 빠져 죽다〉는 drown, 〈익사당하다〉는 drown의 수동형인 be drowned로 표현한다. 누군가를 〈익사시키다〉는 drown *someone*이다.

A string quartet played *Nearer My God to Thee* until they **drowned**. 현악 4중주단은 물에 빠져 죽을 때까지 〈내 주를 가까이 하게 함은〉을 연주했다.

The senator **was drowned** by the presidential candidate. 그 상원의원은 대통령 후보에 의해 익사당했다.

The presidential candidate **drowned** the senator in Chesapeake Bay. 체서피크 만에서 대통령 후보는 그 상원의원을 익사시켰다.

'물에 빠져 자살하다'는 drown *oneself*이다.

He **drowned himself** in the river. 그는 강물에 빠져 자살했다.

밟혀 죽다/밟아 죽이다

〈밟혀 죽다〉는 동사 trample(짓밟다)을 수동형으로 써서 be trampled to death로 표현한다. 누구 또는 무엇을 〈밟아 죽이다〉는 trample *someone/something* to death이다.

A kitten **was trampled to death**.	새끼 고양이 한 마리가 밟혀 죽었다.
The woman wearing high heels **trampled** the kitten **to death**.	하이힐을 신은 여자가 새끼 고양이를 밟아 죽였다.

병에 걸려 죽다

무슨 병으로 죽었는지 밝히자. 'die from+병명'으로 말하면 된다. 병명을 주어로 하여 '병+kills+사람'으로도 표현한다.

Tens of thousands of people in Korea **die from cancer** every year. / Cancer **kills** tens of thousands of people in Korea each year.	한국에서는 매해 수만 명이 암에 걸려 죽는다. / 암은 매년 한국에서 수만 명을 죽인다.

▌불에 타 죽다/불태워 죽이다

〈불에 타 죽다〉는 be burned to death, 누구를 〈불태워 죽이다〉는 burn *someone* (to death)이다.

Joan of Arc **was burned to death**.	잔 다르크는 불에 타 죽었다.
The English **burned** her alive.	영국인들은 그녀를 산 채로 태워 죽였다.

▌사고로 죽다

일반적으로 die in an accident라고 한다. 하지만 어떤 사고로 죽었는지 구체적으로 밝히는 게 좋다.

There was a huge subway accident in Daegu in 2003. Almost 200 people **died in the accident**.	2003년에 대구에서 큰 지하철 사고가 나서 그 사고로 200여 명이 죽었다.
Princess Diana **died in a car accident**.	다이애나 왕세자비는 교통사고로 죽었다.
Over 200 people **died in the Korean Air plane crash** in Guam.	대한항공 비행기가 괌에 추락해서 200명이 넘는 사람이 죽었다.
The Titanic **sank** and **killed** at least a thousand people.	타이타닉 호가 가라앉아서 최소 천 명이 사망했다.

살해하다(살인하다)/살해당하다/죽이다/피살되다

〈죽이다(kill)〉와 〈살해하다(murder)〉의 차이는, '죽이다'는 일상에서 자주 쓰는 말이고 '살해하다'는 법률 용어라는 것이다. murder 외 '살해' 관련 다른 법률 용어들(manslaughter, homicide 등)은 일상 회화에서는 크게 중요하지 않기 때문에 더 다루지 않겠다.

Two men **murdered** a family in cold blood.*	두 남자가 한 가족을 냉혹하게 살해했다.
Four members of the Clutter family **were murdered** in cold blood.**	클러터 가족 네 명은 냉혹하게 살해당했다.
She **killed** Bill.	그녀는 빌을 죽였다.
Bill **was killed**.	빌은 피살되었다.

* in cold blood는 '냉혹하게'라는 뜻의 표현이다.

** 1959년 11월 15일 미국 캔자스주의 어느 마을에 살던 클러터 가족 네 명이 잔혹하게 살해당한 사건이 발생했다.

'중요한 사람을 죽이는 것'은 assassinate(암살하다)이다.

Park Chung-hee **was assassinated** by Kim Jae-gyu.	박정희는 김재규에게 암살당했다.
Kim **assassinated** Park on October 26, 1979.	김재규는 박 대통령을 1979년 10월 26일에 암살했다.

참고로, '연쇄살인범'은 serial killer이다.

The Hwaseong **serial killer** was found in 2019.	2019년에 화성 연쇄 살인 사건의 살인범이 밝혀졌다.

▌얼어 죽다/얼려 죽이다

〈얼어 죽다〉는 freeze to death, 누군가를 〈얼려 죽이다〉는 freeze *someone* to death라고 한다.

Jack **froze to death** in a hedge maze.	잭은 미로 정원에서 얼어 죽었다.
A gangster involved in the Lufthansa heist **was frozen to death** in a freezer.	루프트한자 강도 사건에 연루된 깡패가 냉동고에서 얼어 죽었다.
Jimmy **froze** him **to death** in the freezer.	지미는 그를 냉동고에 얼려 죽였다.

▌자살하다

do suicide가 아니라 commit suicide이다. take *one's* life 또는 kill *oneself*라고도 한다.

Cleopatra **committed suicide** by getting bit by an asp.*	클레오파트라는 작은 독사에 물려서 자살했다.

* asp 이집트 코브라 등 아프리카에 서식하는 '작은 독사'를 말한다.

하지만 kill *oneself*는 "너무 힘들어 죽고 싶어"처럼 넋두리를 하거나 농담할 때 자주 쓴다.

I hate working here! I want to **kill myself**.	나 여기서 일하기 너무 싫어! 죽고 싶다.

▌자연사

〈자연사〉라는 단어를 한영사전에서 찾으면 natural death라고 나온다. 하지만 미국 사람들은 보통 아래 예문처럼 말한다.

He **died of natural causes**.	그는 자연사했다.

죽을 때까지 고문을 당하다/죽을 때까지 고문하다

〈죽을 때까지 고문을 당하다〉는 torture(고문하다)를 수동형으로 써서 be tortured to death, 누군가를 〈죽을 때까지 고문하다〉는 torture *someone* to death이다.

The spy **was tortured to death**.	그 스파이는 죽을 때까지 고문을 당했다.
The CIA **tortured the spy to death**.	CIA 요원은 그 스파이를 죽을 때까지 고문했다.

참수당하다/참수하다

'목을 자르다', '참수하다'라는 뜻의 동사 behead와 decapitate로 표현한다. 그런데 똑같이 목을 베여도 '처형당하는' 상황이면 behead, 그 외의 상황에는 decapitate를 쓴다.

During the French Revolution, many members of the aristocracy **were beheaded** by the guillotine.	프랑스 혁명 때 많은 귀족이 단두대에서 참수당했다.
In search of the Holy Grail, one of the soldiers **got decapitated** by a booby trap.	성배를 찾다가 한 군인이 부비트랩에 목이 잘렸다.

총에 맞아 죽다/총으로 쏴 죽이다

피해자는 be shot dead되고, 범인은 피해자를 shoot and kill한다.

32 people **were shot dead** in the Virginia Tech shooting.	버지니아공대 총기 사건에서 32명이 총에 맞아 죽었다.
Cho Seung-hui **shot and killed** 32 people.	조승희는 32명을 총으로 쏴 죽였다.

'사형수가 총살당하는' 것은 firing squad(총살부대)에게 죽임을 당하는 것이다. 부대는 여러 명으로 구성되므로 firing squad 앞에 관사 a를 쓰지 않는다.

He was executed by firing squad.	그는 총살부대에게 총살당했다.

▌칼에 찔려 죽다/칼로 찔러 죽이다

'찌르다'라는 뜻의 동사 stab를 쓴다. 〈칼에 찔려 죽다〉는 be stabbed to death, 누군가를 〈칼로 찔러 죽이다〉는 stab *someone* to death이다.

The woman **was stabbed to death** in the shower.	그 여자는 샤워 중에 칼에 찔려 죽었다.
The owner of the motel **stabbed** her **to death**.	모텔 주인이 그녀를 칼로 찔러 죽였다.

Acknowledgements
감사의 말

이 책이 나오기까지 옆에서 자기 일처럼 도와주고 지원해 준 여러 사람에게 이 페이지를 빌려 감사를 전합니다. 이분들이 없었다면 〈영어로 자동 변환! 미국영어 표현사전〉은 이 정도의 완성도로 출간되지 못했을 것입니다.

표제어 하나하나를 꼼꼼히 살펴서 분석·교정하고 내용을 보강하는 데에 도움을 준 다락원의 편집자 허윤영님, 유나래님, 장의연님.

영어 표현과 예문을 전체적으로 감수해 준 Alisa Simonds.

SNS에서 자주 쓰는 표현과 용법을 가르쳐준 이슬기님과 이준상님.

한국어 예문을 자연스럽게 다듬는 데에 도움을 준 최주혁님과 이호철님.

이 외에도 사랑하는 가족 및 친구들, 도움을 주신 모든 분께 감사 인사를 드립니다.